Special Thanks to

세상이 아무리 바쁘게 돌아가더라도
책까지 아무렇게나 빨리 만들 수는 없습니다.

길벗은 독자 여러분이
가장 쉽게, 가장 빨리 배울 수 있는 책을
한 권 한 권 정성을 다해 만들겠습니다.

독자의 1초를 아껴주는 정성을
만나보세요.

홈페이지의 '독자광장'에서 책을 함께 만들 수 있습니다.

㈜ 도서출판 길벗 www.gilbut.co.kr
길벗이지톡 www.eztok.co.kr
길벗스쿨 www.gilbutschool.co.kr

독자 지원 센터

책을 읽다가 막히는 부분이 있나요?

책을 읽다가 막히는 부분이 있으면, 길벗출판사 홈페이지의 '자료검색/내용문의/요청하기' 게시판에 질문을 올려보세요. 길벗출판사 직원들과 저자가 친절하게 답변해 드립니다.

1단계 길벗출판사 홈페이지(www.gilbut.co.kr)로 찾아오세요.

2단계 '자료검색/내용문의/요청하기' 게시판을 이용하려면, 길벗출판사 홈페이지의 회원으로 가입해야 합니다. '회원가입'을 클릭해 무료 회원으로 가입한 후 회원 ID와 비밀번호를 입력해 로그인하세요.

3단계 '독자지원/자료실 → 자료/문의/요청' 메뉴를 클릭해 게시판을 열고, 도서 검색에서 "모두의 포토샵"을 입력한 다음 〈검색〉 버튼을 클릭하세요.

베타테스터가 되고 싶어요

여러분도 길벗의 베타테스트에 참여해 보세요!

길벗출판사는 독자의 소리와 평가를 바탕으로 더 나은 책을 만들려고 합니다. 원고를 미리 따라 해보면서 잘못된 부분은 없는지, 더 쉬운 방법은 없는지 길벗과 함께 책을 만들어 보면서 여러분의 소중한 의견을 전달해 주세요.

1단계 길벗출판사 홈페이지(www.gilbut.co.kr)로 찾아오세요.

2단계 '독자광장 → 베타테스터' 게시판을 이용하려면, 길벗출판사 홈페이지의 회원으로 가입해야 합니다. '회원가입'을 클릭해 무료 회원으로 가입한 후 회원 ID와 비밀번호를 입력해 로그인하세요.

3단계 '독자광장 → 베타테스터' 메뉴를 클릭해 게시판을 열고, 원하는 도서를 선택한 후 신청하세요.

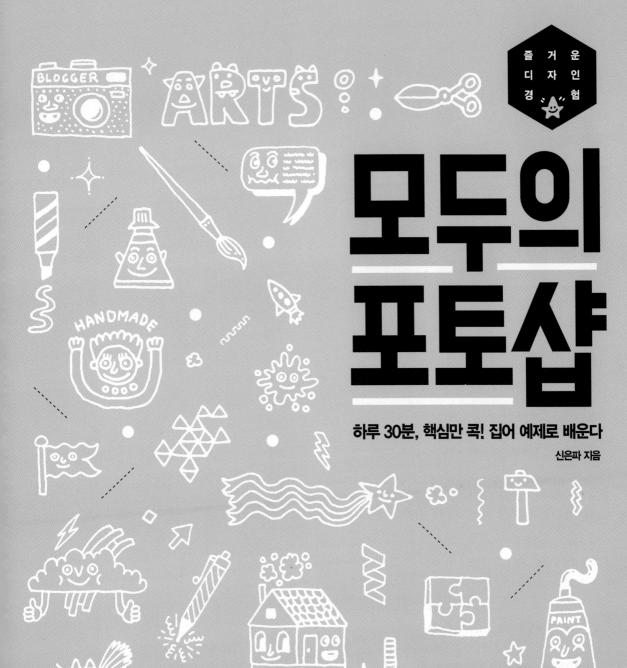

즐거운
디자인
경험

모두의 포토샵

하루 30분, 핵심만 콕! 집어 예제로 배운다

신은파 지음

길벗

하루 30분, 핵심만 콕! 집어 예제로 배운다.

모두의 포토샵

초판 발행 • 2017년 11월 10일
초판 4쇄 발행 • 2022년 4월 10일

지은이 • 신은파
발행인 • 이종원
발행처 • (주)도서출판 길벗
출판사 등록일 • 1990년 12월 24일
주소 • 서울시 마포구 월드컵로 10길 56(서교동)
대표 전화 • 02) 332-0931 | **팩스** • 02) 323-0586
홈페이지 • www.gilbut.co.kr | **이메일** • gilbut@gilbut.co.kr

기획 및 책임 편집 • 정미정(jmj@gilbut.co.kr)
표지 디자인 • 배진웅, 박상희 | **내지 디자인** • 박상희 | **제작** • 이준호, 손일순, 이진혁
영업마케팅 • 전선하, 차명환, 박민영 | **영업관리** • 김명자 | **독자지원** • 윤정아

전산편집 • 이은아
CTP 출력 및 인쇄 • 교보피앤비 | **제본** • 경문제책

ISBN 979-11-6050-309-8 03000
(길벗 도서번호 006910)

값 18,000원

독자의 1초를 아껴주는 정성 길벗출판사

길벗 • IT단행본, IT단행본, 교양&실용서, 경제경영서
길벗스쿨 • 어린이학습, 어린이어학

페이스북 • www.facebook.com/gilbutzigy
네이버 포스트 • post.naver.com/gilbutzigy

포토샵, 이제 필요한 것만 콕! 집어 예제로 배우세요.

수년간 포토샵을 강의하며 많은 이론 설명으로 이루어진 두꺼운 포토샵 책을 보며 어디서부터 시작을 해야 할지 막연해하는 포토샵 입문자들, 포토샵을 어깨너머로 공부했는데 머릿속에서 정리가 되지 않아 어려워하는 초급자들, 만들어 보려는 이미지가 있는데 포토샵의 어떤 기능으로 접근해야 할지 모르는 중/고급자들 등 다양한 수강생들을 만날 수 있었습니다. 어떤 수강생이든지 포토샵에서 제공하는 각 기능을 이용하여 이미지를 어떻게 만들 수 있는지 정리가 된다면 포토샵을 어렵지 않게 접근하고 배울 수 있습니다.

입문자들은 포토샵으로 어떤 작업물을 만들 수 있고, 어떤 기능을 제공하는지 살펴봅니다. 초급자들은 포토샵에서 사용했던 기능들의 필요한 옵션과 기능별로 카테고리를 나눠서 정리해봅니다. 중/고급자들은 포토샵에서 사용했던 기능을 어떻게 활용할지 많은 예제를 연습해보는 것이 중요합니다.

[모두의 포토샵]은 포토샵 입문자, 초급자, 중급자, 고급자들이 막연해하던 내용을 풀어내기 위한 모두의 책으로, 포토샵에서 제공하는 핵심 기능과 옵션들을 필요한 내용만 골라 다양한 예제들로 구성하였습니다. 핵심 기능을 연습할 수 있는 따라하기 기본 예제와 따라하기 응용 예제를 통해 입문자뿐 아니라, 중/고급자들도 흥미를 느끼고 연습할 수 있습니다. 또한, 핵심 기능 외에 예제의 완성도를 높일 수 있는 기능을 접목해 다양한 이미지를 만들 수 있습니다.

포토샵 최신 버전인 CC 2018뿐 아니라, 그 이하 버전에서도 연습하고 활용할 수 있도록 포토샵 버전별 기능을 비교해서 담았기 때문에 버전의 제약 없이 연습할 수 있습니다. 그리고 포토샵의 툴과 메뉴에 대해서도 꼼꼼하게 정리되어 [모두의 포토샵] 한 권으로 포토샵의 모든 기능을 한눈에 살펴볼 수 있습니다. 영구적으로 소장할 수 있는 포토샵의 매뉴얼로도 활용할 수 있도록 구성하였습니다.

부담은 최소로, 활용도는 최대로 담은 [모두의 포토샵] 한 권으로 입문자부터 고급자까지 모두가 재미있게 포토샵을 배울 수 있는 계기가 되길 바랍니다.

신은파

01 PART05 ··· 140p | 02 PART05 ··· 133p | 03 PART04 ··· 121p | 04 PART05 ··· 143p | 05 PART16 ··· 417p | 06 PART04 ··· 120p |
07 PART05 ··· 129p | 08 PART11 ··· 280p | 09 PART03 ··· 80p | 10 PART04 ··· 108p | 11 PART11 ··· 274p | 12 PART03 ··· 88p |
13 PART13 ··· 342p

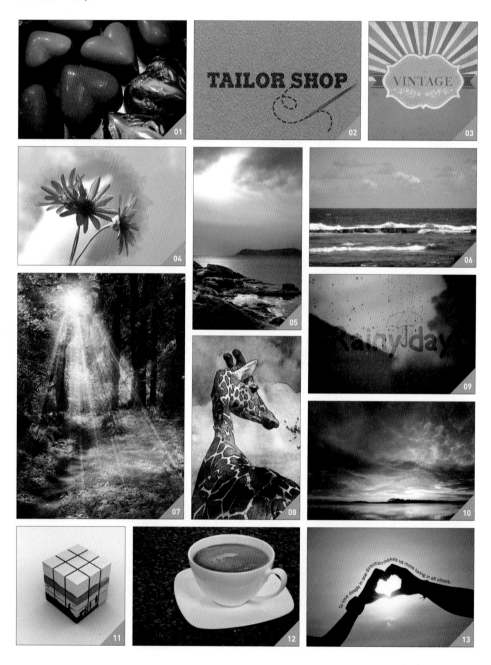

14 PART11 ··· 263p | **15** PART07 ··· 180p | **16** PART13 ··· 366p | **17** PART08 ··· 197p | **18** PART13 ··· 362p | **19** PART09 ··· 220p |
20 PART04 ··· 110p | **21** PART07 ··· 173p | **22** PART16 ··· 411p | **23** PART12 ··· 324p | **24** PART09 ··· 213p | **25** PART09 ··· 226p |

26 PART10 ··· 247p | 27 PART10 ··· 255p | 28 PART08 ··· 191p | 29 PART09 ··· 222p | 30 PART08 ··· 201p | 31 PART12 ··· 327p |
32 PART07 ··· 178p | 33 PART11 ··· 270p | 34 PART12 ··· 322p | 35 PART16 ··· 425p | 36 PART12 ··· 302p | 37 PART11 ··· 287p |

38 PART11 ··· 267p | 39 PART09 ··· 221p | 40 PART11 ··· 291p | 41 PART13 ··· 346p | 42 PART13 ··· 353p | 43 PART08 ··· 204p |
44 PART13 ··· 357p | 45 PART09 ··· 223p | 46 PART03 ··· 73p | 47 PART09 ··· 214p | 48 PART12 ··· 298p | 49 PART10 ··· 243p |
50 PART12 ··· 314p | 51 PART10 ··· 250p

52 PART03 ··· 91p | 53 PART06 ··· 151p | 54 PART03 ··· 83p | 55 PART11 ··· 285p | 56 PART05 ··· 135p | 57 PART09 ··· 228p |
58 PART06 ··· 161p | 59 PART04 ··· 103p | 60 PART13 ··· 339p | 61 PART06 ··· 164p | 62 PART10 ··· 258p

63 PART12 ··· 316p │ 64 PART09 ··· 227p │ 65 PART10 ··· 241p │ 66 PART12 ··· 306p │ 67 PART14 ··· 375p │ 68 PART15 ··· 387p │
69 PART04 ··· 113p │ 70 PART15 ··· 392p │ 71 PART15 ··· 399p │ 72 PART08 ··· 194p │ 73 PART03 ··· 77p │ 74 PART08 ··· 187p

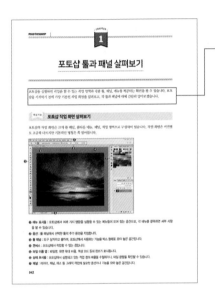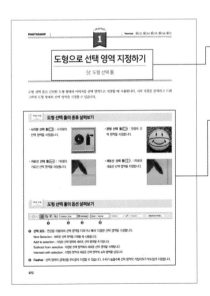

핵심만 콕 집어 배우는 이론

기초를 콕 집어 탄탄한 실력을 만들어보자!
복잡한 포토샵 알짜배기만 콕 집어 빠르게 배운다.

기본 이론

포토샵을 배우기 전 꼭 알아야 할 기본적인 개념과 이론을 설명해
놓았습니다.

제목&핵심 키워드

각 챕터에서 배우게 될 가장 핵심적인 내용을 제목으로 삼고, 관련
키워드를 파란색 글자로 표시하였습니다.

핵심 기능

따라하기 실습에 들어가기 전에 포토샵에서 알아야할 핵심 기능을
정리하였습니다.

실제 활용 가능한 예제

예제에 필요한 기능만 골라 배우는 재미가 있다!
한 가지 툴로도 다양한 예제를 만들어 낼 수 있는 창의적인 툴 사용법을 알려준다.

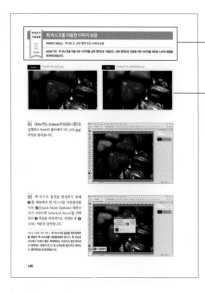

따라하기 기본 예제

실습 예제를 통해 포토샵의 기본 기능을 익힙니다. 각 예제를 실습할 때의 시간을 확인할 수 있고 'POINT SKILL'과 'HOW TO'를 통해 작업 방법을 알 수 있습니다.

소스&완성 이미지

이 책에서는 예제별로 따라하기를 위한 소스 예제 파일과 따라한 후의 결과를 확인할 수 있는 완성 파일 두 가지를 동시에 제공합니다. 따라서 소스 이미지와 완성 이미지를 살펴보며 실무에서 배운 기능을 활용할 수 있습니다.

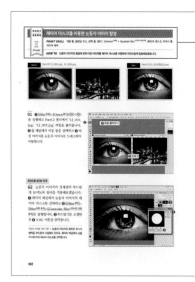

따라하기 응용 예제

기본 예제를 따라한 후 응용할 수 있는 예제를 수록하여 실무에서 활용할 수 있는 방법을 제시합니다.

완성도를 높이는 단계

기본 따라하기로 기본 기능을 익힌 후 완성도를 높이는 과정을 살펴봅니다. 간단하게 결과물의 퀄리티를 높일 수 있습니다.

다양한 TIP

단축키 TIP, 작업의 이해를 위한 TIP 등 학습에 도움을 주는 다양한 TIP을 제공합니다.

이 책으로 학습하는 방법

나에게 딱 맞는 공부 방법이 무엇인지 알아보고, 학습 기간을 정해서 체계적으로 배워보세요. 자신의 실력과 포토샵을 배우는 목적에 맞춰 다음 안내를 참고하면 더욱 효율적입니다.

1 ··· 포토샵을 처음 배우는 분이라면?

포토샵을 처음 배운다면 첫 PART부터 차근차근 살펴봅니다. 각 챕터별로 구성된 [핵심 기능] 설명을 빠짐없이 살펴보고, 책 안내에 따라 [기본 예제]를 하나하나 따라해 봅니다.

2 ··· 포토샵을 사용해본 적이 있는 분이라면?

포토샵을 개념과 대략의 명령어를 알고 있다면 [핵심 기능] 설명은 참고로 살펴보고, [기본 예제]로 바로 따라하기를 시작하여 해당 기능을 익힙니다. [응용 예제]를 따라하며 활용법도 알아봅니다.

3 ··· 이 책으로 강의를 진행하려는 분이라면?

'모두의' 시리즈는 실무 중심의 예제로 구성되어 있습니다. 각 파트의 [핵심 기능]을 설명한 후 [기본 예제]와 [응용 예제]로 수업을 진행해 보세요.

학습/강의를 위한 자료실

• 예제 파일 제공

따라하기에 필요한 모든 예제 파일이 부록CD 안에 들어있습니다. 각 작업마다 표시된 경로에서 파일을 불러와 따라하기를 시작하면 됩니다. 해당 부록CD 파일을 바탕화면에 드래그하여 복사한 다음 사용하세요.

혹시 부록CD 사용이 어려울 경우, 길벗 홈페이지(www.gilbut.co.kr)에서 다운로드할 수 있습니다. 길벗 홈페이지에 가입하고 검색창에 도서 이름을 입력하여 해당 도서를 검색할 수 있습니다. 책이 표시되면 〈부록/학습자료〉 버튼을 클릭하고 필요한 자료를 다운로드한 다음 찾기 쉬운 위치에 압축을 풀어 사용하세요.

• 교수/강사 자료

길벗 홈페이지에서는 '모두의' 시리즈를 이용해 강의를 진행하는 선생님들을 위해 PT 자료와 소스 파일 등 다양한 강의용 자료를 제공합니다. 길벗 홈페이지에서 '자료실 → 교수강사 자료실' 메뉴를 클릭한 후 '교수/교사/강사'로 등록한 후 인증을 받으면 강의용 자료를 다운로드할 수 있습니다.

독학/강의를 위한 학습 계획표

하루에 30분씩 각 챕터를 공부하면 한 달 안에 이 책을 끝낼 수 있습니다. 만약 포토샵 기능을 급하게 익혀야 한다면 해당하는 기능을 찾아 익히세요.

주	해당 파트	챕터	주제	키워드
1일	1, 2 포토샵 기초	1,2	포토샵 CC 소개, 포토샵에서 사용되는 용어	사용분야, 비트맵, 벡터, 픽셀, 해상도
		3,4,5	포토샵 CC 설치 방법, 포토샵 CC 신 기능, 포토샵 버전별 기능 비교	설치방법, CC 신기능, CS5, CS6, CC
2일		1,2	포토샵 툴과 패널 살펴보기, 포토샵 메뉴 살펴보기	작업 화면, 툴, 패널, 메뉴
3일		3,4	포토샵 기본 단계 익히기, 효율적 작업을 위한 환경 설정하기	새 파일, 불러오기, 저장, 종료, 환경 설정
4일	3 선택 지정	1	도형으로 선택 영역 지정하기	도형 선택 툴
		2	불규칙한 형태의 선택 영역 지정하기	올가미 툴
		3	색상으로 선택 영역 지정하기	색상 선택 툴
		4	이미지 이동 및 복제를 통한 레이어 수정하기	이동 툴
5일		5	선택 영역 수정하기	Modify 메뉴
		6	선택 영역 가장자리 다듬기	Select and Mask 메뉴
6일	4 채색	1	부분적으로 자유롭게 채색하기	브러시 툴
		2	여러 가지의 색을 부드럽게 채색하기	그레이디언트 툴
7일		3	레이어 한번에 채색하기	Fill 메뉴
8일	5 브러시	1	외부 브러시를 이용하여 다양한 형태로 채색하기	외부 브러시
		2	브러시의 방향과 간격 자유롭게 조절하기	브러시 패널
9일		3	퀵 마스크를 이용한 선택 영역 지정하기	퀵 마스크
10일	6, 7 패스, 객체	1	펜 툴을 이용한 선택 영역 지정하기	펜 툴, 패스
11일		2	패스를 따라 브러시로 채색하기	패스 획 기능
12일		1	객체 그리기	도형 툴
		2	레이어의 요소를 다양하게 표현하기	레이어 스타일
13일	8 변형	1	작업 창의 불필요한 영역 자르기	자르기 툴
		2	이미지 형태를 자유롭게 변형하기	Transform 메뉴
		3	이미지의 특정 영역은 보호하고 배경만 확장하기	Content-Aware Scale 메뉴
14일		4	이미지의 동작을 자연스럽게 변형하기	Puppet Warp 메뉴
		5	이미지의 구도 바로잡기	Perspective Warp 메뉴
15일	9, 10 보정 메뉴, 보정 툴	1	이미지의 색상과 명도 보정하기	Adjustments 기본 메뉴
		2	이미지의 색상 세밀하게 보정하기	노출, 채도, 특정 색, 흑백 보정
16일		3	이미지를 색다르게 보정하기	반전, 단순화, 판화, 그레디언트 보정
		4	이미지를 빠르게 보정하기	톤, 대비. 색상 자동보정
17일		1	이미지의 특정 부분 복제하기	이미지 복제, 인물 피부 보정
18일		2	이미지의 명도와 채도 보정하기	닷지 툴, 번 툴, 스폰지 툴
		3	이미지를 부드럽게 보정하기	흐림 효과 툴
19일	11 보정 필터	1	렌즈 교정 프로파일과 원근 왜곡 조절하기	Camera Raw 필터
		2	렌즈 왜곡 교정과 비네팅 효과 조절하기	Lens Correction 필터
20일		3	원근감 교정하기	Vanishing Point 필터
		4	손으로 그린 듯한 효과 표현하기	Artistic 필터
21일		5	이미지 컨트롤을 이용해 흐림 효과 조절하기	Blur Gallery
		6	이미지 픽셀을 변형하여 입자 표현하기	SKetch 필터
22일	12 합성	1	채색을 통해 원하는 부분만 보이게 설정하기	레이어 마스크
23일		2	레이어의 상하관계로 원하는 부분만 보이게 설정하기	클리핑 마스크
24일		3	이미지 원본은 유지한 채 보정하기	Adjustments 레이어
25일	13 문자	1	문자 입력하고 편집하기	문자 툴, 문자 패널
		2	텍스트 뒤틀기 기능 이용하기	Warp Text
26일		3	Typekit를 이용한 글꼴 추가와 문자 꾸미기	Typekit 글꼴 추가
27일	14 액션	1	액션을 이용해 반복 작업 실행하기	액션 패널
28일	15 애니메이션	1	프레임 애니메이션을 이용한 GIF 만들기	타임라인 패널
29일		2	비디오 타임라인을 이용한 움직이는 이미지 만들기	비디오 타임라인 패널
30일	16 채널	1	이미지의 색상 분포로 선택 영역 지정하기	색상 채널
		2	이미지의 가장자리를 자연스럽게 추출하기	알파 채널

PART 01

포토샵과 첫인사 나누기
포토샵의 전반적인 이해   022

CHAPTER 1 ··· **포토샵 CC 소개**   **024**
포토샵으로 가능한 작업 살펴보기   024
포토샵이 사용되는 분야 알아보기   025

CHAPTER 2 ··· **포토샵에서 사용되는 용어**   **026**
이미지 표현 방식 알아보기   026
이미지 크기 및 해상도 알아보기   027
색의 3요소 알아보기   028
색상 모드 알아보기   029

CHAPTER 3 ··· **포토샵 CC 설치 방법**   **030**

CHAPTER 4 ··· **포토샵 CC 신 기능**   **033**
이미지 구도와 원근 조정 기능 – Perspective Warp   033
툴 패널 사용자 지정 편집 기능 – Toolbar   033
레이어를 이미지 파일로 분할, 저장 기능 – Generate   034
향상된 이미지 검색 기능 – Adobe Stock   034
다양한 콘텐츠 검색 기능 – Search   034
향상된 내보내기 기능 – Export As   035
얼굴 자동 인식 기능 – Liquify   035
레이아웃을 위한 안내선 기능 – New Guide Layout   035
카메라 로우 편집 기능 – Camera Raw Filter   036
향상된 블러 기능 – Blur Gallery   036
Creative Cloud를 이용한 글꼴 추가 기능 – Typekit   036
모바일 앱 디자인을 위한 대지 기능 – Artboard Tool   037
정교한 선택 기능 – Select and Mask   037
연결된 에셋으로 모바일, 데스크탑 작업을 연계/공유 기능 – Creative Cloud Libraries   037

CHAPTER 5 ··· **포토샵 버전별 기능 비교**   **038**

PART 02

포토샵의 기본, 작업하기 전 알고가자
포토샵의 툴, 패널, 메뉴   040

CHAPTER 1 ··· **포토샵 툴과 패널 살펴보기**   042

CHAPTER 2 ··· **포토샵 메뉴 살펴보기**   052

CHAPTER 3 ··· **포토샵 기본 단계 익히기**   060

CHAPTER 4 ··· **효율적 작업을 위한 환경 설정하기**   064

PART 03

이미지의 원하는 부분에 작업하자
선택 영역 지정과 레이어의 이해   070

CHAPTER 1 ··· **도형으로 선택 영역 지정하기**   072
　　　　　　　기본 예제 ▶ 사각형 선택 툴을 이용한 이미지 채색   073

CHAPTER 2 ··· **불규칙한 형태의 선택 영역 지정하기**   076
　　　　　　　기본 예제 ▶ 자석 올가미 툴을 이용한 이미지 보정   077

CHAPTER 3 ··· **색상으로 선택 영역 지정하기**   079
　　　　　　　기본 예제 ▶ 자동 선택 툴을 이용한 이미지 합성   080

CHAPTER 4 ··· **이미지 이동 및 복제를 통한 여러 개의 레이어 수정하기**   082
　　　　　　　기본 예제 ▶ 이동 툴을 이용한 이미지 이동 및 복제   083

CHAPTER 5 ··· **선택 영역 수정하기**   086
　　　　　　　기본 예제 ▶ 부드럽기를 이용한 이미지 편집   088

CHAPTER 6 ··· **선택 영역 가장자리 다듬기**   090
　　　　　　　기본 예제 ▶ 가장자리 다듬기를 이용한 선택 영역 추출   091
　　　　　　　| SPECIAL TIP | 이미지 합성을 위한 블렌딩 모드   096

목차

PART 04

이미지에 다채롭게 채색하자
브러시 & 그레이디언트 & Fill 메뉴   100

CHAPTER 1 ··· **부분적으로 자유롭게 채색하기**   **102**
기본 예제 브러시 툴을 이용한 이미지 채색   103

CHAPTER 2 ··· **여러 가지의 색을 부드럽게 채색하기**   **106**
기본 예제 선형 그러데이션을 이용한 이미지 채색   108
응용 예제 원형 그러데이션을 이용한 무지개 만들기   110
응용 예제 각형 그러데이션을 이용한 CD 만들기   113

CHAPTER 3 ··· **레이어에 한번에 채색하기**   **119**
기본 예제 내용 인식 기능을 이용한 이미지 수정   120
응용 예제 직접 제작한 패턴으로 채색한 배경 만들기   121

PART 05

브러시의 변신은 무죄
브러시 활용 & 퀵 마스크   126

CHAPTER 1 ··· **외부 브러시를 이용하여 다양한 형태로 채색하기**   **128**
기본 예제 빛 브러시를 이용한 햇살 만들기   129

CHAPTER 2 ··· **브러시의 방향과 간격 자유롭게 조절하기**   **132**
기본 예제 브러시 패널을 이용한 점선 만들기   133
응용 예제 직접 제작한 브러시로 채색한 물방울 만들기   135

CHAPTER 3 ··· **퀵 마스크를 이용한 선택 영역 지정하기**   **139**
기본 예제 퀵 마스크를 이용한 이미지 보정   140
응용 예제 퀵 마스크를 이용한 번지는 잉크효과 만들기   143

PART 06 이미지를 정교하게 다뤄보자
펜 툴을 이용한 패스 생성 148

CHAPTER 1 ··· 펜 툴을 이용한 선택 영역 지정하기 150
기본 예제 패스를 이용한 이미지의 정확한 선택 영역 지정 151

CHAPTER 2 ··· 패스를 따라 브러시로 채색하기 159
기본 예제 패스 획 기능을 이용한 구름 효과 만들기 161
응용 예제 패스 획 기능을 이용한 네온 문자 만들기 164

PART 07 이미지가 아닌 객체를 그려보자
도형 툴을 이용한 객체 생성 & 레이어 스타일 170

CHAPTER 1 ··· 객체 그리기 172
기본 예제 사용자 정의 모양 툴을 이용한 비구름 만들기 173

CHAPTER 2 ··· 레이어의 요소를 다양하게 표현하기 176
기본 예제 레이어 스타일을 이용한 퍼즐의 입체 효과 만들기 178
응용 예제 레이어 스타일을 이용한 모바일 아이콘 만들기 180

PART 08 이미지를 내 마음대로 편집하자
이미지의 변형과 크기 조절 184

CHAPTER 1 ··· 작업 창의 불필요한 영역 자르기 186
기본 예제 자르기 툴을 이용한 이미지 잘라내기 187

CHAPTER 2 ··· 이미지 형태를 자유롭게 변형하기 189
기본 예제 왜곡을 이용한 액자와 사진 합성 191
기본 예제 곡선을 이용한 제품과 로고 합성 194

CHAPTER 3 ··· 이미지의 특정 영역은 보호하고 배경만 확장하기 196

| 기본 예제 | Content-Aware Scale을 이용한 배경 늘리기 | 197 |

CHAPTER 4 ··· **이미지의 동작을 자연스럽게 변형하기** **200**
| 기본 예제 | Puppet Warp를 이용한 이미지 동작 변형 | 201 |

CHAPTER 5 ··· **이미지의 구도 바로잡기** **203**
기본 예제	Perspective Warp를 이용한 이미지 구도 변형	204
SPECIAL TIP	이미지와 작업 창 크기를 마음대로 조절하는	
	Image Size & Canvas Size 메뉴	207

PART 09

이미지의 분위기를 바꿔보자 1
이미지를 보정하는 메뉴   210

CHAPTER 1 ··· **이미지의 색상과 명도 보정하기** **212**
기본 예제	Brightness/Contrast를 이용한 명도 보정	213
기본 예제	Levels를 이용한 선명도 보정	214
기본 예제	Hue/Saturation을 이용한 듀오톤 보정	215
기본 예제	Color Balance를 이용한 색상 균형 보정	216

CHAPTER 2 ··· **이미지의 색상 세밀하게 보정하기** **218**
기본 예제	Black & White를 이용한 흑백 이미지의 세밀한 보정	219
기본 예제	Photo Filter를 이용한 색상 필터 보정	220
기본 예제	Selective Color를 이용한 선택한 색상만 보정	221
기본 예제	Shadow / Highlights를 이용한 빛의 노출 보정	222
기본 예제	HDR Toning을 이용한 HDR 효과를 내는 보정	223

CHAPTER 3 ··· **이미지를 색다르게 보정하기** **224**
기본 예제	Invert를 이용한 반대색으로 보정	225
기본 예제	Posterize를 이용한 단순한 색상으로 보정	226
기본 예제	Threshold를 이용한 판화 보정	227
기본 예제	Gradient Map을 이용한 그레이디언트 채색	228

CHAPTER 4 ··· **이미지를 빠르게 보정하기** **230**
| 기본 예제 | Equalize를 이용한 균일한 명도 보정 | 231 |
| SPECIAL TIP | 포토샵에서 지원하는 색상 모드를 이용한 웹 & 인쇄용 이미지 만들기 | 232 |

PART 10

이미지의 분위기를 바꿔보자 2
이미지를 보정하는 툴　　　　　　　　　　　　　　238

CHAPTER 1 ··· **이미지의 특정 부분 복제하기**　　　　　　　　　　**240**
기본 예제 　복제 도장 툴을 이용한 이미지 복제　　　　　　　　241
응용 예제 　복구 브러시 툴을 이용한 인물 피부 보정　　　　　　243

CHAPTER 2 ··· **이미지의 명도와 채도 보정하기**　　　　　　　　**246**
기본 예제 　닷지 툴 & 번 툴 & 스폰지 툴을 이용한 이미지 입체감 표현　　247
응용 예제 　번 툴을 이용한 입체 문자 만들기　　　　　　　　250

CHAPTER 3 ··· **이미지를 부드럽게 보정하기**　　　　　　　　　**254**
기본 예제 　흐림 효과 툴을 이용한 이미지 초점 조절　　　　　255
응용 예제 　흐림 효과 툴을 이용한 이미지 음영 표현　　　　　258

PART 11

이미지의 분위기를 바꿔보자 3
이미지를 독특하게 표현하는 필터　　　　　　　　　　260

CHAPTER 1 ··· **렌즈 교정 프로파일과 원근 왜곡 조절하기**　　　**262**
기본 예제 　Camera Raw Filter를 이용한 원근 왜곡 수정과 선명도 보정　　263

CHAPTER 2 ··· **렌즈 왜곡 교정과 비네팅 효과 조절하기**　　　　**266**
기본 예제 　Lens Correction을 이용한 렌즈 왜곡 수정과 비네팅 효과 조절　　267

CHAPTER 3 ··· **원근감 교정하기**　　　　　　　　　　　　　　**269**
기본 예제 　Vanishing Point를 이용한 이미지 원근 늘리기　　270
응용 예제 　Vanishing Point를 이용한 이미지 원근 맵핑　　274

CHAPTER 4 ··· **손으로 그린 듯한 효과 표현하기**　　　　　　　**279**
기본 예제 　Dry Brush, Paint Daubs를 이용한 그림 효과 표현　　280

CHAPTER 5 ··· **이미지 컨트롤을 이용해 흐림 효과 조절하기**　　**284**
기본 예제 　Iris Blur를 이용한 다중 초점 표현　　　　　　　285
기본 예제 　Path Blur를 이용한 움직임 표현　　　　　　　　287

CHAPTER 6 ··· **이미지 픽셀을 변형하여 입자 표현하기**　　　　**290**
기본 예제 　Halftone Pattern을 이용한 망점 표현　　　　　　291

PART 12

포토샵의 합성, 레이어를 꼼꼼하게 짚어보자
레이어 마스크 & 클리핑 마스크 & 보정 레이어   294

CHAPTER 1 ··· **채색을 통해 원하는 부분만 보이게 설정하기**   296
　기본 예제 ▶ 레이어 마스크를 이용한 풍경 이미지 합성   298
　응용 예제 ▶ 레이어 마스크를 이용한 눈동자 이미지 합성   302
　응용 예제 ▶ 레이어 마스크를 이용한 이미지 반사광 만들기   306

CHAPTER 2 ··· **레이어의 상하관계로 원하는 부분만 보이게 설정하기**   312
　기본 예제 ▶ 클리핑 마스크를 이용한 다이아몬드 이미지 합성   314
　응용 예제 ▶ 클리핑 마스크를 이용한 돋보기 효과 만들기   316

CHAPTER 3 ··· **이미지 원본은 유지한 채 보정하기**   321
　기본 예제 ▶ 보정 레이어를 이용한 눈 쌓인 배경 이미지 보정   322
　기본 예제 ▶ 보정 레이어와 클리핑 마스크를 이용한 여러 개의 이미지 보정   324
　응용 예제 ▶ 레이어 마스크를 이용한 속도감 합성과 보정 레이어를 이용한 선명도 보정   327

PART 13

원하는 스타일의 문자를 입력하자
문자 입력과 다양한 표현 방법   334

CHAPTER 1 ··· **문자 입력하고 편집하기**   336
　기본 예제 ▶ 문자 패널을 이용한 문자의 자간, 행간 수정   339
　기본 예제 ▶ 패스를 따라 문자를 입력하는 Type Path   342

CHAPTER 2 ··· **텍스트 뒤틀기 기능을 이용한 편집**   344
　기본 예제 ▶ 텍스트 뒤틀기 기능을 이용한 문자 형태 변형   346

CHAPTER 3 ··· **Typekit를 이용한 글 추가와 문자를 꾸미는 다양한 방법**   349
　기본 예제 ▶ 레이어 스타일을 이용한 패턴 문자 만들기   353
　응용 예제 ▶ 레이어 스타일을 이용한 초콜릿 문자 만들기   357
　응용 예제 ▶ 클리핑 마스크를 이용한 이미지 문자 만들기   362
　응용 예제 ▶ 레이어 마스크를 이용한 도장 문자 만들기   366
　| SPECIAL TIP | 문자를 자유롭게 다루기 위한 문자 속성 변환하기   370

PART 14

포토샵의 작업 시간을 단축하자
액션   372

CHAPTER 1 ··· **액션을 이용해 반복 작업 실행하기**   **374**
기본 예제   액션을 이용한 여러 장의 이미지 크기 조절과 문자 입력하기   375

PART 15

포토샵에서 이미지를 움직여보자
애니메이션   384

CHAPTER 1 ··· **프레임 애니메이션을 이용한 GIF 만들기**   **386**
기본 예제   연속 촬영된 일련의 사진을 반복 재생하는 GIF 애니메이션 만들기   387
CHAPTER 2 ··· **비디오 타임라인을 이용한 자연스럽게 전환되는 이미지 만들기**   **391**
기본 예제   페이드인, 아웃 효과를 이용한 비디오 만들기   392
응용 예제   키프레임을 이용한 GIF 애니메이션 만들기   399

PART 16

이미지의 특정 부분을 추출하자
채널   408

CHAPTER 1 ··· **이미지의 색상 분포로 선택 영역 지정하기**   **410**
기본 예제   색상 채널을 이용한 이미지 보정   411
CHAPTER 2 ··· **이미지의 가장자리를 자연스럽게 추출하기**   **414**
응용 예제   알파 채널을 이용한 바다 이미지 관련 질감 추출 및 합성   417
응용 예제   알파 채널을 이용한 인물의 머리카락 추출 및 합성   425
| SPECIAL TIP | 별색 인쇄를 위한 스팟 채널 만들기   433

찾아보기   **436**

포토샵 단축키   **439**

PART 01

포토샵과
첫인사 나누기

포토샵의 전반적인 이해

포토샵으로 가능한 작업과 그래픽 디자인 작업 시 기본적으로 알아야 할 용어들에 대해 알아봅니다. 또한, 포토샵을 시작하기 전에 Adobe Photoshop CC 버전을 다운받아 설치하는 방법과 CC 2017의 새로운 기능을 알아봅니다.

CHAPTER 1   포토샵 CC 소개

CHAPTER 2   포토샵에서 사용되는 용어

CHAPTER 3   포토샵 설치 방법

CHAPTER 4   포토샵 CC 신 기능

CHAPTER 5   포토샵 버전별 기능 비교

포토샵 CC 소개

포토샵(Photoshop)은 컴퓨터 그래픽 분야에서 가장 널리 사용되는 어도비(Adobe) 사의 대표적인 이미지 편집 프로그램입니다. 컴퓨터를 이용해 이미지 보정, 편집, 합성뿐만 아니라 인쇄용 디자인, 웹&앱 디자인, 비디오, 애니메이션, 3D 컨텐츠 제작 등 다양한 분야에서 널리 사용되고 있습니다.

핵심기능 ▎**포토샵으로 가능한 작업 살펴보기**

이미지 보정

디지털카메라로 촬영한 사진의 색상을 보정하거나 오래된 사진을 복원하는 등 이미지의 색상을 보정하여 원하는 색상의 이미지를 만들 수 있습니다.

▲ 이미지의 색상 보정

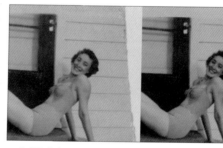

▲ 오래된 사진 복구

이미지 편집/합성

이미지를 이동하거나, 자르기, 회전, 특수 효과 등을 이용해 감쪽같이 수정 및 편집할 수 있습니다. 또한 배경이나 인물, 제품 이미지 등을 합성해 새로운 느낌의 이미지를 만들 수 있습니다.

▲ 이미지 편집

▲ 이미지 합성

포토샵이 사용되는 분야 알아보기

편집 디자인

광고, 편집물 등의 다양한 디자인을 위한 편집 작업이 가능합니다. 디자인에 사용될 레이아웃 작업, 타이포그래피, 일러스트레이션 등을 디자인할 수 있습니다.

▲ 레이아웃 작업

▲ 타이포그래피

웹 디자인

웹 사이트, 모바일 앱, 게임 그래픽 등의 디자인을 위한 편집 및 합성 작업이 가능합니다. 웹을 통한 정보와 콘텐츠를 효율적으로 전달할 수 있는 이미지를 제작할 수 있습니다.

▲ 웹 디자인

▲ 게임 그래픽

3D 컨텐츠 작업

2D 디자인 및 이미지에 3D 형상 및 개체를 추가할 수 있고 3D를 유연하게 활용하여 입체감을 표현할 수 있습니다. 제품 디자인, 아트워크 등의 다양한 개체를 디자인하고 인쇄할 수 있습니다.

▲ 2D 이미지의 입체감 표현

▲ 제품 디자인 인쇄

포토샵에서 사용되는 용어

포토샵을 사용하기 전에 그래픽 디자인 작업 시 꼭 알고 있어야 하는 용어를 먼저 소개합니다. 포토샵에서 사용하는 이미지의 크기 및 해상도, 이미지 표현 방식 및 색상 모드에 대한 이해가 선행되어야 원하는 목적에 맞춰 다양하게 작업이 가능합니다.

 핵심기능 **이미지 표현 방식 알아보기**

그래픽 이미지를 표현하는 방식은 크게 비트맵 방식(Bitmap)과 벡터 방식(Vector)으로 구분할 수 있습니다. 이미지를 크게 확대하면 비트맵 방식에서는 경계선에 사각형 입자의 픽셀이 보이고, 벡터 방식에서는 경계선이 깔끔하게 보입니다.

비트맵(Bitmap)

래스터 이미지라고 하는 비트맵 이미지는 사각형 입자의 픽셀을 사용하여 이미지를 표현합니다. 비트맵 이미지는 사진이나 디지털 페인팅에 사용되는 가장 일반적인 디지털 형식입니다. 대표적인 비트맵 파일 포맷에는 그래픽 이미지 저장 형식인 JPEG, GIF, PNG, BMP, TIFF가 있습니다.

▲ 비트맵 이미지

벡터(Vector)

벡터 그래픽은 벡터라는 수학적 오브젝트에 의해 정의된 선과 곡선으로 구성됩니다. 벡터 그래픽은 해상도의 영향을 받지 않으므로 선명도를 유지하면서 자유롭게 이동하거나 수정할 수 있습니다. 따라서 로고와 같이 다양한 크기 및 여러 출력 매체에서 사용될 작업에는 벡터 그래픽 방식을 사용합니다. 대표적인 벡터 방식의 파일 포맷에는 AI, SWF, WMF, EMF가 있습니다.

▲ 벡터 이미지

이미지 크기 및 해상도 알아보기

이미지가 화면에 얼마나 크게 나타나는지는 이미지의 픽셀 수, 모니터 크기 및 모니터 해상도 설정에 따라 다릅니다. 이미지의 해상도가 높을수록 주어진 인쇄 크기에서 나타낼 수 있는 세부 묘사는 세밀해지지만, 저장하는데 필요한 디스크 공간이 늘어나므로 편집 및 인쇄 속도는 느려질 수 있습니다. 따라서 이미지 해상도는 이미지 품질과 파일 크기를 절충하여 결정해야 합니다.

픽셀(Pixel)

픽셀은 비트맵 이미지의 최소 단위입니다. 포토샵은 픽셀 기반의 그래픽 프로그램이기 때문에 포토샵에서 이미지를 최대로 확대하면 사각형 입자의 픽셀을 볼 수 있습니다.

▲ 100% 배율로 확인한 경우

▲ 500% 배율로 확인한 경우

해상도(Resolution)

해상도는 단위 면적당 픽셀 수(ppi)를 의미합니다. 픽셀 수가 많을수록 고해상도의 정밀한 이미지를 표현할 수 있습니다. 해상도가 높을수록 이미지가 깨끗하고 선명하게 보이지만 1인치 당, 픽셀 수가 많아져서 많은 양의 메모리를 필요로 하여 컴퓨터 속도에 영향을 미칠 수 있습니다. 따라서 목적에 맞는 적절한 해상도를 사용하는 것이 바람직합니다. 보통 웹에서 구현되는 이미지를 작업할 때 해상도는 72ppi, 인쇄용 이미지를 작업할 때 해상도는 300ppi로 작업합니다.

▲ 72ppi 이미지를 확대한 경우

▲ 300ppi 이미지를 확대한 경우

색의 3요소 알아보기

색의 3요소는 색채를 이해하는 데 있어 가장 기본적인 것으로 이미지를 표현하는 데 중요합니다. 우리가 흔히 색채를 표현할 때 파란색 – 노란색, 밝은색 – 어두운색, 연한 색 – 진한 색 등의 말을 사용하는데, 이를 색상, 명도, 채도라고 합니다. 그리고 어떤 색채를 지각할 때는 이 세 가지를 함께 느끼게 됩니다.

색상(Hue)

색상이란 빨강, 주황, 노랑 등과 같은 색 기미를 말하는 것으로, 색을 입체적으로 계열화한 것이 색상환입니다. 색상환에서 거리가 가까운 색은 색상 차가 작아서 유사색, 거리가 비교적 먼 색은 색상 차가 커서 대조색, 거리가 가장 먼 정반대 쪽의 색은 보색이라고 합니다.

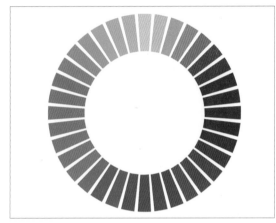

▲ 색상환

명도(Lightness)

명도란 색상과는 상관없이 색의 밝고 어두운 정도를 말하는 것으로, 빛이 반사되는 양에 따라 색의 밝고 어두운 정도를 느끼게 됩니다. 명도의 기준은 가장 밝은 흰색과 가장 어두운 검은색을 양 끝에 놓고 그사이에 명도 차를 척도에 따라 균등하게 나눠서 확인할 수 있습니다.

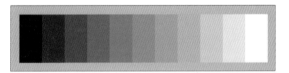

▲ 명도 단계

채도(Saturation)

채도란 색의 탁하고 선명한 정도를 나타내는 것으로, 색상의 포함 정도를 표현합니다. 색 중에서 가장 깨끗한 색감을 가지는 높은 채도의 색을 순색, 순색에 흰색이나 검은색을 혼합하여 본래의 색보다 밝아지거나 어두워진 색을 청색(맑은 색), 순색에 회색을 혼합하여 탁하거나 색감이 약하고 선명하지 못한 낮은 채도의 색을 탁색(흐린 색)이라고 합니다.

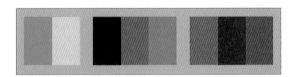

▲ 채도 단계

색상 모드 알아보기

이미지의 색상 모드는 색상 모델에 있는 채널 수를 기반으로 색들이 결합되는 방식을 결정합니다. 색상 모드에 따라 이미지가 표현되는 세부적인 색상과 파일 크기가 달라집니다.

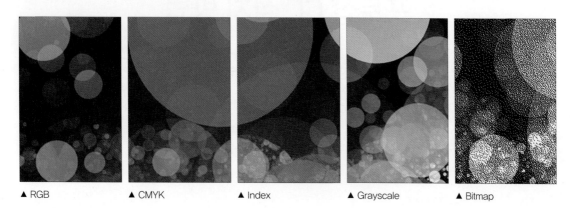

▲ RGB   ▲ CMYK   ▲ Index   ▲ Grayscale   ▲ Bitmap

RGB 모드

RGB 모드는 빛의 삼원색을 이용하여 색을 표현하는 가산 혼합방식으로 포토샵의 기본 색상 모드일 뿐만 아니라 컴퓨터 모니터에 색상을 표시하는 데에도 사용됩니다. Red, Green, Blue 세 종류의 광원을 이용하여 색을 혼합하기 때문에 웹에서 구현되는 이미지를 작업할 때는 RGB 모드로 설정합니다.

CMYK 모드

CMYK 모드는 명도가 낮아지게 하는 감산 혼합방식으로 Cyan, Magenta, Yellow, Black을 원색으로 합니다. CMYK는 필름을 현상하는 오프셋 인쇄에 사용되어 잡지나 포스터 등 인쇄물을 제작할 때 사용합니다.

Index 모드

Index 모드는 파일 크기를 줄이면서 멀티미디어 프레젠테이션, 웹 페이지 등에 필요한 화질을 유지할 수 있습니다. 대신 Index 모드에서는 포토샵의 여러 가지 편집 기능이 제한됩니다. 따라서 편집 범위를 넓히려면 임시로 RGB 모드로 변환해서 작업해야 합니다.

Grayscale 모드

Grayscale 모드는 이미지에 여러 가지 회색 음영을 사용합니다. Grayscale 모드에서 이미지의 각 픽셀은 0(검정)에서 255(흰색)까지의 명도 값을 갖습니다. 16비트 및 32비트 이미지에서는 8비트 이미지보다 훨씬 많은 수의 음영을 사용하여 이미지를 표현할 수 있습니다.

Bitmap 모드

Bitmap 모드는 두 가지 색상 값(검정 또는 흰색) 중 하나를 사용하여 이미지의 픽셀을 표현합니다. Bitmap 모드의 이미지는 비트 심도가 1이기 때문에 1비트 비트맵 이미지라고 부릅니다.

포토샵 CC 설치 방법

Adobe Photoshop CC 버전을 다운로드 하기 위해서는 어도비 사이트에 접속할 수 있는 계정이 필요합니다. http://www.adobe.com/kr에 가입한 계정으로 접속하면 Creative Cloud 데스크 탑 애플리케이션을 통해서 어도비에서 제공하는 모든 프로그램의 시험 버전을 다운로드할 수 있습니다.

1. http://www.adobe.com/kr에 접속

❶ http://www.adobe.com/kr에 접속합니다. ❷ 오른쪽 상단의 〈로그인〉 버튼을 클릭합니다.

2. 계정 생성

❶ 어도비 계정이 없다면 'Adobe ID 얻기'를 클릭합니다. ❷ '지금 등록' 페이지에서 정보를 입력하고 ❸ 〈지금 등록〉 버튼을 클릭합니다.

3. 계정 접속

❶ 생성한 계정의 아이디와 비밀번호를 입력하고 ❷
〈로그인〉 버튼을 클릭합니다.

4. 앱 다운로드 실행

❶ '데스크탑 다운로드'를 클릭하고 ❷ 'Creative Cloud'의 〈다운로드〉 버튼을 클릭합니다.

5. Creative Cloud 데스크 탑 애플리케이션 설치

❶ 'Creative Cloud 관련 나의 기술 수준'을 선택하고 ❷ 〈계속〉 버튼을 클릭합니다. 하단에 설치 바가 활성화되면 ❸ 〈실행〉 버튼을 클릭하여 Creative Cloud 데스크 탑 애플리케이션을 컴퓨터에 설치합니다.

6. 포토샵 시험판 설치

Creative Cloud 데스크 탑 애플리케이션을 실행하
고 Photoshop CC의 〈시험 사용〉 버튼을 클릭합니다.

7. 포토샵 언어 변경

포토샵을 영문판으로 설치하려면 ❶〈설정〉 버튼을
클릭하고 '환경 설정'에서 ❷언어를 영문으로 변경
합니다.

8. 포토샵 실행

설치된 포토샵을 실행합니다.

포토샵 CC 신 기능

Adobe Photoshop CC 버전은 데스크 탑 및 모바일 앱 제품군으로 서로 긴밀하게 연결되어 있어 이미지를 서로 공유하며 작업할 수 있게 되었습니다. 또한 다양한 편집 기능이 추가되어 작업의 효율성이 높아졌습니다.

핵심기능 ## 이미지 구도와 원근 조정 기능 – Perspective Warp 원근 뒤틀기

메뉴에서 [Edit 편집]–[Perspective Warp 원근 뒤틀기]를 실행하면 다양한 영역의 원근을 변형할 수 있습니다. 비스듬하게 기울어진 건물이나 사진을 원하는 원근감으로 표현할 때 사용합니다.

핵심기능 ## 툴 패널 사용자 지정 편집 기능 – Toolbar 도구 모음

메뉴에서 [Edit 편집]–[Toolbar 도구 모음]를 실행하면 포토샵의 툴 패널을 편집할 수 있습니다. ❶ 'Toolbar'에서 정리하고 싶은 툴을 'Extra Tools'로 드래그하고 ❷ 〈Done〉 버튼을 클릭하면 원하는 도구 모음으로 사용할 수 있습니다.

TIP ▶ 〈Restore Defaults〉 버튼을 클릭하면 툴 패널을 기본 값으로 되돌릴 수 있습니다.

레이어를 이미지 파일로 분할, 저장 기능 – Generate^{생성}

포토샵에서 실행되고 있는 작업 창의 레이어를 이미지 파일로 분할하여 저장할 수 있습니다.

❶ 레이어의 이름 뒤에 이미지 확장자(.jpg, .gif, .png)를 입력한 후 ❷ [File^{파일}]–[Generate^{생성}]–[Image Assets^{이미지 정보}]를 실행하면 ❸ 작업 파일이 저장된 폴더에 'assets' 폴더가 생성되며, 생성된 폴더 안에 레이어의 이미지들이 분할되어 각각 저장됩니다.

향상된 이미지 검색 기능 – Adobe Stock

메뉴에서 [File^{파일}]–[Search Adobe Stock^{Adobe Stock 검색}]을 실행하면 Adobe Stock에 접속하여 디자인 템플릿을 검색할 수 있습니다.

다양한 콘텐츠 검색 기능 – Search^{검색}

메뉴에서 [Edit^{편집}]–[Search^{검색}]($Ctrl$+F)를 실행하면 포토샵에서 사용되는 기능, 학습, Stock 등을 검색할 수 있습니다.

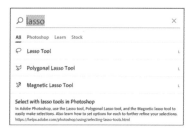

핵심 기능

향상된 내보내기 기능 – Export As 내보내기 형식

메뉴에서 [Layer레이어]–[Export As내보내기 형식]를
실행하면 파일 형식, 이미지와 작업 창의 크기를 설
정하여 저장할 수 있습니다.

핵심 기능

얼굴 자동 인식 기능 – Liquify 픽셀 유동화

[Filter필터]–[Liquify픽셀 유동화]를 실행하면 이미지의 형태를 부분적으로 왜곡할 수 있습니다. Photoshop CC
버전은 이하 버전보다 고급 얼굴 인식 기능이 추가되어 눈, 코, 입 및 기타 얼굴 특징을 빠르고 자연스럽게 수정
할 수 있습니다.

핵심 기능

레이아웃을 위한 안내선 기능 – New Guide Layout 새 안내선 레이아웃

[View보기]–[New Guide Layout새 안내선 레이아웃]을
실행하면 안내선을 행, 열로 손쉽게 생성하여 원하
는 레이아웃에 맞춰 이미지, 문자 등의 콘텐츠를 정
확하게 배치할 수 있습니다.

카메라 로우 편집 기능 – Camera Raw Filter^{Camera Raw 필터}

[Filter^{필터}]–[Camera Raw Filter^{Camera Raw 필터}]를
실행하면 원본을 훼손하지 않고 다양한 보정 기능
과 구도로 이미지를 빠르게 수정할 수 있습니다.

TIP ▶ Adobe Photoshop CC 이하 버전은 [Edit^{편집}]–[Preference
^{환경 설정}]에서 실행해야 합니다.

향상된 흐림 효과 기능 – Blur Gallery^{흐림 효과 갤러리}

[Filter^{필터}]–[Blur Gallery^{흐림 효과 갤러리}]를 실행하면
이미지에 초점 영역을 선택하고 원하는 영역을 흐
리게 표현할 수 있습니다.

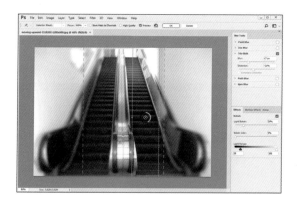

Creative Cloud를 이용한 글꼴 추가 기능 – Typekit

Typekit은 데스크 탑 애플리케이션 및 웹에서 사
용되는 글꼴을 라이브러리에 액세스할 수 있는 구
독 서비스입니다. [Type^{문자}]–[Typekit^{Typekit에서 글}
^{꼴 추가}]을 실행하면 Adobe Typekit에 접속하여 글
꼴을 목록에 추가하고 사용할 수 있습니다.

핵심기능 모바일 앱 디자인을 위한 대지 기능 – Artboard Tool^{대지 툴}

툴 패널에서 대지 툴을 선택하면 작업 창에 대지를
생성하거나, 생성된 대지를 선택하고 복제할 수 있
습니다. 이렇게 생성된 대지는 모바일 앱 디자인을
할 때 유용합니다.

핵심기능 정교한 선택 기능 – Select and Mask^{선택 및 마스크}

[Select^{선택}]–[Select and Mask^{선택 및 마스크}]를 실행하면 배경 이미지에서 분리하기 어려운 이미지의 경계선을
다듬어서 선택 영역으로 지정할 수 있습니다. 머리카락이나 동물의 털 등 세밀한 작업이 필요할 때 효율적입니다.

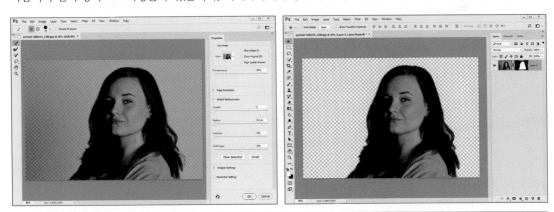

TIP ▶ Adobe Photoshop CC 이하 버전에서는 [Refine Edge^{가장자리 다듬기}]로 표기되어 있습니다. Photoshop CC 버전은 이하 버전보다 동일한 기
능을 보다 능률적인 방식으로 제공합니다.

핵심기능 연결된 에셋으로 모바일, 데스크탑 작업을 연계/공유 기능 – Creative Cloud Libraries

[Window^창]–[Libraries^{라이브러리}]를 실행하면
Adobe Creative Cloud와 연동하여 인디자인, 일
러스트레이터 등의 어도비 프로그램과 이미지,
색상, 텍스트 스타일 등을 라이브러리에 추가해
서 사용할 수 있습니다. 또한 Adobe Stock에 접
속하여 디자인 템플릿을 검색할 수도 있습니다.

포토샵 버전별 기능 비교

포토샵은 버전이 업그레이드되면서 효율적 작업을 위한 다양한 기능들이 추가되었습니다. Adobe Photoshop CC, Adobe Photoshop CS6, Adobe Photoshop CS5 버전의 주요 기능을 비교하여 각 버전별로 사용 가능한 기능을 확인하시기 바랍니다.

메뉴	주요 기능 비교	CC	CS6	CS5
File(파일)	여러 개의 이미지 파일을 검색하고 불러오는 Mini Bridge	○	○	○
	레이어의 요소를 빠르게 저장하는 Export As(내보내기 형식)	○		
	작업 창의 레이어를 이미지 파일로 분할하여 저장하는 Generate(생성)	○		
	디자인 템플릿을 검색하는 Adobe Stock(Adobe Stock 검색)	○		
Edit(편집)	포토샵의 기능을 검색하는 Search(검색)	○		
	이미지의 불필요한 요소를 자연스럽게 없애는 Content-Aware(내용 인식)	○	○	○
	이미지를 손상시키지 않고 원하는 영역만 따로 변형하는 Content-Aware Scale(내용 인식 비율)	○	○	○
	이미지의 원근 왜곡을 원하는 구도로 수정하는 Perspective Warp(원근 뒤틀기)	○		
	이미지의 동작을 자연스럽게 변형하는 Puppet Warp(퍼펫 뒤틀기)	○	○	○
	툴 패널을 사용자 정의로 설정하는 Toolbar(도구 모음)	○		
	지정된 간격으로 파일을 저장하는 **자동 복구 기능**	○	○	
Image(이미지)	이미지에 분포된 빛과 채도, 선명도 등의 설정을 개별적으로 보정하는 HDR Toning(HDR 토닝)	○	○	○
Type(문자)	Creative Cloud를 이용하여 글꼴을 추가하는 Typekit	○		
Select(선택)	지정된 선택 영역의 가장자리를 다듬어서 마스크로 합성하는 Select and Mask(선택 및 마스크)	○		
	선택 영역의 가장자리를 다듬고 추출하는 Refine Edge(가장자리 다듬기)		○	○
Filter(필터)	굴곡진 이미지를 보정하는 Adaptive Wide Angle(응용 광각)	○	○	
	이미지의 색상 보정과 왜곡 기능을 적용하는 Camera Raw Filter(Camera Raw 필터)	○		
	얼굴 인식 픽셀 유동화 기능이 추가된 Liquify(픽셀 유동화)	○		
	흐림 효과를 자유롭게 조절하는 기능이 추가된 Blur(흐림 효과)	○	○	
	초점 영역을 선택하고 원하는 영역을 흐리게 표현하는 기능이 추가된 Blur Gallery(흐림 효과 갤러리)	○		
	다양한 비디오 편집 기능과 효과가 추가된 Timeline(타임라인)	○	○	
3D	인쇄 지원이 가능해진 Creative Cloud 3D Animation	○		
View(보기)	안내선을 원하는 행, 열로 손쉽게 생성할 수 있는 기능이 추가된 New Guide Layout(새 안내선 레이아웃)	○		

	ios 운영 체제의 모바일 기기에서 작업 파일을 이미지로 확인하는 Device Preview(장치 미리 보기)	○		
Window(창)	다양한 특수 문자를 검색하고 사용할 수 있는 기능이 추가된 Glyphs(글리프)	○		
	레이어 패널에서 레이어의 이름, 속성 등으로 검색할 수 있는 Find Layer(레이어 찾기)	○	○	
	연결된 에셋으로 모바일, 데스크탑 작업을 연계하고 공유할 수 있는 Creative Cloud Libraries(라이브러리)	○		

툴	주요 기능 비교	CC	CS6	CS5
Tool(툴)	모바일 앱 디자인 시 활용할 수 있는 대지를 작업 창에 생성하는 Artboard Tool(대지 툴)	○		
	비틀기, 원근으로 자르기 기능이 추가된 Crop Tool(자르기 툴)	○	○	
	선택 영역으로 지정된 이미지를 이동하고 주변과 합성하는 Content-Aware Move Tool(내용 인식 이동 툴)	○	○	
	내용 인식 기능이 추가된 Spot Healing Brush Tool(스팟 복구 브러시 툴)	○	○	
	다양한 브러시 질감이 추가된 Brush Tool(브러시 툴)	○	○	
	회화적인 붓 터치 효과를 표현하는 기능이 추가된 Brush Tool(브러시 툴)	○	○	○
	벡터 기반의 셰이프를 좀 더 쉽게 작업할 수 있도록 향상된 Pen Tool(펜 툴)	○	○	

핵심 기능

포토샵 버전별 작업 화면 변화

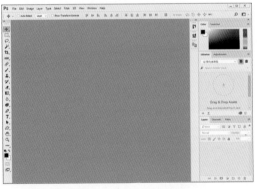

▲ Photosho CC 2017

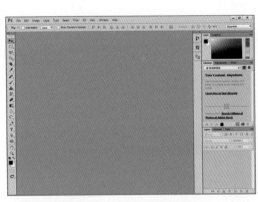

▲ Photosho CC 2015

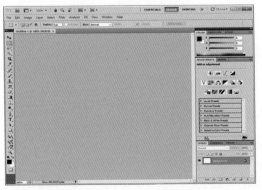

▲ Photosho CS6

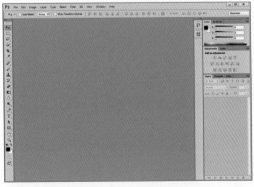

▲ Photosho CS5

PART 02

포토샵의 기본,
작업하기 전 알고가자

포토샵의 툴, 패널, 메뉴

포토샵의 전체적인 작업 화면에 대해 살펴봅니다. 포토샵에서 제공하는 툴과 패널, 메뉴에 대해 알아보고, 작업을 시작하기 위한 기본 단계인 파일을 열고, 닫고, 저장하는 방법에 대해 알아봅니다. 또한 효율적인 작업을 위한 환경 설정 방법 및 옵션을 알아봅니다.

CHAPTER 1   포토샵 툴과 패널 살펴보기

CHAPTER 2   포토샵 메뉴 살펴보기

CHAPTER 3   포토샵 기본 단계 익히기

CHAPTER 4   효율적 작업을 위한 환경 설정하기

포토샵 툴과 패널 살펴보기

포토샵을 실행하면 작업을 할 수 있는 작업 영역과 각종 툴, 패널, 메뉴를 제공하는 화면을 볼 수 있습니다. 포토샵을 시작하기 전에 가장 기본인 작업 화면을 살펴보고, 각 툴과 패널에 대해 간단히 알아보겠습니다.

핵심 기능 **포토샵 작업 화면 살펴보기**

포토샵의 작업 화면은 크게 툴 패널, 풀다운 메뉴, 패널, 작업 영역으로 구성되어 있습니다. 작업 화면은 버전별로 조금씩 다르지만 기본적인 명칭은 꼭 알아둡니다.

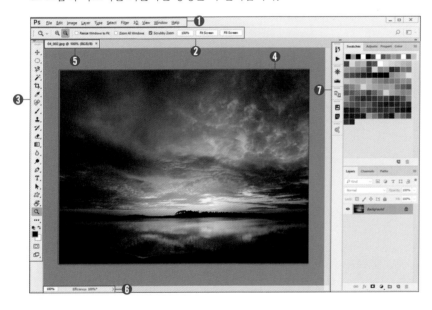

❶ **메뉴 표시줄** : 포토샵에서 여러 가지 명령을 실행할 수 있는 메뉴들이 모여 있는 공간으로, 각 메뉴를 클릭하면 세부 사항을 볼 수 있습니다.

❷ **옵션** : 툴 패널에서 선택한 툴의 추가 옵션을 지정합니다.

❸ **툴 패널** : 도구 상자라고 불리며, 포토샵에서 사용하는 기능을 박스 형태로 모아 놓은 공간입니다.

❹ **캔버스** : 포토샵에서 작업할 수 있는 창입니다.

❺ **파일 이름 탭** : 파일명, 화면 확대 비율, 색상 모드 등의 정보가 표시됩니다.

❻ **상태 표시줄** : 포토샵에서 실행되고 있는 작업 창의 배율을 수정하거나, 파일 용량을 확인할 수 있습니다.

❼ **패널** : 레이어, 채널, 패스 등 그래픽 작업에 필요한 옵션이나 기능을 모아 놓은 공간입니다.

툴 살펴보기

포토샵 작업 화면 왼쪽에 있는 툴 패널은 포토샵에서 자주 사용하는 기능을 모아 놓은 곳입니다. 툴 패널 위쪽의 삼각형 탭을 클릭하면 패널이 확장되어 툴을 한 줄 또는 두 줄로 볼 수 있습니다. 툴 패널의 숨은 툴은 해당 툴에서 마우스 오른쪽 버튼을 클릭하여 표시할 수 있습니다.

❶ 이동 툴 : 선택된 이미지 영역이나 레이어를 이동할 때 사용합니다.

– 이동 툴 : 선택된 이미지를 드래그하여 이동합니다.

– 대지 툴 : 작업 창에 대지를 생성하거나 생성된 대지를 선택하고 복제합니다.

❷ 도형 선택 툴 : 간단한 도형 형태의 선택 영역을 지정할 때 사용합니다.

– 사각형 선택 툴 : 사각형의 선택 영역을 지정합니다.

– 원형 선택 툴 : 원형의 선택 영역을 지정합니다.

– 가로선 선택 툴 : 1픽셀의 가로선 선택 영역을 지정합니다.

– 세로선 선택 툴 : 1픽셀의 세로선 선택 영역을 지정합니다.

❸ 올가미 툴 : 불규칙한 형태의 선택 영역을 지정할 때 사용합니다.

– 올가미 툴 : 마우스를 드래그해서 불규칙한 형태의 선택 영역을 지정합니다.

– 다각형 올가미 툴 : 마우스를 클릭해서 직선 형태의 선택 영역을 지정합니다.

– 자석 올가미 툴 : 마우스를 드래그해서 색상 차이가 많이 나는 이미지를 선택 영역으로 지정합니다.

❹ 색상 선택 툴 : 이미지의 색상으로 선택 영역을 지정할 때 사용합니다.

– 빠른 선택 툴 : 마우스를 드래그해서 같은 색상의 이미지를 선택 영역으로 지정합니다.

– 자동 선택 툴 : 마우스를 클릭해서 같은 색상의 이미지를 한번에 선택 영역으로 지정합니다.

❺ 자르기 툴 : 작업 창이나 이미지를 자를 때 사용합니다.

- 자르기 툴 : 이미지의 원하는 부분을 제외한 나머지 부분을 자릅니다.
- 원근 자르기 툴 : 이미지의 원하는 부분에 원근법을 적용하여 자릅니다.
- 분할 영역 툴 : 이미지의 영역을 지정하고, 지정된 이미지를 각각 부분별로 나누어 저장합니다.
- 분할 영역 선택 툴 : 분할 영역 툴로 지정된 부분을 선택합니다.

❻ 측정 툴 : 이미지의 색상을 추출하거나 이미지의 거리, 개수 등을 측정할 때 사용합니다.

- 스포이드 툴 : 이미지의 색상을 추출합니다.
- 3D 재질 스포이드 툴 : 3D 작업 영역에서 활성화되는 툴로, 3D 재질을 추출합니다.
- 색상 샘플러 툴 : 이미지의 색상 정보를 확인합니다.
- 눈금자 툴 : 이미지의 좌표 값, 크기 등을 확인합니다.
- 메모 툴 : 이미지에 메모를 삽입합니다.
- 카운트 툴 : 이미지의 개수를 세어 표기합니다.

❼ 복구 툴 : 이미지의 특정 부분을 복제해서 주변과 자연스럽게 합성할 때 사용합니다.

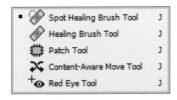

- 스팟 복구 브러시 툴 : 이미지의 주변을 자동으로 합성합니다.
- 복구 브러시 툴 : 이미지의 특정 부분을 복제하고 이미지의 주변을 원하는 부분만큼 세밀하게 합성합니다.
- 패치 툴 : 선택 영역으로 지정된 이미지를 드래그해서 이동된 주변과 합성합니다.
- 내용 인식 이동 툴 : 선택 영역으로 지정된 이미지를 드래그해서 이동된 주변에 배치하고 경계선을 합성합니다.
- 적목 현상 툴 : 빨갛게 찍힌 눈동자를 보정합니다.

❽ 브러시 툴 : 마우스를 드래그해서 자유롭게 채색할 때 사용합니다.

- 브러시 툴 : 채색을 하거나 드로잉할 때 사용합니다.
- 연필 툴 : 연필로 그리듯 선을 그립니다.
- 색상 대체 툴 : 이미지의 특정 부분의 색상을 변경합니다.
- 혼합 브러시 툴 : 이미지의 특정 부분을 마우스로 드래그해서 주변과 합성시켜 여러 개 배치합니다.

❾ 도장 툴 : 이미지의 특정 부분을 복제해서 주변에 붙여 넣을 때 사용합니다.

- 복제 도장 툴 : 특정 부분을 도장처럼 복사하여 원하는 부분에 붙여 넣습니다.
- 패턴 도장 툴 : 등록된 패턴을 이미지 주변에 원하는 부분만큼 채색할 때 사용합니다.

❿ 히스토리 툴 : 이미지가 손상된 경우 마우스를 드래그해서 복구시킬 때 사용합니다.

- 히스토리 브러시 툴 : 히스토리 패널에 저장된 명령 전 단계로 되돌려서 이미지를 복구합니다.
- 아트 히스토리 브러시 툴 : 브러시 종류를 지정하고 마우스를 드래그해서 이미지 주변의 색상으로 채색하여 유화 느낌을 표현합니다.

⓫ 지우개 툴 : 이미지의 특정 부분을 지울 때 사용합니다.

- 지우개 툴 : 이미지 특정 부분을 지웁니다.
- 배경 지우개 툴 : 배경 레이어를 지웁니다.
- 자동 지우개 툴 : 같은 색상의 이미지를 한번에 지웁니다.

⓬ 그레이디언트 & 페인트 통 툴 : 이미지의 원하는 부분에 한번에 채색할 때 사용합니다.

- 그레이디언트 툴 : 두 가지 이상의 색을 자연스럽게 연결시켜 채색합니다.
- 페인트 통 툴 : 전경색 또는 패턴을 채웁니다.
- 3D 재질 놓기 툴 : 3D 작업 영역에서 활성화되는 툴로, 3D 개체에서 재질을 적용시켜 채색합니다.

⓭ 선명 조절 툴 : 이미지의 경계면을 흐리거나 선명하게 보정할 때 사용합니다.

- 블러 툴 : 이미지를 부드럽게 보정합니다.

– 샤픈 툴 : 이미지를 선명하게 보정합니다.

– 손가락 툴 : 이미지에 번지는 효과를 적용합니다.

⓮ **명도 조절 툴** : 이미지를 밝거나 어둡게 보정할 때 사용합니다.

– 닷지 툴 : 이미지를 밝게 보정합니다.

– 번 툴 : 이미지를 어둡게 보정합니다.

– 스펀지 툴 : 이미지의 채도를 보정합니다.

⓯ **펜 툴** : 복잡한 형태의 이미지를 정교하게 선택 영역으로 지정하거나 드로잉할 때 사용합니다.

– 펜 툴 : 패스를 생성합니다.

– 자유 형태 펜 툴 : 자유롭게 패스를 생성합니다.

– 기준점 추가 툴 : 패스에 기준점을 추가합니다.

– 기준점 삭제 툴 : 패스의 기준점을 삭제합니다.

– 기준점 변환 툴 : 앵커 포인트를 클릭해 곡선을 직선으로, 직선을 곡선으로 변경합니다.

⓰ **문자 툴** : 문자를 입력할 때 사용합니다.

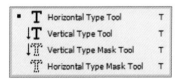

– 수평 문자 툴 : 가로 방향의 문자를 입력합니다.

– 세로 문자 툴 : 세로 방향의 문자를 입력합니다.

– 세로 문자 마스크 툴 : 세로 방향의 선택 영역으로 문자를 입력합니다.

– 수평 문자 마스크 툴 : 가로 방향의 선택 영역으로 문자를 입력합니다.

⓱ **패스 선택 툴** : 생성된 패스를 선택하고 수정할 때 사용합니다.

– 패스 선택 툴 : 생성된 패스를 선택하고 위치, 크기, 연산 등을 수정합니다.

– 직접 선택 툴 : 생성된 패스의 기준점을 선택하고 형태를 수정합니다.

⑱ **도형 툴** : 다양한 형태의 도형을 패스로 생성하거나 드로잉할 때 사용합니다.

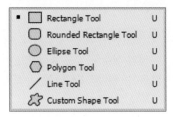

– 사각형 툴 : 사각형으로 패스를 생성합니다.

– 둥근 사각형 툴 : 둥근 사각형으로 패스를 생성합니다.

– 원형 툴 : 원형으로 패스를 생성합니다.

– 다각형 툴 : 다각형으로 패스를 생성합니다.

– 선 툴 : 선으로 패스를 생성합니다.

– 사용자 정의 모양 툴 : 포토샵에서 제공되는 다양한 형태의 셰이프를 생성합니다.

⑲ **화면 이동 툴** : 화면을 이동할 때 사용합니다.

– 손 툴 : 작업 창을 자유롭게 움직여 이동합니다.

– 회전 보기 툴 : 작업 화면을 회전시켜 이동합니다.

⑳ **Zoom Tool(돋보기 툴)** : 이미지의 특정 부분을 확대하거나 축소시켜 볼 때 사용합니다.

㉑ **Foreground Color/Background Color(전경색/배경색)** : 전경색과 배경색을 지정합니다.

㉒ **Quick Mask Mode(빠른 마스크 모드)** : 브러시 툴로 마우스를 드래그해서 이미지의 선택 영역을 지정할 수 있는 모드입니다.

㉓ **Screen Mode(화면 모드)** : 화면에 보여지는 작업 창의 공간을 조절할 때 사용합니다.

포토샵 작업 화면 오른쪽에 있는 패널은 그래픽 작업에 필요한 옵션이나 기능을 모아 놓은 곳입니다. 패널을 옆으로 드래그하면 패널이 확장되어 아이콘과 이름을 함께 볼 수 있고, 패널의 삼각형 탭을 클릭하면 패널이 확장되어 필요한 옵션을 펼쳐볼 수 있습니다. 사용하고자 하는 패널을 찾을 수 없다면 단축키를 누르거나 [Window] 메뉴에서 해당 패널을 실행해 불러올 수 있습니다.

❶ **Layer**^{레이어} **패널** : 포토샵의 작업 단계를 계층으로 나눠 수정 및 편집 작업을 할 수 있습니다.

❷ **Brush**^{브러시} **패널** : 브러시 툴이나 페인트 계열 툴의 브러시 옵션(브러시 방향, 크기, 강도 등)을 설정할 수 있습니다.

❸ **Brush Presets**^{브러시 사전 설정} **패널** : 작업에서 자주 사용하는 브러시의 옵션을 저장할 수 있습니다.

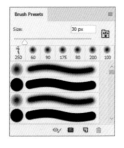

❹ **Channels**^{채널} **패널** : 색상 정보를 나타내거나 알파 채널을 이용해서 선택 영역을 지정할 수 있습니다.

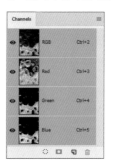

❺ **Adjustments**^{조정} **패널** : 레이어에 보정 결과를 남겨서 수정할 수 있습니다.

❻ **Character**^{문자} **패널** : 문자 관련 속성(폰트, 크기, 색상 등)을 설정할 수 있습니다.

❼ Color^{색상} **패널** : 전경색과 배경색을 지정할 수 있습니다.

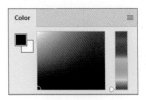

❽ Character Styles^{문자 스타일} **패널** : 자주 사용하는 문자 스타일을 저장할 수 있습니다.

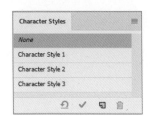

❾ Clone Source^{복제 원본} **패널** : 복제 툴을 사용 시 샘플 소스를 5개까지 설정할 수 있습니다.

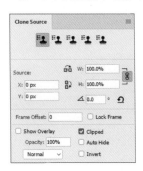

❿ Actions^{액션} **패널** : 작업 단계를 저장하여 반복되는 작업을 빠르게 실행할 수 있습니다.

⓫ Device Preview^{장치 미리 보기} **패널** : ios 운영 체제의 모바일 기기에서 작업 파일을 이미지로 확인할 수 있습니다.

⓬ Glyphs^{클리프} **패널** : 특수 문자를 삽입할 수 있습니다.

⓭ Histogram^{막대 그래프} **패널** : 이미지의 전 채널이나 각 컬러 채널의 색 분포를 확인할 수 있습니다.

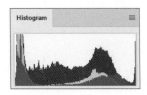

⓮ History^{작업 내역} **패널** : 작업 내역을 순서대로 표시합니다. 이전 작업 단계로 되돌리거나 부분적으로 수정할 수 있습니다.

⑮ **Info**^{정보} **패널** : 이미지의 색상 정보, 좌표값, 크기 등을 확인할 수 있습니다.

⑯ **Layer Comps**^{레이어 구성 요소} **패널** : 레이어의 상태를 저장합니다. 작업 단계를 요소별로 기록해서 필요한 구성 요소만 볼 수 있습니다.

⑰ **Libraries**^{라이브러리} **패널** : Adobe Creative Cloud와 연동하여 인디자인, 일러스트 등의 어도비 프로그램과 이미지, 색상, 텍스트 스타일 등을 라이브러리에 추가해서 사용할 수 있습니다.

⑱ **Properties**^{속성} **패널** : 선택된 레이어에 사용된 기능의 속성을 확인하고 수정할 수 있습니다.

⑲ **Navigator**^{내비게이터} **패널** : 이미지를 확대하거나 축소하여 작업 영역을 볼 수 있습니다.

⑳ **Notes**^{메모} **패널** : 메모 툴로 작업 영역을 클릭하면 작업 파일에 메모를 삽입할 수 있습니다.

㉑ **Paragraph**^{단락} **패널** : 문자의 단락을 설정할 수 있습니다.

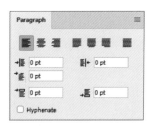

㉒ **Paragraph Styles**^{단락 스타일} **패널** : 자주 사용하는 단락 스타일을 저장하여 사용할 수 있습니다.

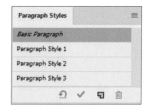

㉓ **Paths**^{패스} **패널** : 펜 툴로 생성된 패스를 관리하고 선택 영역을 지정할 수 있습니다.

㉔ **Tool Preset**^{툴 프리셋} **패널** : 작업에서 자주 사용하는 툴의 옵션을 저장하고 사용할 수 있습니다.

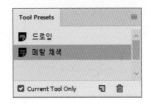

㉕ **Styles**^{스타일} **패널** : 선택된 레이어에 포토샵에서 제공하는 스타일을 적용하거나, 원하는 스타일을 저장해서 사용할 수 있습니다.

㉖ **Swatches**^{색상 견본} : 포토샵에서 제공하는 색상 견본을 사용하거나, 원하는 색상을 저장하여 사용할 수 있습니다.

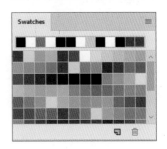

㉗ **Timeline**^{타임라인} **패널** : 포토샵에서 작업한 레이어에 움직임을 주어 영상을 제작할 수 있습니다.

㉘ **Measurement Log**^{측정 로그} **패널** : 작업 창의 측정 정보를 기록할 수 있습니다.

㉙ **3D 패널** : 3D 작업 영역에서 사용하는 패널로 3D 효과를 적용하고 옵션을 설정할 수 있습니다.

포토샵 메뉴 살펴보기

포토샵에서 제공하는 메뉴에 대해서 살펴보겠습니다. 포토샵 작업 화면 상단의 메뉴를 이용하면 포토샵에서 적용 가능한 명령을 실행할 수 있습니다. 이미지를 파일로 관리하는 명령과 편집 및 보정 관련 명령 외에도 다양한 효과를 적용할 수 있는 명령들이 모여 있습니다. 자주 사용하는 메뉴는 단축키를 이용하여 빠르게 적용할 수 있습니다.

Ps   File   Edit   Image   Layer   Type   Select   Filter   3D   View   Window   Help

핵심 기능   ## File^{파일} 메뉴

- **New(새로 만들기)** : 새 파일을 만듭니다.
- **Open(열기)** : 작업할 파일을 불러옵니다.
- **Browse in Bridge(Bridge에서 찾아보기)** : 모든 폴더와 파일을 Bridge에서 한눈에 살펴보고 관리합니다.
- **Open As(지정 형식)** : 작업할 파일의 형식을 변경하여 불러옵니다.
- **Open as Smart Object(고급 개체로 열기)** : 파일을 이미지가 아닌 객체로 불러옵니다.
- **Open Recent(최근 파일 열기)** : 최근에 작업한 파일을 불러옵니다.
- **Close(닫기)** : 작업한 파일을 닫습니다.
- **Close All(모두 닫기)** : 실행 중인 모든 파일을 한꺼번에 닫습니다.
- **Close and Go to Bridge(닫은 후 Bridge로 이동)** : 작업 중인 파일을 닫고, Bridge로 이동합니다.
- **Save(저장)** : 파일을 저장합니다.
- **Save As(다른 이름으로 저장)** : 파일을 다른 이름으로 저장합니다.
- **Check In(체크인)** : Version Cue로 연결되며, 여러 명이 그룹을 이루어 작업할 때 사용합니다.
- **Revert(되돌리기)** : 처음 불러온 파일로 되돌립니다.
- **Export(내보내기)** : 파일을 외부 프로그램이나 디스플레이 장치, 웹 등으로 내보냅니다.
- **Generate(생성)** : 레이어를 이미지 파일로 분할하여 저장합니다.
- **Share on Behance(Behance에서 공유)** : 파일을 Behance에 공유합니다.
- **Search Adobe Stock(Adobe Stock 검색)** : Adobe Stock에 접속하여 디자인 템플릿을 검색합니다.
- **Place Embedded(포함 가져오기)** : 이미지를 객체로 불러옵니다.
- **Place Linked(연결 가져오기)** : 이미지를 링크로 연결해서 불러옵니다.
- **Package(패키지)** : 링크된 파일과 링크한 파일을 따로 분리하여 하나의 패키지로 생성합니다.
- **Automate(자동화)** : 액션을 수많은 이미지에 한꺼번에 적용합니다.

- **Scripts(스크립트)** : 레이어를 병합하거나 내보내기 등을 실행하고, 브라우저에 접속하여 스크립트를 검색할 수 있습니다.
- **Import(가져오기)** : GIF 애니메이션이나 PDF 파일, 디지털 카메라나 휴대폰의 이미지를 불러옵니다.
- **File Info(파일 정보)** : 작업 중인 파일의 정보를 기록하여 저장하거나, 저장한 파일의 정보를 불러옵니다.
- **Print(인쇄)** : 파일을 출력합니다.
- **Print One Copy(한부 인쇄)** : 작업 중인 파일을 바로 한 부 출력합니다.
- **Exit(종료)** : 포토샵을 종료합니다.

핵심기능 **Edit**^{편집} **메뉴**

Edit 편집 메뉴

- **Undo(실행 취소)** : 이 전에 실행한 작업을 취소합니다.
- **Step Forward(다음 단계)** : 작업 중 단계적으로 작업 취소를 하고, 다시 원상태로 단계적으로 되돌립니다.
- **Step Backward(이전 단계)** : 작업 중 단계적으로 작업 전 단계로 되돌립니다.
- **Fade(희미하게 하기)** : 앞에서 실행한 명령이 이미지에 적용되는 정도를 조절합니다.
- **Cut(잘라내기)** : 선택 영역으로 지정된 이미지를 잘라냅니다.
- **Copy(복사)** : 선택 영역으로 지정된 이미지를 복제합니다.
- **Copy Special(병합하여 복사)** : 선택 영역으로 지정된 작업 창 전체를 하나의 레이어로 복사합니다.
- **Paste(붙여 넣기)** : 복제한 이미지를 붙여 넣습니다.
- **Paste Special(특수 붙여 넣기)** : 복제한 이미지를 원하는 위치에 붙여 넣습니다.
- **Clear(지우기)** : 선택 영역으로 지정된 이미지를 삭제합니다.
- **Search(검색)** : 포토샵 기능을 검색합니다.
- **Check Spelling(맞춤법 검사)** : 맞춤법 검사를 실행합니다.
- **Find and Replace Text(텍스트 찾기/바꾸기)** : 입력된 문자를 찾기/바꾸기 합니다.
- **Fill(칠)** : 색상, 패턴 등을 칠합니다.
- **Stroke(획)** : 이미지에 테두리를 적용합니다.
- **Content-Aware Scale(내용 인식 비율)** : 이미지를 손상시키지 않고 원하는 영역만 따로 변형합니다.
- **Puppet Warp(퍼펫 뒤틀기)** : 이미지의 동작을 자연스럽게 변형합니다.
- **Perspective Warp(원근 뒤틀기)** : 이미지의 원근 왜곡을 원하는 구도로 수정합니다.
- **Free Transform(자유 변형)** : 이미지의 크기와 각도를 조절합니다.
- **Transform(변형)** : 이미지를 자유롭게 변형합니다.
- **Auto-Align Layers(레이어 자동 정렬)** : 2장 이상의 이어지는 이미지를 하나의 이미지로 연결합니다.
- **Auto-Blend Layers(레이어 자동 혼합)** : 2장 이상의 이미지를 하나의 이미지로 자연스럽게 합성합니다.
- **Define Brush Preset(브러시 사전 설정 정의)** : 이미지를 브러시로 등록합니다.
- **Define Pattern(패턴 정의)** : 이미지를 패턴으로 등록합니다.
- **Define Custom Shape(사용자 정의 모양 정의)** : 객체를 셰이프로 등록합니다.
- **Purge(제거)** : 불필요한 기록을 삭제하여 포토샵 작업 속도를 향상합니다.
- **Adobe PDF Presets(Adobe PDF 사전 설정)** : Adobe PDF 프리셋의 속성 및 정보를 제어합니다.
- **Presets(사전 설정)** : 브러시, 색상, 그러데이션, 스타일 등의 프리셋 속성 및 정보를 제어합니다.
- **Remote Connections(원격 연결)** : 와이파이를 이용하여 작업 중인 포토샵 화면을 태블릿 PC나 스마트폰에서 실시간으로 확인합니다.
- **Color Settings(색상 설정)** : 포토샵의 그래픽 색상을 설정합니다.

- **Assign Profile(프로필 할당)** : 포토샵에서 할당되는 그래픽 색상의 프로파일을 선택합니다.
- **Convert to Profile(프로필로 변환)** : 포토샵의 그래픽 색상 정보를 변경합니다.
- **Keyboard Shortcuts(바로 가기 키)** : 포토샵에서 사용하는 단축키를 편집합니다.
- **Menus(메뉴)** : 포토샵의 메뉴를 편집합니다.
- **Toolbar(도구 모음)** : 포토샵의 툴 패널을 편집합니다.
- **Preferences(환경 설정)** : 포토샵의 전반적인 환경을 설정합니다.

 ## Image^{이미지} 메뉴

- **Mode(모드)** : 이미지의 색상 모드를 선택합니다.
- **Adjustments(조정)** : 이미지를 보정합니다.
- **Auto Tone(자동 톤)** : 이미지의 명도를 자동으로 보정합니다.
- **Auto Contrast(자동 대비)** : 이미지의 대비 값을 자동으로 보정합니다.
- **Auto Color(자동 색상)** : 이미지의 색상을 자동으로 보정합니다.
- **Image Size(이미지 크기)** : 이미지 크기를 조절합니다.
- **Canvas Size(캔버스 크기)** : 캔버스 크기를 조절합니다.
- **Image Rotation(이미지 회전)** : 이미지를 회전하거나 반전합니다.
- **Crop(자르기)** : 이미지를 자릅니다.
- **Trim(재단)** : 배경 레이어가 단색인 경우, 레이어에 배치된 영역만큼 작업 창을 자릅니다.
- **Reveal All(모두 나타내기)** : 작업 창보다 큰 이미지가 배치되었을 경우, 이미지가 모두 보이도록 작업 창의 크기를 조절합니다.
- **Duplicate(복제)** : 작업 창을 하나 더 복제합니다.
- **Apply Image(이미지 적용)** : 레이어를 선택하고 블렌딩 모드를 이용해서 합성합니다.
- **Calculations(연산)** : 레이어를 선택하고 알파 채널을 생성해서 블렌딩 모드로 합성합니다.
- **Variables(변수)** : 수정 사항이 많은 작업인 경우, 원하는 값으로 데이터를 설정하고 저장합니다.
- **Apply Date Set(데이터 세트 적용)** : Variables에 저장한 데이터를 적용합니다.
- **Trap(트랩)** : 인쇄 시 핀트가 맞지 않아 벌어지는 흰색 면이 발생하지 않도록 여백을 조절합니다.
- **Analysis(분석)** : 작업 시 사용되는 다양한 측정과 분석 툴을 설정하고 사용합니다.

Layer^{레이어} 메뉴

- **New(새로 만들기)** : 레이어를 새로 만들고 관리합니다.
- **Duplicate Layer(레이어 복제)** : 레이어를 복제합니다.
- **Delete(삭제)** : 레이어를 삭제합니다.
- **Quick Export as PNG(PNG으로 빠른 내보내기)** : 레이어를 'PNG' 파일로 저장합니다.
- **Export As(내보내기 형식)** : 레이어의 확장자, 이미지의 크기를 조절해서 저장합니다.
- **Rename Layer(레이어 이름 바꾸기)** : 레이어의 이름을 변경합니다.
- **Layer Style(레이어 스타일)** : 레이어 스타일을 수정 및 적용합니다.
- **Smart filter(고급 필터)** : 레이어에 적용된 스마트 필터를 관리합니다.
- **New Fill Layer(새 칠 레이어)** : 색상, 그레이디언트, 패턴 레이어를 만듭니다.
- **New Adjustment Layer(새 조정 레이어)** : 보정 레이어를 만듭니다.

- **Layer Content Options(레이어 내용 옵션)** : 레이어의 옵션을 수정합니다.

- **Layer Mask(레이어 마스크)** : 레이어에 마스크를 만듭니다.

- **Vector Mask(벡터 마스크)** : 레이어에 패스로 벡터 마스크를 만듭니다.

- **Create Clipping Mask(클리핑 마스크 만들기)** : 레이어에 클리핑 마스크를 적용합니다.

- **Smart Objects(고급 개체)** : 레이어를 객체로 변환합니다.

- **Video Layers(비디오 레이어)** : 동영상 파일을 포토샵에서 레이어로 편집할 수 있습니다.

- **Rasterize(래스터화)** : 문자나 객체 레이어를 이미지 레이어로 변환합니다.

- **New Layer Based Slice(레이어 기반 새 분할 영역)** : 레이어에 배치된 요소를 자동 분할합니다.

- **Group Layers(레이어 그룹화)** : 그룹 레이어를 만듭니다.

- **Ungroup Layers(레이어 그룹 해제)** : 그룹 레이어를 해지합니다.

- **Hide Layers(레이어 숨기기)** : 레이어를 보이거나 숨깁니다.

- **Arrange(정돈)** : 레이어의 순서를 변경합니다.

- **Combine Shapes(모양 결합)** : 두 개 이상의 객체 레이어를 합치거나 분할합니다.

- **Align(정렬)** : 두 개 이상의 레이어를 정렬합니다.

- **Distribute(분포)** : 세 개 이상의 레이어 간격을 조절합니다.

- **Lock Layers(레이어 잠그기)** : 레이어에 잠금을 설정합니다.

- **Link Layers(레이어 연결)** : 두 개 이상의 레이어를 링크로 연결합니다.

- **Select Linked Layers(연결된 레이어 선택)** : 링크로 연결된 레이어를 모두 선택합니다.

- **Merge Layers(레이어 병합)** : 다중으로 선택된 여러 개의 레이어를 하나의 레이어로 합칩니다.

- **Merge Visible(보이는 레이어 병합)** : 레이어의 눈 아이콘이 켜진 여러 개의 레이어를 하나의 레이어로 합칩니다.

- **Flatten Image(배경으로 이미지 병합)** : 모든 레이어를 하나의 레이어로 합칩니다.

- **Matting(매트)** : 잘라낸 이미지의 가장자리를 근방의 이미지 색상으로 보정합니다.

Type^{문자} 메뉴

- **Add Fonts from Typekit(Typekit에서 글꼴 추가)** : Adobe Typekit에 접속하여 글꼴을 추가하고 사용할 수 있습니다.

- **Panels(패널)** : 문자, 단락, 글리프 패널을 불러옵니다.

- **Anti-Alias(앤티 앨리어스)** : 문자의 경계선을 수정합니다.

- **Orientation(방향)** : 문자를 가로, 세로 방향으로 변경합니다.

- **OpenType(OpenType)** : 문자의 함자 스타일을 선택하고 적용합니다.

- **Extrude to 3D(3D로 돌출)** : 문자를 3D 입체 효과로 돌출시켜 변환합니다.

- **Create Work Path(작업 패스 만들기)** : 문자를 패스로 변환합니다.

- **Convert to Shape(모양으로 변환)** : 문자를 객체로 변환합니다.

- **Rasterize Type Layer(문자 레이어 래스터화)** : 문자 레이어를 이미지 레이어로 변환합니다.

- **Convert Test Shape Type(텍스트 모양 유형 변환)** : 문자를 단락으로 변환합니다.

- **Warp Text(텍스트 뒤틀기)** : 문자를 곡선 형태로 변형합니다.

- **Match Font(일치하는 글꼴)** : 글꼴을 식별해 저장된 글꼴 중 적합한 것을 자동 추천하거나 Adobe Typekit에 접속하여 글꼴을 선택하고 변경합니다.

- **Font Preview Size(글꼴 미리 보기 크기)** : 글꼴 미리 보기 크기를 설정합니다.

- **Language Options(언어 옵션)** : 언어 옵션을 설정합니다.

- **Update All Text Layers(모든 텍스트 레이어 업데이트)** : 구 버전의 포토샵에서 작업한 문자 레이어를 포토샵 버전에 맞춰 업데이트합니다.

- **Replace All Missing Fonts(찾을 수 없는 글꼴 모두 대체)** : 찾을 수 있는 글꼴을 다른 글꼴로 모두 변경합니다.
- **Resolve Missing Fonts(찾을 수 없는 글꼴 대체)** : 찾을 수 없는 글꼴을 다른 글꼴로 변경합니다.
- **Paste Lorem Ipsum(Lorem Ipsum 붙여 넣기)** : 문자 박스 안에 더미 문자를 생성해서 레이아웃을 미리 살펴볼 수 있습니다.
- **Load Default Type Styles(기본 유형 스타일 불러오기)** : 기본 유형 스타일을 불러옵니다.
- **Save Default Type Styles(기본 유형 스타일 저장)** : 기본 유형 스타일을 저장합니다.

Select^{선택} 메뉴

- **All(모두)** : 작업 창 전체를 선택 영역으로 지정합니다.
- **Deselect(선택 해제)** : 지정된 선택 영역을 해지합니다.
- **Reselect(다시 선택)** : 이 전에 해지한 선택 영역을 다시 지정합니다.
- **Inverse(반전)** : 지정된 선택 영역을 반전합니다.
- **All Layers(모든 레이어)** : 작업 창의 모든 레이어를 선택합니다.
- **Deselect Layers(레이어 선택 해제)** : 작업 창의 레이어 선택을 해지합니다.
- **Find Layers(레이어 찾기)** : 레이어의 이름을 입력하고 해당 레이어를 찾습니다.
- **Isolate Layers(레이어 격리)** : 선택한 레이어만 작업 창에서 분리시켜 작업합니다.
- **Color Range(색상 범위)** : 선택된 색상과 비슷한 색상 범위를 선택 영역으로 지정합니다.
- **Focus Area(초점 영역)** : 이미지의 초점으로 선택 영역을 지정합니다.
- **Select and Mask(선택 및 마스크)** : 지정된 선택 영역의 가장자리를 다듬어서 마스크로 합성합니다.
- **Modify(수정)** : 지정된 선택 영역의 가장자리를 수정합니다.
- **Glow(선택 영역 확장)** : 지정된 선택 영역을 근방의 비슷한 색상 범위로 선택 영역을 확장합니다.
- **Similar(유사 영역 선택)** : 지정된 선택 영역을 작업 창 전체의 비슷한 색상 범위로 선택 영역을 확장합니다.
- **Transform Selection(선택 영역 변형)** : 지정된 선택 영역을 변형합니다.
- **Edit in Quick Mask Mode(빠른 마스크 모드로 편집)** : 퀵 마스크 모드로 변환합니다.
- **Load Selection(선택 영역 불러오기)** : 저장된 선택 영역을 불러옵니다.
- **Save Selection(선택 영역 저장)** : 선택 영역을 저장합니다.
- **New 3D Extrusion(새 3D 돌출(3))** : 선택 영역으로 지정된 이미지를 3D 입체 효과로 돌출시켜 변환합니다.

Filter^{필터} 메뉴

- **Last Filter(마지막 필터)** : 이 전에 적용한 필터를 다시 적용합니다.
- **Convert for Smart Filters(고급 필터용으로 변환)** : 이미지가 아닌 객체 레이어에 적용하는 필터로, 적용된 필터는 레이어 패널에 남아 있어서 수정이 가능합니다.
- **Filter Gallery(필터 갤러리)** : 여러 가지 필터를 한꺼번에 확인하고 적용합니다. CMYK 모드에서는 비활성화됩니다.
- **Adaptive Wide Angle(응용 광각)** : 굴곡진 이미지를 보정합니다.

- **Camera Raw Filter(Camera Raw 필터)** : 이미지의 색상 보정과 왜곡 기능을 적용합니다. CMYK 모드에서는 비활성화됩니다.
- **Lens Correction(렌즈 교정)** : 이미지 가장자리를 어둡게 보이도록 비네팅 효과와 왜곡 기능을 적용합니다. CMYK 모드에서는 비활성화됩니다.
- **Liquify(픽셀 유동화)** : 이미지의 형태를 부분적으로 왜곡합니다.
- **Vanishing Point(소실점)** : 이미지의 소실점에 맞춰 복제하거나 다른 이미지를 맵핑할 수 있습니다. CMYK 모드에서는 비활성화됩니다.
- **3D(3D)** : 3D 입체 효과로 돌출시켜 표현합니다. CMYK 모드에서는 비활성화됩니다.
- **Artistic(예술 효과)** : 손으로 그린 듯한 느낌으로 표현합니다. CMYK 모드에서는 비활성화됩니다.
- **Blur(흐림 효과)** : 이미지의 초점을 흐리게 합니다.
- **Blur Gallery(흐림 효과 갤러리)** : 초점 영역을 선택하고 원하는 영역을 흐리게 표현합니다.
- **Brush Strokes(브러시 획)** : 붓 터치감으로 회화 느낌을 표현합니다. CMYK 모드에서는 비활성화됩니다.
- **Distort(왜곡)** : 이미지의 형태를 왜곡시킵니다.
- **Noise(노이즈)** : 입자를 생성하거나, 지저분한 입자를 감소시킵니다.
- **Pixelate(픽셀화)** : 이미지를 이루고 있는 픽셀의 형태, 색상, 배열 등을 조절합니다.
- **Render(렌더)** : 질감이나 빛을 만들 수 있습니다.
- **Sharpen(선명 효과)** : 이미지를 선명하게 합니다.
- **Sketch(스케치 효과)** : 이미지를 이루고 있는 픽셀을 다양한 형태로 변형합니다. CMYK 모드에서는 비활성화됩니다.
- **Stylize(스타일 화)** : 이미지의 경계선을 다양하게 표현합니다.
- **Texture(텍스쳐)** : 이미지를 다양한 질감 형태로 표현합니다. CMYK 모드에서는 비활성화됩니다.
- **Video(비디오)** : 포토샵에서 작업한 이미지를 비디오 파일로 내보낼 때 색상을 확인합니다. CMYK 모드에서는 비활성화됩니다.
- **Other(기타)** : 기타 효과로, 이미지를 밝거나 선명하게 표현합니다.
- **Browse Filter Online(온라인으로 필터 찾아보기)** : Adobe에 접속하여 효과를 목록에 추가하고 사용할 수 있습니다.

 핵심 기능

View^{보기} 메뉴

- **Proof Setup(저해상도 인쇄 설정)** : 이미지의 출력 상태를 미리 볼 수 있는 기능으로, 분판되는 색상별로 확인합니다.
- **Proof Colors(저해상도 인쇄 색상)** : Proof Setup에서 설정된 값을 확인하거나, 원래 작업 창으로 되돌립니다.
- **Gamut Warning(색상 영역 경고)** : 이미지를 출력했을 때 표현되지 않는 색상을 확인합니다.
- **Pixel Aspect Ratio(픽셀 종횡비)** : 이미지가 보여지는 화면의 비율에 맞춰 종횡비를 선택합니다.
- **Pixel Aspect Ratio Correction(픽셀 종횡비 교정)** : Pixel Aspect Ratio에서 선택한 종횡비로 확인할 수 있습니다.
- **32-bit Preview Options(32비트 미리 보기 옵션)** : 32-bit로 작업하는 이미지의 노출과 명암을 설정합니다.
- **Zoom In(확대)** : 작업 창을 확대합니다.
- **Zoom Out(축소)** : 작업 창을 축소합니다.
- **Fit on Screen(화면 크기에 맞게 조정)** : 작업 창을 포토샵 화면에 맞춰 조절합니다.

- **Fit Artboard on Screen(화면 크기에 대지 맞추기)** : 대지를 포토샵 화면에 맞춰 조절합니다.
- **100%** : 작업 창을 100% 화면 배율로 확인합니다.
- **200%** : 작업 창을 200% 화면 배율로 확인합니다.
- **Print Size(인쇄 크기)** : 이미지가 출력되는 크기로 확인합니다.
- **Screen Mode(화면 모드)** : 포토샵의 화면 보기 방식을 설정합니다.
- **Extras(표시자)** : 활성화된 선택 영역, 패스, 그리드, 안내선 등을 표시하거나 숨깁니다.
- **Show(표시)** : 그리드, 안내선, 분할 영역 등을 표시하거나 숨깁니다.
- **Rulers(눈금자)** : 자를 활성화합니다.
- **Snap(스냅)** : 이미지를 이동할 때 안내선이나 그리드에 안착합니다.
- **Snap To(스냅 옵션)** : Snap 대상을 설정합니다.
- **Look Guides(안내선 잠그기)** : 안내선을 잠급니다.
- **Clear Guides(안내선 지우기)** : 안내선을 지웁니다.
- **Clear Selected Artboard Guides(선택한 대지 안내선 지우기)** : 대지에 생성된 안내선을 지웁니다.
- **Clear Canvas Guides(캔버스 안내선 지우기)** : 생성된 안내선을 지웁니다.
- **New Guide(새 안내선)** : 안내선을 작업 창의 좌표값으로 생성합니다.
- **New Guide Layout(새 안내선 레이아웃)** : 안내선을 행, 열로 생성합니다.
- **New Guide From Shape(모양에서 새 안내선)** : 선택된 레이어에 배치된 요소에 맞춰 안내선을 생성합니다.
- **Look Slices(분할 영역 잠그기)** : 분할 영역을 잠급니다.
- **Clear Slices(분할 영역 지우기)** : 분할 영역을 지웁니다.

핵심 기능

Window^창 메뉴

- **Arrange(정돈)** : 포토샵에 활성화된 여러 개의 작업 창을 수직, 수평 방향으로 나열하거나 탭으로 분리해서 볼 수 있습니다.
- **Workspace(작업 영역)** : 포토샵의 패널을 다양한 보기 방식으로 나열할 수 있습니다. 그리고 사용자가 자주 사용하는 보기 방식을 저장하고 초기화시켜 설정을 변경할 수 있습니다.
- **Browse Extensions Online(온라인으로 확장 찾아보기)** : 포토샵의 작업 효율을 높이기 위해서 추가로 다운받아 설치할 수 있는 기능(스크립트)입니다.
- **Extensions(확장)** : 온라인으로 다운받은 기능(스크립트)을 볼 수 있습니다.
- **3D** : 3D 효과를 적용하고 옵션을 설정합니다.
- **Action(액션)** : 작업 단계를 저장하여 반복되는 작업을 빠르게 실행합니다.
- **Adjustments(조정)** : 레이어에 보정 결과를 남겨서 수정합니다.
- **Brush(브러시)** : 브러시 툴이나 페인트 계열 툴의 브러시 옵션(브러시 방향, 크기, 강도 등)을 설정합니다.
- **Brush Presets(브러시 프리셋)** : 작업에서 자주 사용하는 브러시의 옵션을 저장합니다.
- **Channels(채널)** : 색상 정보를 나타내거나 알파 채널을 이용해서 선택 영역을 지정합니다.
- **Character(문자)** : 문자 관련 속성(폰트, 크기, 색상 등)을 설정합니다.
- **Character Styles(문자 스타일)** : 자주 사용하는 문자 스타일을 저장합니다.
- **Clone Source(복제 원본)** : 스탬프 툴이나 힐링 브러시 툴을 사용 시 샘플 소스를 5개까지 설정합니다.
- **Color(색상)** : 전경색과 배경색을 지정합니다.
- **Device Preview(장치 미리 보기)** : ios 운영 체제의 모바일 기기에서 작업 파일을 이미지로 확인합니다.
- **Glyphs(글리프)** : 특수 문자를 삽입합니다.

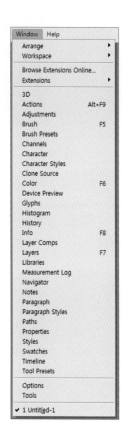

- **Histogram(막대 그래프)** : 이미지의 전 채널이나 각 컬러 채널의 색 분포를 확인합니다.
- **History(작업 내역)** : 작업 내역을 순서대로 표시합니다. 이전 작업 단계로 되돌리거나 부분적으로 수정합니다.
- **Info(정보)** : 이미지의 색상 정보, 좌표 값, 크기 등을 확인합니다.
- **Layer Comps(레이어 구성 요소)** : 레이어의 상태를 저장합니다. 작업 단계를 요소별로 기록해서 필요한 구성 요소만 볼 수 있습니다.
- **Libraries(라이브러리)** : Adobe Creative Cloud와 연동하여 인디자인, 일러스트레이터 등의 어도비 프로그램과 이미지, 색상, 텍스트 스타일 등을 라이브러리에 추가해서 사용합니다.
- **Measurement Log(측정 로그)** : 작업 창의 측정 정보를 기록합니다.
- **Navigator(내비게이터)** : 이미지를 확대하거나 축소하여 작업 영역을 볼 수 있습니다.
- **Notes(메모)** : 메모 툴로 작업 영역을 클릭하면 작업 파일에 메모를 삽입할 수 있습니다.
- **Paragraph(단락)** : 문자의 단락을 설정합니다.
- **Paragraph Styles(단락 스타일)** : 자주 사용하는 단락 스타일을 저장하여 사용합니다.
- **Paths(패스)** : 펜 툴로 생성된 패스를 관리하고 선택 영역을 지정합니다.
- **Properties(속성)** : 선택된 레이어에 사용된 기능의 속성을 확인하고 수정합니다.
- **Styles(스타일)** : 선택된 레이어에 포토샵에서 제공하는 스타일을 적용하거나, 원하는 스타일을 저장해서 사용합니다.
- **Swatches(색상 견본)** : 포토샵에서 제공하는 색상 견본을 사용하거나, 원하는 색상을 저장하여 사용합니다.
- **Timeline(타임라인)** : 포토샵에서 작업한 레이어에 움직임을 주어 영상을 제작합니다.
- **Tool Preset(툴 프리셋)** : 작업에서 자주 사용하는 툴의 옵션을 저장하고 사용합니다.
- **Options(옵션)** : 툴의 세부 옵션을 조절하는 패널을 볼 수 있습니다.
- **Tools(도구)** : 툴 패널을 볼 수 있습니다.

 Help^{도움말} 메뉴

- **Photoshop Online Help(Photoshop 온라인 도움말)** : Adobe에 접속하여 포토샵 정보를 확인할 수 있습니다.
- **Photoshop CC Learn and Support(Photoshop CC 학습 및 지원)** : Adobe에 접속하여 포토샵 기능을 살펴볼 수 있습니다.
- **About Photoshop CC(Photoshop CC 정보)** : 사용하고 있는 포토샵 버전을 확인합니다.
- **About Plug-ins(플러그인 정보)** : 포토샵의 플러그인을 확인합니다.
- **Manage Plug-ins and Extensions(플러그인 및 확장 프로그램 관리)** : 포토샵의 플러그인을 관리하고 확장 버전으로 업데이트합니다.
- **Find Plug-ins and Extensions(플러그인 및 확장 프로그램 찾기)** : Adobe에 접속하여 확장 버전에 맞춰 플러그인을 찾습니다.
- **System Info(시스템 정보)** : 포토샵 시스템 정보를 확인합니다.
- **Manage My Account(내 계정 관리)** : Adobe에 접속하는 내 계정을 관리합니다.
- **Sign Out(로그아웃)** : 포토샵에 접속한 계정을 로그아웃합니다.
- **Updates(업데이트)** : 포토샵의 버전을 업데이트합니다.

포토샵 기본 단계 익히기

포토샵에서 작업을 하려면 새로운 캔버스를 만들거나 작업할 이미지를 불러와야 합니다. 작업 시에는 화면의 크기를 조절하며 효율적으로 작업해야 하며, 작업이 완료되면 작업 목적에 따라 포토샵에서 제공하는 파일 형식으로 저장한 후 종료해야 합니다.

핵심 기능

새 파일 만들기

메뉴에서 [File파일]-[New새로 만들기]([Ctrl]+[N])를 실행하여 새 파일을 만들 수 있습니다. 작업 목적에 따라 파일 크기와 단위, 해상도를 설정합니다.

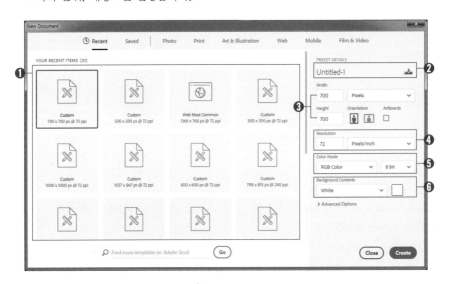

❶ **최근 사용한 파일** : 최근에 사용한 파일을 확인하고 선택해서 사용할 수 있습니다.

❷ **파일명** : 새 파일의 이름을 지정합니다.

❸ **크기** : 캔버스의 가로, 세로 길이와 단위를 설정합니다.

❹ **해상도** : 작업 목적에 따른 이미지의 해상도를 설정합니다.

❺ **색상 모드** : 작업 목적에 따른 이미지의 색상 모드를 지정합니다.

❻ **배경 레이어 색상** : 캔퍼스의 배경색을 흰색, 전경색, 투명 중에서 지정합니다.

이미지 불러오기

메뉴에서 [File^{파일}]–[Open^{열기}]((Ctrl)+(O))을 실행하여 포토샵에서 작업할 이미지 및 기타 파일을 불러올 수 있습니다.

TIP ▸ [열기] 대화상자에서 (Ctrl)을 누른 채 이미지를 클릭하여 다중으로 선택하고 〈열기〉 버튼을 클릭하면 여러 장의 이미지를 한꺼번에 불러올 수 있습니다.

탐색기를 이용하여 이미지를 불러올 수도 있습니다. 이미지가 저장된 탐색기 폴더에서 열고자 하는 이미지를 선택한 후 포토샵 작업 영역으로 드래그하면 파일을 열거나 가져올 수 있습니다.

작업 창 비율 조절하기

효율적 작업을 위해 작업 창의 비율을 조절할 수 있어야 합니다. 세밀한 작업을 위해서는 작업 창의 크기를 확대하고, 전체 작업을 확인하기 위해서는 이미지를 전체 보기로 확인합니다.

툴 패널에서 손 툴을 선택하고 상단 옵션 바에서 '100%'를 클릭하거나, 단축키 Ctrl+1을 누르면 이미지를 100% 배율로 확인할 수 있습니다.

툴 패널에서 손 툴을 선택하고 상단 옵션 바에서 'Fit Screen'을 클릭하거나, 단축키 Ctrl+0을 누르면 이미지를 작업 창에 맞추어 전체 보기로 확인할 수 있습니다.

▲ 100% 배율로 확인

▲ 전체 보기로 확인

작업 화면 확대/축소/이동하기

작업 화면을 확대/축소할 때는 돋보기 툴을 사용합니다. 툴 패널에서 돋보기 툴을 선택하고 상단 옵션 바에서 'Scrubby Zoom' 옵션을 체크 해지한 후 화면을 드래그하거나, 단축키 Ctrl+Space를 누른 채 드래그하면 화면을 확대/축소할 수 있습니다. 확대한 작업 화면을 이동할 때는 툴 패널에서 손 툴을 선택하고 원하는 방향으로 드래그하거나, Space를 누른 채 화면을 드래그합니다.

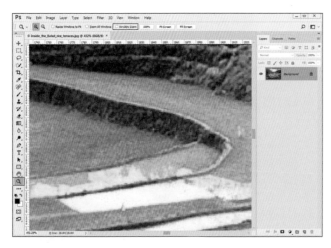

TIP ▶ 이미지를 100% 배율로 확대하거나 축소할 수도 있습니다. [View]-[Zoom In](Ctrl+[+]), [Zoom Out](Ctrl+[-])을 실행하면 이미지를 100% 배율로 확대하거나 축소할 수 있습니다.

저장하기

메뉴에서 [File^{파일}]—[Save^{저장}]($\boxed{Ctrl}$+$\boxed{S}$)를 실행하여 포토샵에서 작업한 이미지를 저장할 수 있습니다. 또한 [File^{파일}]—[Save As^{다른 이름으로 저장}]($\boxed{Ctrl}$+$\boxed{Shift}$+$\boxed{S}$)를 실행하면 작업한 이미지를 다른 이름 및 포맷으로 저장할 수 있습니다.

단축키 TIP ▶ 파일 형식 알아보기

(1) Photoshop (*.PSD;*.PDD;*.PSDT) : 포토샵 기본 파일 형식으로 레이어, 채널, 패스를 작업된 상태 그대로 저장합니다. 일반적으로 레이어가 생성된 이미지 파일은 추후에 수정하기 위해서 'PSD' 파일로 저장합니다.

(2) BMP(*.BMP;*.RLE;*.DIB) : Windows 호환 컴퓨터에서 사용되는 Windows 표준 이미지 형식입니다. 'BMP'는 RGB, Index, Grayscale 및 Bitmap 모드를 지원합니다.

(3) CompuServe GIF(*.GIF) : 웹에서 사용하기 위한 포맷으로 표현할 수 있는 색은 적지만 그만큼 작은 용량을 차지하며 움직이는 이미지를 만들 때 많이 사용합니다. 'GIF'는 Index 모드에 투명도를 지원하지만 알파 채널은 지원하지 않습니다.

(4) JPEG(*.JPG;*.JPEG;*.JPE) : 웹이나 인쇄용 이미지에서 많이 사용되는 포맷으로 표현할 수 있는 색상이 많고 압축률이 뛰어나지만 압축을 많이 할 수록 이미지가 변형됩니다. 'JPEG'는 RGB, CMYK 및 Grayscale 모드를 지원하며 투명도는 지원하지 않습니다.

(5) PNG(*.PNG;*.PNS) : 'GIF'의 대안으로 개발된 형식으로 24비트를 지원하여 색상을 많이 표현하며 웹에서 사용됩니다. 'PNG'는 알파 채널이 없는 RGB, Index, Grayscale 및 Bitmap 모드를 지원하며 투명도도 지원합니다. 하지만 파일 용량 압축률은 'JPEG'에 비해 떨어집니다.

핵심 기능 **작업 종료하기**

[File^{파일}]—[Close^{닫기}]($\boxed{Ctrl}$+$\boxed{W}$)를 실행하여 작업 창을 닫을 수 있습니다. 작업 중에 저장하지 않은 파일을 종료할 경우 작업을 저장할지 묻는 대화상자가 표시되며 〈Yes〉 버튼을 클릭하면 [File^{파일}]—[Save As^{다른 이름으로 저장}]($\boxed{Ctrl}$+$\boxed{Shift}$+$\boxed{S}$)가 실행됩니다.

효율적 작업을 위한 환경 설정하기

[Edit^{파일}]–[Preferences^{환경 설정}]([Ctrl]+[K])를 실행하면 포토샵의 기본적인 인터페이스를 설정할 수 있습니다. 효율적 작업을 위한 환경 설정 방법을 알아봅니다.

핵심 기능 | ## 인터페이스 색상 테마 선택하기

[Edit^{파일}]–[Preferences^{환경 설정}]–[Interface^{인터페이스}]를 실행하면 인터페이스의 화면 밝기를 선택할 수 있습니다.

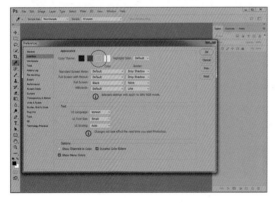

TIP ▶ 색상 테마는 Adobe Photoshop CS6 버전부터 환경 설정에 추가되었습니다.

핵심 기능 시작 화면 실행 선택하기

[Edit^{편집}]−[Preferences^{환경 설정}]−[General^{일반}]을 실행한 후 'Show "Start" Workspace When No Documents Are Open^{문서를 열지 않을 때 '시작' 작업 영역 표시}' 옵션을 체크 해지하고 포토샵을 재실행하면 포토샵을 실행했을 때 시작 화면이 보이지 않습니다.

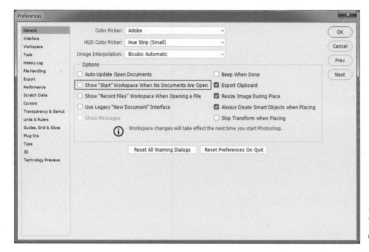

TIP ▶ 시작 화면 실행 선택은 Adobe Photoshop CC 2017 버전부터 환경 설정에 추가되었습니다.

핵심 기능 자동 저장하기

[Edit^{파일}]−[Preferences^{환경 설정}]−[File Handing^{파일 처리}]을 실행하면 파일을 저장하는 자동 복구 기능의 간격을 선택할 수 있습니다. 기본으로 설정된 간격은 10분으로, 포토샵 작업 단계를 10분 간격으로 자동 저장합니다.

TIP ▶ 자동 저장 기능은 Adobe Photoshop CS6 버전부터 환경 설정에 추가되었습니다.

작업 창을 탭으로 열기

[Edit편집]−[Preferences환경 설정]−[Workspace작업 영역]를 실행하면 포토샵의 작업 창을 탭으로 열거나, 분리된 작업 창으로 열 수 있도록 선택할 수 있습니다. 포토샵의 작업 창을 탭으로 열 때는 'Open Documents as Tabs탭으로 문서 열기' 옵션을 체크하고, 분리된 작업 창으로 열 때는 옵션의 체크를 해지합니다.

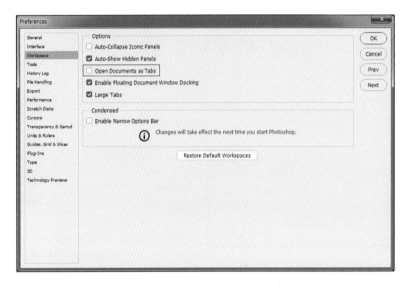

▲ Open Documents as Tabs를 체크한 경우

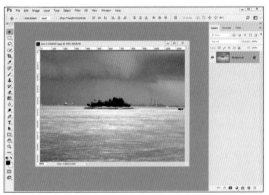

▲ Open Documents as Tabs를 체크 하지 않은 경우

TIP ▶ [Workspace]는 Adobe Photoshop CC 버전부터 환경 설정에 추가되었고, Adobe Photoshop CS6 버전에서는 [Edit]−[Preference]−[Interface]에서 실행해야 합니다.

작업 내역 기록 단계 설정하기

포토샵 작업 시 [Edit^{편집}]-[Undo^{실행 취소}] 메뉴나 히스토리 패널, 단축키 Ctrl+Alt+Z를 실행하여 작업 단계를 되돌릴 수 있습니다. [Edit^{편집}]-[Preferences^{환경 설정}]-[Performance^{성능}]를 실행하여 'History States'의 옵션 값을 조절하면 되돌릴 수 있는 작업 단계의 개수를 설정할 수 있습니다.

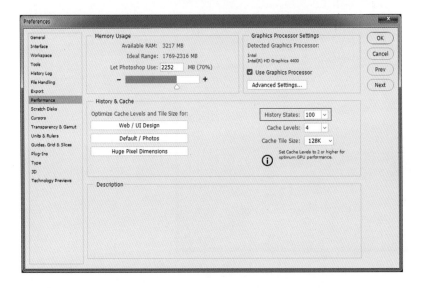

단위와 눈금자 설정하기

[Edit^{편집}]-[Preferences^{환경 설정}]-[Units & Rulers^{단위와 눈금자}]를 실행하면 작업 창의 눈금자와 문자의 단위를 변경하고 해상도를 설정할 수 있습니다.

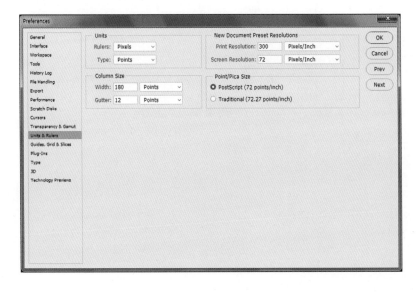

환경 설정하기 : 폰트 이름을 한글로 보기

[Edit편집]–[Preferences환경 설정]–[Type문자]를 실행하고 'Show Font Names in English글꼴 이름을 영어로 표시' 옵
션을 체크하면 폰트 이름을 영어로, 옵션을 체크 해지하면 한글로 확인할 수 있습니다.

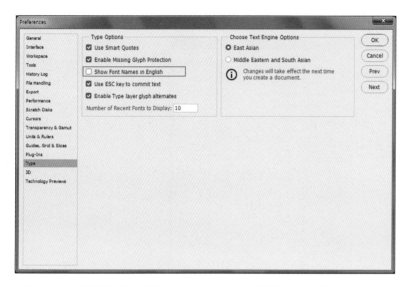

▲ Show Font Names in English를 체크한 경우

▲ Show Font Names in English를 체크하지 않은 경우

핵심 기능 **플러그인을 이용한 필터 모두 보기**

[Edit편집]–[Preferences환경 설정]–[Plug-Ins플러그인]를 실행하고 'Show all Filter Gallery groups and names모든 필터 갤러리 그룹 및 이름 표시' 옵션을 체크하면 [Filter]의 모든 항목을 메뉴에서 확인할 수 있습니다.

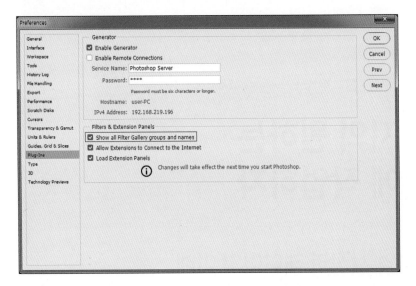

▲ Show all Filter Gallery groups and names를 체크한 경우

▲ Show all Filter Gallery groups and names를 체크하지 않은 경우

TIP ▶ 필터 모두 보기 옵션은 Adobe Photoshop CS6 버전부터 환경 설정에 추가되었습니다.

PART 03

이미지의 원하는
부분에 작업하자

선택 영역 지정과 레이어의 이해

포토샵의 기본이 되는 선택 영역 지정과 레이어 사용법에 대해 알아보겠습니다. 이미지의 원하는 부분에 작업하려면 이미지 형태에 맞는 선택 툴을 사용하여 선택 영역을 지정해야 합니다. 그리고 원하는 작업을 효율적으로 진행하기 위해서는 포토샵의 레이어를 반드시 숙지해야 합니다. 포토샵에서 진행되는 작업 단계를 레이어에 하나씩 겹쳐두면 언제든지 수정 및 편집이 가능합니다.

CHAPTER 1 도형으로 선택 영역 지정하기

CHAPTER 2 불규칙한 형태의 선택 영역 지정하기

CHAPTER 3 색상으로 선택 영역 지정하기

CHAPTER 4 이미지 이동 및 복제를 통한 여러 개의 레이어 수정하기

CHAPTER 5 선택 영역 수정하기

CHAPTER 6 선택 영역 가장자리 다듬기

도형으로 선택 영역 지정하기

✂ 도형 선택 툴

도형 선택 툴은 간단한 도형 형태의 이미지를 선택 영역으로 지정할 때 사용합니다. 시작 지점을 클릭하고 드래 그하면 도형 형태의 선택 영역을 지정할 수 있습니다.

핵심기능 도형 선택 툴의 종류 살펴보기

- **사각형 선택 툴(▢)** : 사각형의 선택 영역을 지정합니다.

- **원형 선택 툴(◯)** : 원형의 선택 영역을 지정합니다.

- **가로선 선택 툴(▭)** : 1픽셀의 가로선 선택 영역을 지정합니다.

- **세로선 선택 툴(▯)** : 1픽셀의 세로선 선택 영역을 지정합니다.

핵심기능 도형 선택 툴의 옵션 살펴보기

❶ **선택 모드** : 연산을 이용하여 선택 영역을 더하거나 빼서 지정된 선택 영역을 수정합니다.

New Selection : 새로운 선택 영역을 지정할 때 사용합니다.

Add to selection : 지정된 선택 영역에 새로운 선택 영역을 추가합니다.

Subtract from selection : 지정된 선택 영역에서 새로운 선택 영역을 삭제합니다.

Intersect with selection : 지정된 영역과 새로운 선택 영역의 교차 영역을 남깁니다.

❷ **Feather** : 선택 영역의 경계선을 부드럽게 지정할 수 있습니다. 수치가 높을수록 선택 영역의 가장자리가 부드럽게 지정됩니다.

❸ **Anti-alias** : 픽셀로 이루어진 이미지의 가장자리에 거칠어 보이는 점들(계단 현상)을 부드럽게 보이도록 설정합니다. 주로 사선이나 곡선 형태의 선택 영역을 지정할 때 활성화되는 옵션입니다.

❹ **Style** : 선택 영역 지정 시 가로, 세로 비율이나 크기를 지정할 수 있습니다.

따라하기
기본예제

사각형 선택 툴을 이용한 이미지 채색

POINT SKILL 선택 툴, 레이어 채색, 블렌딩 모드

⏳
3 min

HOW TO 사각형 선택 툴로 흑백의 하늘 이미지를 따라서 선택 영역을 지정하고 하늘색을 채색해보겠습니다. 그리고 채색한 하늘색은 흑백의 하늘 이미지와 자연스럽게 합성해보겠습니다.

| Before | Part03 \ 03_001.jpg | After | Part03 \ 03_001(완성).psd |

---

01 [File^{파일}]-[Open^{열기}](Ctrl+O)을 실행하고 Part03 폴더에서 '03_001.jpg' 파일을 불러옵니다.

02 ❶ 툴 패널에서 사각형 선택 툴을 선택합니다. ❷ 상단 옵션 바에서 'New selection', 'Feather=0px', 'Style= Normal'로 선택하고 ❸ 하늘 이미지를 따라서 선택 영역을 지정합니다.

03 ❶ 전경색을 클릭하고 하늘 이미지에 채색할 ❷ 색상을 지정한 후 ❸ 〈OK〉 버튼을 클릭합니다.

작업의 이해를 위한 TIP ▶ 색상 코드를 입력할 때는 #을 제외한 숫자와 영문 조합의 6자리로 입력합니다.

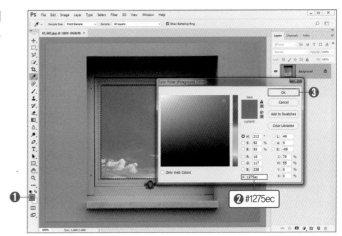

04 ❶ 채색을 하기 위해 레이어 패널에서 새 레이어를 생성합니다. ❷ Alt + Delete 를 눌러 생성된 레이어에 전경색을 채웁니다.

작업의 이해를 위한 TIP ▶ 포토샵에서 이미지에 채색을 할 때는 레이어 패널에서 레이어를 생성합니다. 레이어를 생성해야만 채색한 이미지를 수정하거나 합성할 수 있습니다.

단축키 TIP ▶ 전경색 채우기 : Alt + Delete
▶ 배경색 채우기 : Ctrl + Delete

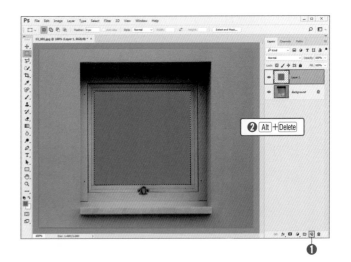

05 ❶[Ctrl]+[D]를 눌러 선택 영역
을 해지합니다. 채색된 색상이 흑
백의 하늘 이미지와 자연스럽게
합성되도록 ❷레이어 패널의 블렌
딩 모드를 'Color'로 선택합니다.

작업의 이해를 위한 **TIP** ▶ 블렌딩 모드 'Color'는 상
위에 배치된 이미지의 색상을 하위에 배치된 이미
지에 합성합니다. 따라서 상위에 배치된 하늘색이
하위에 배치된 흑백의 하늘 이미지에 합성되었습
니다.

단축키 **TIP** ▶ 선택 영역 해지 : [Ctrl]+[D]

06 ❶[File파일]-[Save저장]([Ctrl]+[S])를 실행하고 'PSD' 파일로 저장합니다. ❷ 파일 포맷 옵션 창이 나타
나면 〈OK〉 버튼을 클릭합니다.

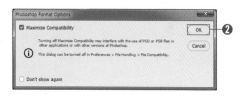

작업의 이해를 위한 **TIP** ▶ 포토샵에서 레이어를 생성해서 작업한 파일은 확장자가 'PSD'로 저장됩니다. 'PSD'로 저장된 파일은 레이어를 따로 조절
하거나 삭제할 수 있어 수정이 용이합니다.

불규칙한 형태의 선택 영역 지정하기

✂ 올가미 툴

올가미 툴은 불규칙한 형태의 이미지를 선택 영역으로 지정할 때 사용합니다. 이미지를 따라서 마우스를 드래그하거나 클릭해서 자유롭게 선택 영역을 지정할 수 있습니다.

핵심 기능 **올가미 툴의 종류 살펴보기**

• **올가미 툴(◯)** : 마우스를 드래그해서 불규칙한 형태의 선택 영역을 지정합니다.

• **다각형 올가미 툴(◿)** : 마우스를 클릭해서 직선 형태의 선택 영역을 지정합니다.

• **자석 올가미 툴(◿)** : 마우스를 드래그해서 색상 차이가 많이 나는 이미지를 선택 영역으로 지정합니다.

핵심 기능 **자석 올가미 툴의 옵션 살펴보기**

❶ **Width** : 선택 영역으로 지정되는 이미지의 경계선 범위를 설정합니다. 수치가 낮을수록 정교하게 선택됩니다.

❷ **Contrast** : 선택 영역으로 지정되는 이미지의 색상 대비 값 범위를 설정합니다. 수치가 높을수록 정교하게 선택됩니다.

❸ **Frequency** : 마우스를 드래그해서 선택 영역을 지정할 때 생성되는 점의 수를 설정합니다. 수치가 높을수록 정교하게 선택됩니다.

따라하기 기본예제	자석 올가미 툴을 이용한 이미지 보정

POINT SKILL 선택 툴, 보정 : Hue/Saturation^{색조/채도}

2 min

HOW TO 자석 올가미 툴로 사과 이미지를 따라서 선택 영역을 지정하고 선택 영역으로 지정된 사과 이미지를 보정해보겠습니다.

Before   Part03\03_002.jpg

After   Part03\03_002(완성).jpg

01 [File^{파일}]-[Open^{열기}](Ctrl+O)을 실행하고 Part03 폴더에서 '03_002.jpg' 파일을 불러옵니다.

02 ❶툴 패널에서 자석 올가미 툴을 선택합니다. ❷상단 옵션 바에서 'New selection', 'Feather=0px', 'Anti-alias'는 체크하고 ❸'Width=10px', 'Contrast=80%', 'Frequency=57'로 입력합니다. ❹사과 이미지를 따라서 마우스를 드래그하고 시작점을 클릭해서 선택 영역을 지정합니다.

작업의 이해를 위한 **TIP** ▶ 자석 올가미 툴 사용 시 잘못된 점 하나를 삭제할 때는 Backspace, 전체를 삭제할 때는 Esc를 누릅니다.

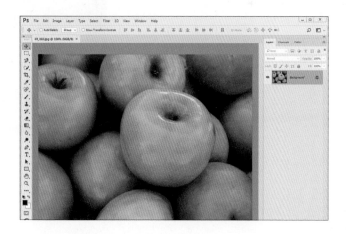

❹드래그

03 선택 영역으로 지정된 이미지를 보정해보겠습니다. [Image 이미지]-[Adjustments 조정]-[Hue/Saturation 색조/채색]([Ctrl]+[U])을 실행합니다.

작업의 이해를 위한 **TIP** ▶ [Hue/Saturation]은 이미지의 색상, 채도, 명도를 보정할 때 사용합니다. 포토샵에서 이미지를 보정할 때는 이미지 레이어가 선택되어야 합니다. 따라서 이미지를 보정할 때는 레이어를 생성하지 않습니다.

04 [Hue/Saturation 색조/채색] 대화 상자가 나타나면 ❶ 색상과 채도를 보정한 후 ❷ 〈OK〉 버튼을 클릭합니다. ❸[Ctrl]+[D]를 눌러 지정된 선택 영역을 해지합니다.

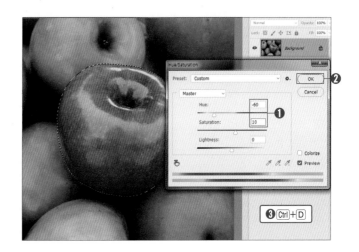

05 ❶[File 파일]-[Save As 다른 이름으로 저장]([Ctrl]+[Shift]+[S])를 실행하고 이름을 변경하여 'JPEG' 파일로 저장합니다. ❷파일 포맷 옵션 창이 나타나면 〈OK〉 버튼을 클릭합니다.

작업의 이해를 위한 **TIP** ▶ 포토샵에서 레이어를 생성하지 않고 작업한 파일은 확장자 'JPEG'로 저장됩니다. 따라서 [File]-[Save]를 실행하면 제공된 이미지에 덮어 씌어 저장됩니다. [File]-[Save As]를 실행하여 다른 이름으로 저장하면 제공된 이미지와 보정한 이미지를 따로 소장할 수 있습니다.

색상으로 선택 영역 지정하기

🛠 색상 선택 툴

색상 선택 툴은 이미지의 색상으로 선택 영역을 지정할 때 사용합니다. 이미지를 따라서 마우스를 드래그하거나 클릭해서 빠르게 선택 영역을 지정할 수 있습니다.

핵심기능 **색상 선택 툴의 종류 살펴보기**

• **빠른 선택 툴(✐)** : 마우스를 드래그해서 같은 색상의 이 미지를 선택 영역으로 지정합니다.

• **자동 선택 툴(✐)** : 마우스를 클릭해서 같은 색상의 이미 지를 한번에 선택 영역으로 지정합니다.

핵심기능 **자동 선택 툴의 옵션 살펴보기**

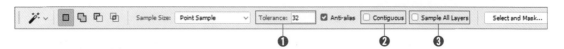

❶ **Tolerance** : 이미지의 색상을 인식하는 범위를 설정해 선택 영역을 지정할 수 있습니다. 수치가 낮을수록 좁게, 수치가 높을수록 넓게 선택됩니다.

❷ **Contiguous** : 옵션을 체크 해지하면 클릭한 부분과 비슷한 색상을 이미지 전체에서 선택 영역으로 지정하고, 옵션을 체크하면 클릭한 부분만 선택 영역으로 지정됩니다.

❸ **Sample All Layers** : 옵션을 체크 해지하면 선택된 이미지 레이어에서 선택 영역을 지정하고, 옵션을 체크하면 선택되지 않은 이미지 레이어들도 선택 영역으로 지정됩니다.

자동 선택 툴을 이용한 이미지 합성

POINT SKILL 선택 툴, 이미지 삭제, 블렌딩 모드

HOW TO 자동 선택 툴로 'Rainy day'의 흰색 배경을 선택 영역으로 지정해 삭제합니다. 'Rainy day'의 검은색 글씨만 남겨서 창
문 이미지와 자연스럽게 합성해보겠습니다.

Before   Part03\03_003.psd

After   Part03\03_003(완성).psd

01 [File 파일]−[Open 열기]([Ctrl]+[O])을
실행하고 Part03 폴더에서 '03_003.psd'
파일을 불러옵니다.

02 ❶ 툴 패널에서 자동 선택 툴을 선
택합니다. ❷ 상단 옵션 바에서 'New
selection', 'Tolerance=32', 'Anti-
alias'는 체크, 'Contiguous'는 체크를 해
지합니다.

작업의 이해를 위한 **TIP** ▶ 'Contiguous'를 체크 해지하면
이미지의 흰색 부분을 한번에 선택 영역으로 지정할 수
있습니다.

03 이미지의 흰색 부분을 클릭하여 선택 영역을 지정합니다.

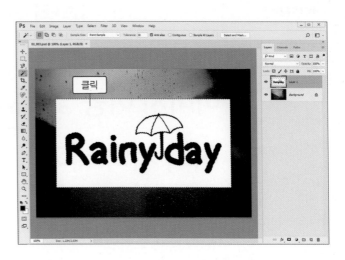

04 ❶Delete를 눌러 선택 영역으로 지정된 부분을 삭제합니다. ❷Ctrl+D를 눌러 지정된 선택 영역을 해지합니다.

단축키 TIP ▶ 선택 영역 해지 : Ctrl+D

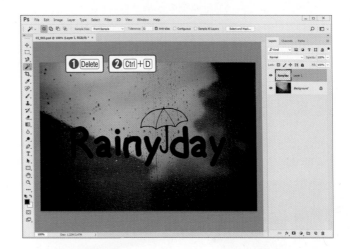

완성도를 높이는 단계

05 'Rainy day'의 검은색 글씨가 창문 이미지와 자연스럽게 합성되도록 블렌딩 모드를 'Soft Light'로 선택합니다.

작업의 이해를 위한 TIP ▶ 블렌딩 모드 'Soft Light'는 상위에 배치된 이미지의 색상, 채도, 명도를 하위에 배치된 이미지에 합성합니다. 따라서 상위에 배치된 검은색이 하위에 배치된 창문 이미지를 진하게 보이도록 합성하였습니다.

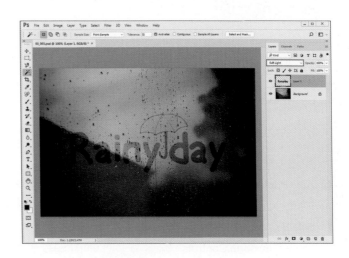

06 [File파일]-[Save저장](Ctrl+S)를 실행하고 'PSD' 파일로 저장합니다.

이미지 이동 및 복제를 통한
여러 개의 레이어 수정하기

⚒ 이동 툴

이동 툴은 이미지를 선택하고 원하는 위치로 드래그하여 이동할 때 사용합니다. 이동 툴을 선택하고 Alt 를 누른 채 드래그하여 이동하면 이미지를 복제할 수 있습니다.

핵심기능 ## 이동 툴의 종류 살펴보기

· **이동 툴(⊕):** 선택된 이미지를 드래그하여 이동할 때 사용합니다.

· **대지 툴(⬚):** 작업 창에 대지를 생성하거나 생성된 대지를 선택하고 복제할 때 사용합니다.

핵심기능 ## 이동 툴의 옵션 살펴보기

❶ **Auto-Select :** 옵션을 체크하고 이미지를 클릭하면 해당 레이어를 자동으로 선택할 수 있습니다. 옵션을 체크 해지한 경우에는 Ctrl 을 누르고 이미지를 클릭해서 해당 레이어를 선택할 수 있습니다.

❷ **Select group or layer :** 선택한 이미지가 그룹으로 묶인 경우 레이어를 그룹, 또는 개별 레이어로 선택할 수 있습니다.

❸ **Show Transform Controls :** 옵션을 체크하면 이미지 외곽으로 바운딩 박스가 생겨 이미지의 크기를 조절하고 회전을 할 수 있습니다. 옵션을 체크 해지한 경우에는 Ctrl + T 를 눌러 이미지의 크기를 조절하고 회전할 수 있습니다.

❹ **Align :** 다중 선택된 여러 개의 레이어를 정렬할 수 있습니다.

이동 툴을 이용한 이미지 이동 및 복제

따라하기
기본 예제

5 min

POINT SKILL 이동 툴, 이미지 복제, 크기 조절, 보정 : Hue/Saturation색조/채도

HOW TO 이동 툴로 열기구 이미지를 초원 이미지로 이동합니다. 열기구 이미지를 여러 개 복제해서 각각 크기와 색상을 수정해보겠습니다.

Before Part03\03_004.jpg, 03_005.png

After Part03\03_004(완성).psd

01 ❶[File파일]-[Open열기]([Ctrl]+[O])을 실행하고 Part03 폴더에서 '03_004.jpg', '03_005.png' 파일을 불러옵니다. ❷툴 패널에서 이동 툴을 선택하고, ❸열기구 이미지를 초원 이미지로 드래그하여 이동합니다.

작업의 이해를 위한 **TIP** ▸ 'PNG'는 투명한 배경의 이미지 파일 확장자입니다. 따라서 열기구 이미지를 배경과 분리하지 않고 바로 사용할 수 있습니다.

02 열기구 이미지는 [File파일]-[Close닫기]([Ctrl]+[W])를 실행하여 닫습니다.

작업의 이해를 위한 **TIP** ▸ 포토샵에서 작업 시, 다른 작업 창에 이동하여 배치한 이미지는 닫는 것이 좋습니다. 포토샵에 많은 이미지나 작업 창이 실행되면 작업 속도가 느려질 수 있기 때문입니다.

03 이동 툴이 선택된 상태에서 Alt 를 누른 채 열기구 이미지를 오른쪽으로 드래그하여 여러 개 복제합니다.

작업의 이해를 위한 **TIP** ▶ 이미지를 이동 툴로 드래그하여 이동하면서 복제하는 단축키는 Alt 입니다.

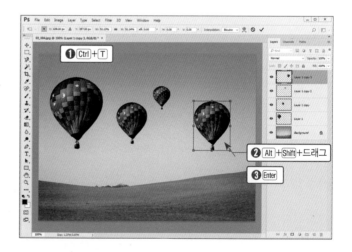

04 여러 개 배치된 열기구 이미지의 크기를 수정해보겠습니다. 이동 툴 상단 옵션 바에서 ❶'Auto-Select'의 옵션을 체크 해지합니다. ❷ Ctrl 을 누른 채 이동 툴로 수정하려는 열기구 이미지를 클릭합니다.

작업의 이해를 위한 **TIP** ▶ 포토샵에서 이미지에 명령을 적용할 때는 해당 이미지 레이어가 선택되어야 합니다. 이때 이동 툴 상단 옵션 바에서 'Auto-Select'의 옵션을 체크 해지하고 Ctrl 을 누른 채 이동 툴로 이미지를 클릭하면 해당 이미지의 레이어를 선택할 수 있습니다.

05 ❶ Ctrl + T 를 눌러 'Free Transform자유 변형'을 실행합니다. ❷바운딩 박스가 나타나면 모서리에 마우스를 대고 Alt + Shift 를 누른 채 드래그하여 크기를 축소합니다. ❸크기가 조절되면 Enter 를 누릅니다. 나머지 열기구 이미지도 같은 방법으로 크기를 조절합니다.

작업의 이해를 위한 **TIP** ▶ 크기 조절 시 Alt 를 누르면 바운딩 박스의 가운데를 기준으로, Shift 를 누르면 이미지의 가로, 세로 비율을 맞춰 조절할 수 있습니다.

단축키 **TIP** ▶ 이미지 크기 조절 : Ctrl + T

06 여러 개 배치된 열기구 이미지를 보정해보겠습니다. ❶ Ctrl 을 누른 채 이동 툴로 수정하려는 열기구 이미지를 클릭합니다. 그리고 ❷ [Image^{이미지}]–[Adjustments^{조정}]–[Hue/Saturation^{색조/채도}](Ctrl + U)을 실행하고 ❸ 색상을 보정한 후 ❹ 〈OK〉 버튼을 클릭합니다.

07 같은 방법으로 나머지 열기구 이미지의 색상도 보정합니다.

08 여러 개 배치된 열기구 이미지를 그룹 레이어로 정리해보겠습니다. ❶ Shift 를 누른 채 열기구 이미지 레이어를 클릭하여 다중 선택합니다. ❷ Ctrl + G 를 눌러 그룹 레이어로 정리합니다.

작업의 이해를 위한 **TIP** ▶ 포토샵에서 비슷한 항목을 가진 레이어들을 그룹 레이어로 정리하면 레이어를 효율적으로 관리할 수 있습니다.

단축키 **TIP** ▶ 연속적으로 나열된 레이어 선택 : Shift +클릭
▶ 비연속 레이어 선택 : Ctrl +클릭
▶ 다중 선택된 레이어를 그룹 레이어로 정리 : Ctrl + G

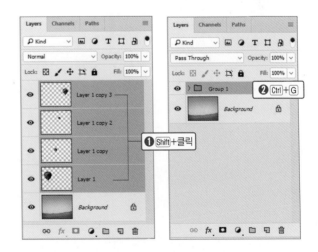

09 [File^{파일}]–[Save^{저장}](Ctrl + S)를 실행하고 'PSD' 파일로 저장합니다.

선택 영역 수정하기

⚒ Modify 메뉴

선택 영역을 지정한 후에도 필요에 따라 선택 영역의 형태를 변형하여 다양한 작업을 할 수 있습니다. 선택 영역을 확장하거나 축소할 수 있고, 모서리 부분을 둥글게 만들거나 테두리 형태로 만들 수도 있습니다. [Select선택]-[Modify수정]는 지정된 선택 영역을 테두리, 가장자리 둥글기, 크기, 부드럽기 등으로 수정할 수 있는 메뉴입니다.

> 핵심 기능
>
> **Modify 메뉴 살펴보기**

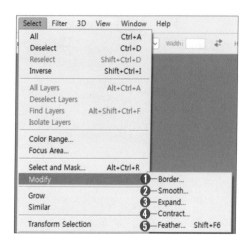

❶ **Border(테두리)** : 지정된 선택 영역을 테두리 형태로 수정합니다.

▲ 지정된 선택 영역

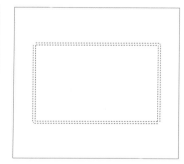

▲ Border값이   적용된 경우

❷ Smooth(매끄럽게) : 지정된 선택 영역의 모서리를 둥글게 수정합니다.

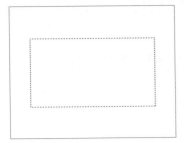
▲ 지정된 선택 영역

▲ Smooth값이 적용된 경우

❸ Expand(확대) : 지정된 선택 영역을 입력한 수치만큼 확대합니다.

▲ 지정된 선택 영역

▲ Expand값이 적용된 경우

❹ Contract(축소) : 지정된 선택 영역을 입력한 수치만큼 축소합니다.

▲ 지정된 선택 영역

▲ Contract값이 적용된 경우

❺ Feather(페더) : 지정된 선택 영역의 가장자리를 입력한 수치만큼 부드럽게 처리합니다.

▲ 지정된 선택 영역

▲ Feather값이 적용된 경우

부드럽기를 이용한 이미지 편집

POINT SKILL 선택 툴, 선택 영역 수정 : Feather페더, 크기 조절

HOW TO 원형 선택 툴로 커피 이미지를 선택 영역으로 지정하고, Feather를 이용해서 선택 영역의 경계선을 부드럽게 수정해보겠습니다. 그리고 이동 툴로 커피 이미지를 커피잔 이미지로 이동해 배치하겠습니다.

Before Part03\03_006.jpg, 03_007.jpg

After Part03\03_007(완성).psd

01 [File파일]-[Open열기]([Ctrl]+[O])을 실행하고 Part03 폴더에서 '03_006.jpg' 파일을 불러옵니다.

02 ❶툴 패널에서 원형 선택 툴을 선택합니다. ❷상단 옵션 바에서 'New selection', 'Feather=0px', 'Anti-alias'는 체크하고, 'Style=Normal'로 선택합니다. ❸이미지 가운데에 마우스를 대고 [Alt]+[Shift]를 누른 채 드래그하여 선택 영역을 지정합니다.

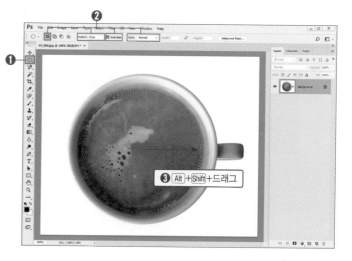

❸ [Alt]+[Shift]+드래그

작업의 이해를 위한 **TIP** ▶ 선택 영역 지정 시 [Alt]를 누르면 이미지 가운데를 기준으로, [Shift]를 누르면 정 도형의 선택 영역을 지정할 수 있습니다.

03 ❶ [Select^{선택}]−[Modify^{수정}]−[Feather^{페더}]를 실행합니다. ❷[Feather Selection] 대화상자가 나타나면 Feather Radius를 '15'로 입력하고 ❸〈OK〉 버튼을 클릭합니다.

작업의 이해를 위한 **TIP** ▶ 선택 영역으로 지정된 커피 이미지를 커피 잔 이미지에 자연스럽게 배치하기 위해서 선택 영역의 경계선을 부드럽게 수정하였습니다.

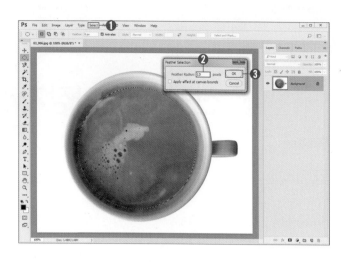

04 ❶[File^{파일}]−[Open^{열기}]([Ctrl]+[O]) 을 실행하고 Part03 폴더에서 '03_007. jpg' 파일을 불러옵니다. ❷툴 패널에서 이동 툴을 선택하고 ❸선택 영역으로 지정된 커피 이미지를 커피잔 이미지로 드래그하여 이동합니다.

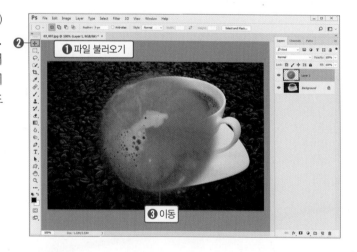

05 ❶[Ctrl]+[T]를 누른 후 ❷커피잔 이미지에 맞춰 크기를 축소합니다. ❸크기 조절이 완료되면 [Enter]를 누릅니다.

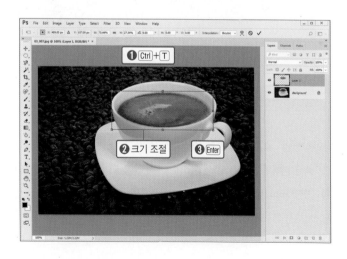

06 [File^{파일}]−[Save^{저장}]([Ctrl]+[S])를 실행하고 'PSD' 파일로 저장합니다.

선택 영역 가장자리 다듬기

⚒ Select and Mask 메뉴

[Select선택]–[Select and Mask선택 및 마스크]는 배경 이미지에서 분리하기 어려운 이미지의 경계선을 다듬어 선택 영역을 자연스럽게 지정할 때 사용하는 메뉴입니다. Adobe Photoshop CC 이하 버전에서는 [Refine Edge]로 표기되었습니다.

핵심 기능

Select and Mask 메뉴 살펴보기

ⓐ **툴 패널 : 이미지의 선택 영역을 지정하고 수정할 수 있는 툴이 모여 있습니다.**

❶ **빠른 선택 툴 :** 마우스를 드래그하여 같은 색상의 이미지를 선택 영역으로 지정합니다.

❷ **가장자리 다듬기 브러시 툴 :** 속성 패널에서 조절한 옵션으로 선택 영역의 경계선을 다듬어 수정합니다.

❸ **브러시 툴 :** 마우스를 드래그하여 채색한 부분만큼 이미지를 선택 영역으로 지정합니다.

❹ **올가미 툴 :** 마우스를 드래그하여 넓은 범위의 이미지를 빠르게 선택 영역으로 지정합니다.

❺ **손 툴 :** 작업 창을 자유롭게 움직입니다.

❻ **돋보기 툴 :** 이미지의 특정 부분을 확대하거나 축소시켜 볼 수 있습니다.

Ⓑ **속성 패널** : 이미지의 지정된 선택 영역 경계선을 자연스럽게 다듬는 옵션이 모여 있습니다.

❼ **View Mode**보기 모드 : 지정된 선택 영역의 이미지 보기 방식을 설정합니다.

❽ **Edge Detection**가장자리 감지 : 지정된 선택 영역의 경계선 범위를 설정합니다.

❾ **Global Refinements**가장자리 조정 : 지정된 선택 영역의 경계선 부드럽기, 선명도 등의 세부 옵션을 설정합니다.

❿ **Output Settings**출력 : 수정한 선택 영역의 이미지를 새로운 레이어에 적용할지 새로운 작업 창에 적용할지 설정합니다.

따라 하기
기본 예제

15 min

가장자리 다듬기를 이용한 선택 영역 추출

POINT SKILL   Select and Mask선택 및 마스크, 레이어 채색, 보정 : Desaturate채도 감소 + Levels레벨

HOW TO   Select and Mask를 이용해 사자 이미지를 선택 영역으로 지정하고, 선택 영역의 경계선을 다듬어 배경과 분리해보겠습니다. 그리고 분리된 사자 이미지를 보정해보겠습니다.

Before   Part03\03_008.jpg

After   Part03\03_008(완성).psd

01 [File파일]-[Open열기]([Ctrl]+[O])을 실행하고 Part03 폴더에서 '03_008.jpg' 파일을 불러옵니다.

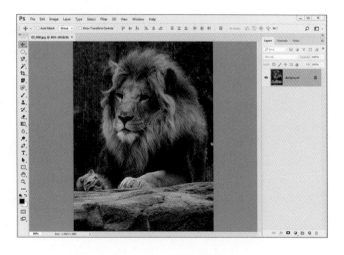

091

02 ❶ [Select 선택]–[Select and Mask선택 및 마스크]([Ctrl]+[Alt]+[R])를 실행하고 ❷툴 패널에서 빠른 선택 툴을 선택합니다. ❸마우스를 드래그하여 사자 이미지를 따라서 선택 영역을 지정합니다.

단축키 **TIP** ▶ 빠른 선택 툴의 크기 조절 : [[ ], [ ]]

03 불필요하게 지정된 선택 영역을 수정해보겠습니다. ❶빠른 선택 툴의 상단 옵션 바에서 'Subtract from selection'을 선택하고 ❷불필요한 선택 영역을 드래그합니다.

작업의 이해를 위한 **TIP** ▶ 포토샵에서 작업 시, 작업 단계를 되돌려서 잘못된 명령을 취소할 수 있습니다. 빠른 선택 툴로 잘못 드래그하여 지정된 선택 영역은 [Ctrl]+[Z]를 눌러 작업 단계를 취소해 되돌릴 수 있습니다.

단축키 **TIP** ▶ 빠른 선택 툴 상단 옵션 바의 'Subtract from selection'은 [Alt]를 누른 채 드래그해 사용할 수도 있습니다.

04 선택 영역으로 지정된 이미지를 확인하기 위해 보기 모드를 변경합니다. 속성 패널에서 ❶View Mode를 'On Black'으로 선택하고 ❷투명도를 100%로 조절합니다.

05 속성 패널에서 ❶ 'Edge Detec
tion^{가장자리 감지}'을 클릭하고 ❷ 'Radius<sup>반
경</sup>'를 조절하여 사자 이미지의 경계선을
조절합니다.

06 속성 패널에서 ❶ 'Global Refine
ments^{가장자리 조정}'를 클릭하고 ❷ 'Smooth
^{매끄럽게}', 'Feather^{페더}', 'Shift Edge<sup>가장자리
이동</sup>'를 조절하여 사자 이미지의 경계선을
세밀하게 조절합니다.

07 속성 패널에서 ❶ 'Output To'
를 클릭하여 'New Layer'를 선택한 후
❷ 〈OK〉 버튼을 클릭합니다.

08 작업 창 모드에서 선택 영역으로 지정한 사자 이미지가 배경 이미지와 분리된 것을 확인할 수 있습니다.

완성도를 높이는 단계

09 ❶전경색을 클릭하여 검은색으로 지정합니다. ❷레이어 패널에서 새 레이어를 생성하고 ❸ [Alt] + [Delete]를 눌러 생성된 레이어에 전경색을 채웁니다. ❹레이어를 드래그하여 순서를 변경합니다.

작업의 이해를 위한 **TIP** ▶ 레이어는 쌓인 순서대로 눈에 보입니다. 채색한 검은색의 레이어를 사자 이미지 레이어 아래에 배치되도록 순서를 변경하였습니다.

단축키 **TIP** ▶ 레이어의 순서 변경 : [Ctrl] + [ ] , [ ]

❹ 순서 변경

❸ [Alt] + [Delete]

10 사자 이미지를 흑백으로 보정해보겠습니다. ❶사자 이미지 레이어를 선택하고 ❷[Image이미지]-[Adjustments조정]-[Desaturate채도 감소]([Ctrl]+[Shift]+[U])를 실행해 흑백으로 보정합니다.

작업의 이해를 위한 **TIP** ▶ Desaturate는 이미지를 흑백으로 보정합니다.

11 사자 이미지가 좀 더 선명해보이도록 보정해보겠습니다. ❶[Image 이미지]−[Adjustments 조정]−[Levels 레벨]([Ctrl]+[L])를 실행합니다. ❷[Levels] 대화상자가 나타나면 사자 이미지의 밝은 부분은 밝게, 어두운 부분은 어둡게 보정한 후 ❸⟨OK⟩ 버튼을 클릭합니다.

작업의 이해를 위한 **TIP** ▶ Levels는 이미지의 밝은 부분과 어두운 부분을 조절해 이미지를 선명하게 보정할 수 있습니다.

12 [File 파일]−[Save 저장]([Ctrl]+[S])를 실행하고 'PSD' 파일로 저장합니다.

이미지 합성을 위한 블렌딩 모드

블렌딩 모드는 두 개 이상의 레이어가 겹쳐져 있는 경우 위에 있는 레이어와 밑에 있는 레이어를 어떻게 합성해서 표시할지 지정하는 기능입니다. 레이어의 블렌딩 모드는 일부를 제외하고 중성색의 차이에 의해서 여섯 개의 카테고리로 분류됩니다. 상위에 배치된 레이어를 선택하고 레이어 패널에서 원하는 블렌딩 모드를 선택하면 하위에 배치된 레이어의 요소와 합성됩니다.

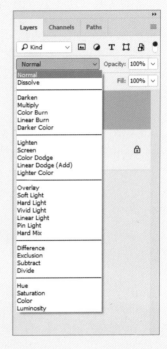

》 표준 모드

❶ **Normal(표준)** : 블렌딩 모드의 기본 모드입니다.

▲ 하위 레이어　　　　　▲ 상위 레이어　　　　　▲ 상위 레이어의 불투명도를 50%로 조절한 경우

❷ **Dissolve(디졸브)** : 상위에 배치된 레이어의 불투명도를 조절하고 'Dissolve'를 선택하면 이미지가 픽셀 단위로 불규칙하게 뿌려진 듯 합성됩니다.

▲ Dissolve

어둡기 모드

❶ **Darken(어둡게 하기)** : 어두운 색상이 겹치는 부분은 더 어둡게 합성합니다.

❷ **Multiply(곱하기)** : 어두운 색상이 겹치는 부분은 더 어둡게 합성하고 흰색은 투명하게, 검은색은 검게 합성합니다.

❸ **Color Burn(색상 번)** : 'Multiply'보다 전체적인 채도를 높여서 어둡게 합성합니다.

❹ **Linear Burn(선형 번)** : 'Color Burn'보다 어둡게 합성하지만 채도는 낮게 합성합니다.

❺ **Darker Color(어두운 색상)** : 상위에 배치된 레이어와 하위에 배치된 레이어의 어두운 부분만 합성합니다.

▲ Darken   ▲ Multiply   ▲ Color Burn   ▲ Linear Burn   ▲ Darker Color

밝기 모드

❶ **Lighten(밝게 하기)** : 밝은 색상이 겹치는 부분은 더 밝게 합성합니다.

❷ **Screen(스크린)** : 밝은 색상이 겹치는 부분은 더 밝게 합성하고 검은색은 투명하게, 흰색은 희게 합성합니다.

❸ **Color Dodge(색상 닷지)** : 'Screen'보다 전체적인 채도를 높여서 밝게 합성합니다.

❹ **Linear Dodge(선형 닷지)** : 'Color Dodge'보다 밝게 합성하지만 채도는 낮게 합성합니다.

❺ **Lighter Color(밝은 색상)** : 상위에 배치된 레이어와 하위에 배치된 레이어의 밝은 부분만 합성합니다.

▲ Lighten   ▲ Screen   ▲ Color Dodge   ▲ Linear Dodge   ▲ Lighter Color

≫ 겹치기 모드

❶ **Overlay(오버레이)** : 상위에 배치된 레이어와 하위에 배치된 레이어의 어두운 부분은 어둡게, 밝은 부분은 밝게 합성합니다.

❷ **Soft Light(소프트 라이트)** : 'Overlay'보다 채도를 낮게 합성합니다.

❸ **Hard Light(하드 라이트)** : 상위에 배치된 레이어의 명도 50%를 기준으로, 상위에 배치된 레이어의 색상을 밝거나 어둡게 합성합니다.

❹ **Vivid Light(선명한 라이트)** : 'Hard Light'보다 채도를 높여서 합성합니다.

❺ **Linear Light(선형 라이트)** : 'Vivid Light'보다 강하게 합성하지만 채도는 낮게 합성합니다.

❻ **Pin Light(핀 라이트)** : 상위에 배치된 레이어의 명도 50%를 기준으로, 상위에 배치된 레이어의 채도를 높이거나 낮춰 합성합니다.

❼ **Hard Mix(하드 혼합)** : 상위에 배치된 레이어와 하위에 배치된 레이어를 R,G,B,C,M,Y,K의 색상으로 합성합니다.

▲ Overlay

▲ Soft Light

▲ Hard Light

▲ Vivid Light

▲ Linear Light

▲ Pin Light

▲ Hard Mix

보색 모드

❶ **Difference(차이)** : 상위에 배치된 레이어와 하위에 배치된 레이어의 색상을 보색으로 반전시켜서 합성합니다.

❷ **Exclusion(제외)** : 'Difference'보다 채도를 낮게 합성합니다.

❸ **Subtract(빼기)** : 상위에 배치된 레이어의 색상을 보색으로 반전시키고 하위에 배치된 레이어의 어두운 부분을 검은색으로 합성합니다.

❹ **Devide(나누기)** : 상위에 배치된 레이어의 색상을 보색으로 반전시키고 하위에 배치된 레이어의 밝은 부분을 흰색으로 합성합니다.

▲ Difference   ▲ Exclusion   ▲ Subtract   ▲ Devide

색상 모드

❶ **Hue(색조)** : 상위에 배치된 레이어의 색상을 하위에 배치된 레이어의 명도와 채도에 혼합하여 합성합니다.

❷ **Saturation(채도)** : 상위에 배치된 레이어의 채도를 하위에 배치된 레이어의 색상과 명도에 혼합하여 합성합니다.

❸ **Color(색상)** : 상위에 배치된 레이어의 색상과 채도를 하위에 배치된 레이어의 명도에 혼합하여 합성합니다.

❹ **Luminosity(광도)** : 상위에 배치된 레이어의 명도를 하위에 배치된 레이어의 색상과 채도에 혼합하여 합성합니다.

▲ Hue   ▲ Saturation   ▲ Color   ▲ Luminosity

PART 04

이미지에 다채롭게 채색하자

브러시 & 그레이디언트 & Fill 메뉴

포토샵에서는 다양한 방법으로 이미지에 채색할 수 있습니다. 이미지에 자유롭게 채색할 수 있는 브러시 툴, 두 가지 이상의 색이 점진적으로 변해가는 방식으로 채색하는 그레이디언트 툴, 이미지와 패턴으로 채색할 수 있는 Fill 메뉴 등 여러 가지 채색 기능을 활용하여 이미지를 다채롭게 표현하는 방법을 알아봅니다.

CHAPTER 1 부분적으로 자유롭게 채색하기

CHAPTER 2 여러 가지의 색을 부드럽게 채색하기

CHAPTER 3 레이어에 한번에 채색하기

부분적으로 자유롭게 채색하기

✂ 브러시 툴

브러시 툴은 툴 패널에서 전경색을 지정한 후 드래그를 통해 자유롭게 채색할 수 있습니다. 다양한 옵션을 활용하면 이미지 리터칭에 광범위하게 사용할 수 있습니다.

핵심기능 **브러시 툴의 종류 살펴보기**

• **브러시 툴(✏):** 원하는 색상과 브러시 종류를 지정해서 채색하거나 드로잉할 때 사용합니다.

• **연필 툴(✏):** 연필로 그리듯 선을 그립니다.

• **색상 대체 툴(✏):** 이미지의 특정 부분의 색상을 변경합니다.

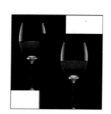

• **혼합 브러시 툴(✏):** 이미지의 특정 부분을 마우스로 드래그해서 주변과 합성시켜 여러 개 배치합니다.

핵심기능 **브러시 툴의 옵션 살펴보기**

❶ **브러시 종류 :** 브러시 툴의 크기와 종류를 선택하거나 가장자리 부드럽기 등을 조절합니다.

❷ **Mode :** 브러시 툴로 채색할 색상을 배경 레이어와 합성합니다.

❸ **Opacity :** 브러시 툴로 채색할 색상의 불투명도를 조절합니다.

❹ **Flow :** 브러시 툴로 채색할 색상의 밀도를 조절합니다.

▲ Opacity=100%, Flow=100%인 경우

▲ Opacity=50%, Flow=100%인 경우

▲ Opacity=100%, Flow=50%인 경우

따라하기
기본예제

5 min

브러시 툴을 이용한 이미지 채색

POINT SKILL 브러시 툴, 레이어 채색, 블렌딩 모드

HOW TO 브러시 툴로 전구 이미지 주변을 흰색으로 부드럽게 채색해보겠습니다. 채색한 흰색은 전구 이미지의 주변 배경과 자연스럽게 합성하여 빛을 표현해보겠습니다.

Before Part04\04_001.jpg

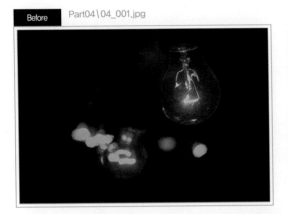

After Part04\04_001(완성).psd

01 ❶[File^{파일}]−[Open^{열기}](Ctrl+O)을 실행하고 Part04 폴더에서 '04_001.jpg' 파일을 불러옵니다. ❷툴 패널에서 브러시 툴을 선택하고, ❸상단 옵션 바에서 브러시 목록을 클릭합니다.

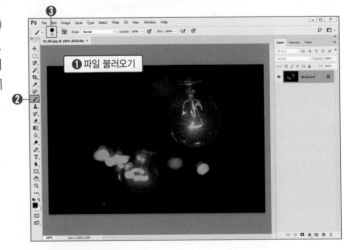

02 ❶ 브러시 종류는 'Soft Round', ❷ Mode는 'Normal', 'Opacity=100%', 'Flow=100%'로 선택합니다.

03 ❶ 전경색을 클릭하고 브러시 툴로 채색할 흰색을 지정합니다. ❷ 레이어 패널에서 새 레이어를 생성하고 ❸ 브러시 툴로 전구 이미지 주변을 채색합니다.

작업의 이해를 위한 **TIP** ▸ 브러시 툴은 전경색으로 채색됩니다. 브러시 툴로 전구 이미지 주변의 빛을 표현하기 위해서 전경색을 흰색으로 지정하고, 전구 이미지 주변을 채색하였습니다.

단축키 **TIP** ▸ 브러시 툴의 크기 조절 : [[ ], [ ]]

❸ 채색

완성도를 높이는 단계

04 채색된 색상이 전구 이미지의 주변 배경과 자연스럽게 합성되도록 블렌딩 모드를 'Overlay'로 선택합니다.

작업의 이해를 위한 **TIP** ▸ 블렌딩 모드 'Overlay'는 상위에 배치된 이미지의 색상, 채도, 명도를 하위에 배치된 이미지에 합성합니다. 따라서 상위에 배치된 흰색이 하위에 배치된 전구 이미지를 밝게 보이도록 합니다.

05 전구 이미지가 좀 더 밝아보이도록 브러시 툴로 한 번 더 채색해보겠습니다. ❶툴 패널에서 브러시 툴을 선택하고 ❷[를 눌러 브러시 크기를 작게 조절합니다. ❸레이어 패널에서 새 레이어를 생성하고 ❹브러시 툴로 전구 이미지 안쪽을 흰색으로 채색합니다.

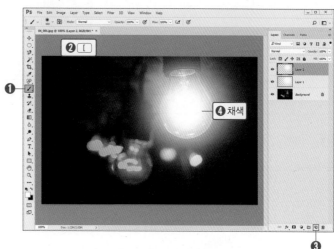

06 채색된 색상이 전구 이미지의 주변 배경과 자연스럽게 합성되도록 블렌딩 모드를 'Overlay'로 선택합니다.

07 [File^{파일}]-[Save^{저장}]([Ctrl]+[S])를 실행하고 'PSD' 파일로 저장합니다.

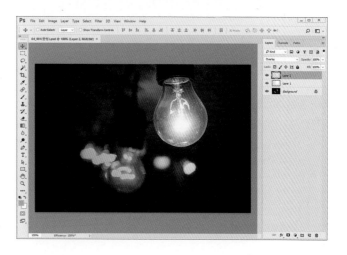

여러 가지의 색을 부드럽게 채색하기

⚒ 그레이디언트 툴

그레이디언트 툴(■)은 두 가지 이상의 색을 점진적으로 변해가는 방식으로 채색합니다. 마우스를 드래그하여 채색한 그러데이션은 이미지의 배경이나 입체적인 표현 등에 다양하게 활용할 수 있습니다.

핵심기능 ## 그레이디언트 & 페인트 통 툴의 종류 살펴보기

- **그레이디언트 툴(■)** : 두 가지 이상의 색을 자연스럽게 연결시켜 채색합니다.

- **페인트 통 툴(◭)** : 전경색 또는 패턴을 채웁니다.

- **3D 재질 드롭 툴(◭)** : 3D 작업 영역에서 활성화되는 툴로, 3D 개체에서 재질을 적용시켜 채색합니다.

핵심기능 ## 그레이디언트 툴의 옵션 살펴보기

❶ ❷ ❸ ❹ ❺ ❻ ❼

❶ **그레이디언트 편집기** : 그레이디언트 툴로 채색할 색상을 편집합니다.

ⓐ **Presets** : 포토샵에서 제공되는 그레이디언트의 색상 목록을 확인할 수 있습니다. 그레이디언트 색상 목록을 클릭하면 'Name' 항목에서 그레이디언트의 이름을 확인할 수 있습니다.

ⓑ **그러데이션 색상 편집** : 그레이디언트 바의 상단 핀은 불투명도를, 하단 핀은 색상을 나타냅니다. 이 핀들을 더블클릭하면 불투명도와 색상을 수정할 수 있고 원하는 위치에 핀을 추가하거나 삭제, 또는 복제할 수 있습니다.

❷ **그러데이션 종류 :** 그레이디언트 툴로 채색할 그러데이션의 종류를 선택합니다.

선형(Linear), 원형(Radial), 각형(Angle), 반사형(Reflected), 다이아몬드형(Diamond) 아이콘 형태로 보여집니다.

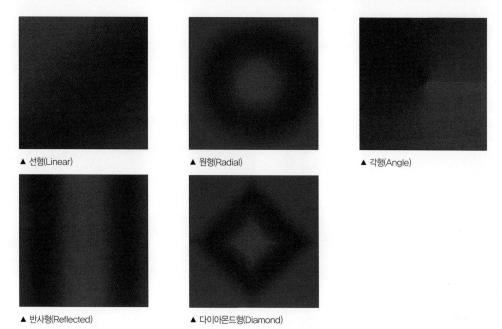

▲ 선형(Linear)　　　　　▲ 원형(Radial)　　　　　▲ 각형(Angle)

▲ 반사형(Reflected)　　　　　▲ 다이아몬드형(Diamond)

❸ **Mode :** 그러데이션 색상과 바탕색을 배경 레이어와 합성하여 채색합니다.

❹ **Opacity :** 그레이디언트 툴로 채색할 색상의 불투명도를 조절합니다.

❺ **Reverse :** 그레이디언트 툴로 채색할 색상의 앞, 뒤 순서를 변경합니다.

❻ **Dither :** 그레이디언트 툴로 채색할 색상 단계를 부드럽게 표현합니다.

❼ **Transparency :** Opacity가 적용된 그러데이션을 채색할 때 사용하는 옵션입니다.

▲ Transparency를 체크하지 않은 경우　　　　　▲ Transparency를 체크한 경우

선형 그러데이션을 이용한 이미지 채색

POINT SKILL 그레이디언트 툴, 레이어 채색, 블렌딩 모드

HOW TO 그레이디언트 툴을 이용하여 하늘 이미지 전체를 다양한 색상으로 채색해보겠습니다. 채색한 그러데이션은 하늘 이미지와 자연스럽게 합성해보겠습니다.

Before Part04\04_002.jpg

After Part04\04_002(완성).psd

01 ❶[File파일]-[Open열기]([Ctrl]+[O])을 실행하고 Part04 폴더에서 '04_002.jpg' 파일을 불러옵니다. ❷툴 패널에서 그레이디언트 툴을 선택하고 ❸상단 옵션 바에서 그레이디언트 편집기를 클릭합니다.

02 [Gradient Editor] 대화상자가 나타나면 ❶색상 핀을 더블클릭하고 ❷하늘 이미지에 채색할 색상을 지정합니다.

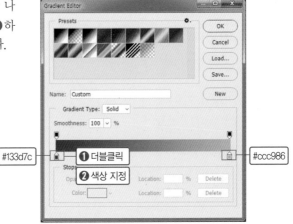

#133d7c

❶ 더블클릭

❷ 색상 지정

#ccc986

03 왼쪽의 색상 핀을 오른쪽으로 복제해보겠습니다. ❶오른쪽의 색상 핀을 왼쪽으로 드래그합니다. ❷왼쪽의 색상 핀을 클릭하고 ❸그레이디언트 바의 오른쪽 아래를 클릭합니다. 배치된 세 개의 색상 핀 간격을 조절한 후 〈OK〉 버튼을 클릭합니다.

PART

4

이미지에 다채롭게 채색하자

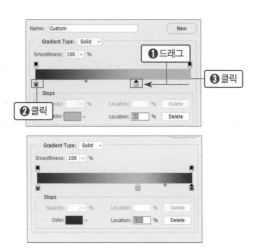

작업의 이해를 위한 TIP ▶ 그레이디언트의 색상 핀은 추가하거나 삭제, 복제가 가능합니다. 핀 추가 시 그레이디언트 바의 아래를 클릭하고, 핀을 그레이디언트 편집기 바깥으로 드래그하면 핀을 삭제할 수 있습니다. 그리고 핀을 클릭하고 핀을 추가하면 복제할 수 있습니다.

04 그레이디언트 툴 ❶상단 옵션 바에서 그러데이션 종류는 'Linear', Mode는 'Normal', 'Opacity=100%', 'Reverse'는 체크 해지하고, 'Dither', 'Transparency'는 체크합니다. ❷레이어 패널에서 새 레이어를 생성하고 ❸Shift를 누른 채 드래그하여 그러데이션을 채색합니다.

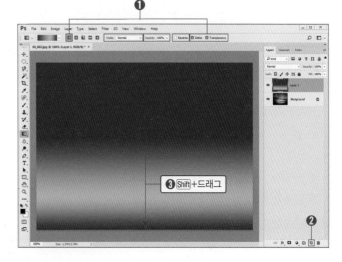

작업의 이해를 위한 TIP ▶ Shift를 누른 채 드래그하면 그러데이션을 일직선 방향으로 채색할 수 있습니다.

완성도를 높이는 단계

05 채색된 색상이 하늘 이미지와 자연스럽게 합성되도록 블렌딩 모드를 'Soft Light'로 선택합니다.

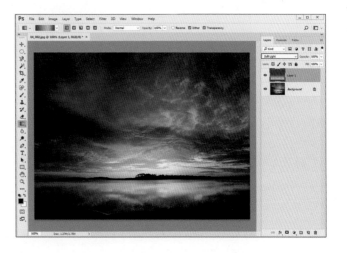

06 [File파일]-[Save저장](Ctrl+S)를 실행하고 'PSD' 파일로 저장합니다.

원형 그러데이션을 이용한 무지개 만들기

POINT SKILL 그레이디언트 툴, 레이어 채색, 지우개 툴, 크기 조절, 블렌딩 모드, 필터 : Gaussian Blur^{가우시안 흐림 효과}

HOW TO 그레이디언트 툴로 무지개를 만들고, 하늘 이미지와 자연스럽게 합성해보겠습니다.

Before Part04\04_003.jpg

After Part04\04_003(완성).psd

01 ❶[File ^{파일}]-[Open ^{열기}]([Ctrl]+[O]) 을 실행하고 Part04 폴더에서 '04_003. jpg' 파일을 불러옵니다. ❷툴 패널에서 그레이디언트 툴을 선택하고 ❸상단 옵션 바에서 그레이디언트 편집기를 클릭합니다.

02 그레이디언트 편집기의 목록에서 ❶'Transparent Rainbow'를 선택하고, ❷그레이디언트 바 상단의 불투명도 핀과 하단의 색상 핀의 간격을 조절한 후 ❸〈OK〉 버튼을 클릭합니다.

작업의 이해를 위한 **TIP** ▶ 그레이디언트의 핀 간격을 조절하면 그레이디언트로 채색되는 색상 간격을 조절할 수 있습니다. 무지개를 얇게 채색하기 위해서 핀 간격을 좁게 조절하였습니다.

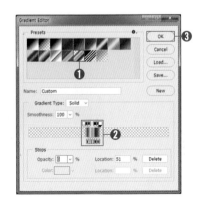

03 ❶그레이디언트 툴 상단 옵션 바에
서 그러데이션 종류는 'Radial', Mode는
'Normal', 'Opacity=100%', 'Reverse',
'Dither', 'Transparency'는 체크합니다.
❷레이어 패널에서 새 레이어를 생성하
고 ❸마우스를 드래그하여 그러데이션을
채색합니다.

작업의 이해를 위한 **TIP** ▸ 무지개의 빨간색이 바깥으로 채
색되기 위해서 상단 옵션 바의 'Reverse'를 체크하였습
니다.

완성도를 높이는 단계

04 무지개의 위치와 크기를 수정해보
겠습니다. ❶Ctrl+T를 누른 후 ❷바
운딩 박스의 모서리에 마우스를 대고
Alt+Shift를 누른 채 크기를 확대합니다.
❸크기가 조절되면 Enter를 누릅니다.

05 ❶툴 패널에서 이동 툴을 선택하고
❷무지개를 아래로 드래그하여 위치를
수정합니다.

06 무지개의 불필요한 부분을 지우겠습니다. ❶툴 패널에서 지우개 툴을 선택합니다. ❷상단 옵션 바에서 브러시 목록을 클릭하고 ❸브러시 종류는 'Soft Round', ❹Mode는 'Brush', 'Opacity=100%', 'Flow=100%'로 선택합니다.

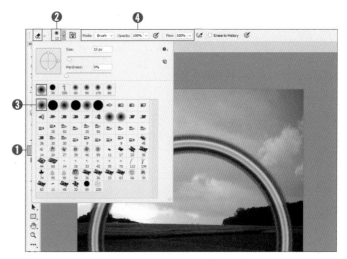

07 지우개 툴로 무지개의 불필요한 부분을 드래그하여 지웁니다.

단축키 **TIP** ▶ 지우개 툴의 크기 조절 : [[ ], [ ]]

▶ 지우개 툴 사용 이전 단계로 돌아가기 : [Ctrl]+[Alt]+[Z]

08 무지개가 부드럽게 보이도록 효과를 적용해보겠습니다. [Filter 필터]–[Blur 흐림 효과]–[Gaussian Blur 가우시안 흐림 효과]를 실행합니다. [Gaussian Blur] 대화상자가 나타나면 ❶Radius를 '4'로 설정하고 ❷〈OK〉 버튼을 클릭합니다.

작업의 이해를 위한 **TIP** ▶ [Filter]는 이미지에 특수 효과를 적용하는 메뉴입니다. [Gaussian Blur]는 이미지의 초점을 흐리게 표현할 때 사용하는 필터입니다.

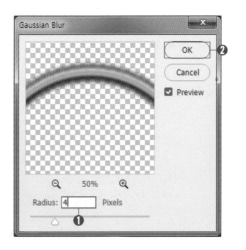

09 무지개가 하늘 이미지와 자연스럽게 합성되도록 ❶ 블렌딩 모드를 'Overlay'로 선택합니다. ❷ 레이어 패널의 'Opacity'를 '70%'로 조절해서 무지개 이미지의 불투명도를 조절합니다.

작업의 이해를 위한 **TIP** ▸ 레이어 패널의 Opacity는 레이어의 불투명도를 조절해서 배치된 이미지가 좀 더 연하게 보이도록 조절할 수 있습니다.

10 [File파일]-[Save저장]([Ctrl]+[S])를 실행하고 'PSD' 파일로 저장합니다.

따라하기 응용예제	**각형 그러데이션을 이용한 CD 만들기**

⧖
15 min

POINT SKILL 안내선, 그레이디언트 툴, 레이어 채색, 이미지 삭제, 테두리, 블렌딩 모드

HOW TO 그레이디언트 툴로 CD를 만들어보겠습니다. 그레이디언트로 채색한 CD에 광선을 채색해서 자연스럽게 합성해보겠습니다.

After Part04\04_004(완성).psd

01 CD를 만들기 위한 작업 창을 생성하겠습니다. [File파일]-[New새로 만들기]([Ctrl]+[N])를 실행하고 ❶'Width=700Pixels', 'Height=700Pixels', 'Resolution=72Pixels/Inch', 'Color Mode=RGB Color' 'Background Contents=White'로 선택한 후 ❷〈Create〉 버튼을 클릭합니다.

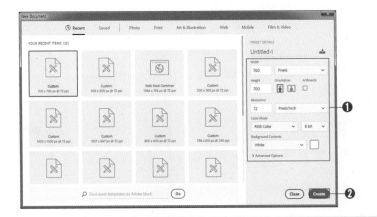

작업의 이해를 위한 **TIP** ▸ CD를 웹상에서 확인할 수 있는 이미지로 작업하려고 합니다. 작업 창의 옵션을 웹에 맞추어 단위는 'Pixels', 해상도(Resolution)는 '72'로 설정하였습니다.

02 작업 창 중앙에 맞춰 그러데이션을 채색하기 위해 안내선을 생성해보겠습니다. ❶[View보기]-[Ruler자]((Ctrl)+(R))를 실행합니다. ❷작업 창에 활성화된 자에 마우스 오른쪽 버튼을 클릭한 후 ❸단위를 'Pixels'로 선택합니다.

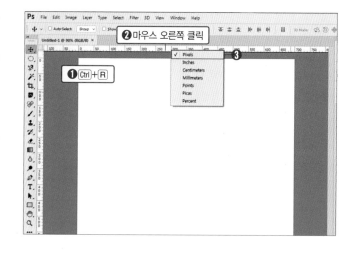

작업의 이해를 위한 **TIP** ▶ 포토샵에서 작업 시 이미지의 원하는 축에 맞추어 정확하게 작업할 때 안내선을 생성합니다. 안내선을 생성하기 위해서는 작업 창에 자가 활성화되어 있어야 합니다. 활성화된 자의 단위는 작업 용도에 맞춰 수정합니다.

03 [View보기]-[New Guide새 안내선]를 실행합니다. [New Guide] 대화상자가 나타나면 ❶'Horizontal'을 선택하고 ❷'350px'을 입력한 후 ❸〈OK〉 버튼을 클릭합니다. 동일한 방법으로 [View보기]-[New Guide새 안내선]를 실행하고 ❹ 'Vertical'을 선택한 후 ❺'350px'을 입력하고 ❻〈OK〉 버튼을 클릭합니다.

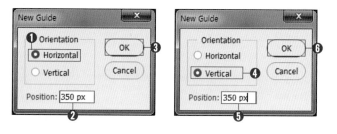

작업의 이해를 위한 **TIP** ▶ [View]-[New Guide]는 안내선을 작업 창의 좌표값으로 생성하는 메뉴입니다.

04 ❶툴 패널에서 그레이디언트 툴을 선택하고 ❷상단 옵션 바에서 그레이디언트 편집기를 클릭합니다. [Grandient Editor] 대화상자가 나타나면 ❸그레이디언트 설정 버튼을 클릭하고 ❹'Metals'를 선택한 후 〈Append첨부〉 버튼을 클릭합니다.

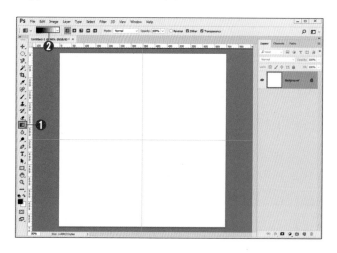

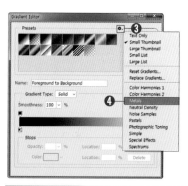

작업의 이해를 위한 **TIP** ▶ 포토샵에서 제공하는 그레이디언트 목록을 불러와서 사용할 때는 가져오기 옵션인 〈Append〉 버튼을 클릭해야 합니다.

05 불러온 'Metals' 그레이디언트 목록 중 **❶**'Silver'를 선택하고 **❷**〈OK〉 버튼 을 클릭합니다.

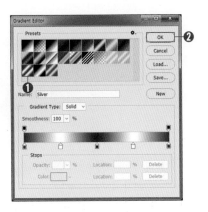

06 **❶** 그레이디언트 툴 상단 옵션 바에서 그러데이션 종류는 'Angle', Mode는 'Normal', 'Opacity=100%', 'Reverse'는 체크 해지하고, 'Dither', 'Transparency'는 체크합니다. **❷**레이 어 패널에서 새 레이어를 생성하고 **❸**그 레이디언트 툴로 마우스를 드래그하여 그 러데이션을 채색합니다.

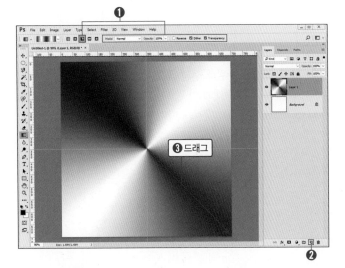

07 CD 형태를 만들기 위해 불필요 한 부분을 지우겠습니다. **❶** 툴 패널 에서 원형 선택 툴을 선택하고, **❷** 상 단 옵션 바에서 'New selection', 'Feather=0px', 'Anti-alias'는 체크하 고, 'Style=Normal'로 선택합니다. **❸**작 업 창 가운데에 마우스를 대고 [Alt]+[Shift] 를 누른 채 이미지를 따라서 선택 영역을 지정합니다. **❹**[Select^선택]-[Inverse^반 전]([Shift]+[Ctrl]+[I])를 실행해 지정된 선택 영역을 반전합니다.

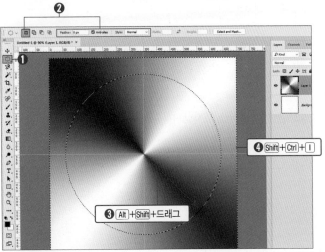

작업의 이해를 위한 **TIP** ▶ [Inverse]는 지정된 선택 영역을 반전하는 메뉴입니다.

▶ 선택 영역 지정 시 [Alt]를 누르면 이미지 가운데를 기준으로, [Shift]를 누르면 정 도형의 선택 영역을 지정할 수 있습니다.

08 ❶Delete를 눌러 선택 영역으로 지정된 부분을 삭제합니다. ❷Ctrl+D를 눌러 지정된 선택 영역을 해지합니다.

단축키 **TIP** ▶ 선택 영역 해지 : Ctrl+D

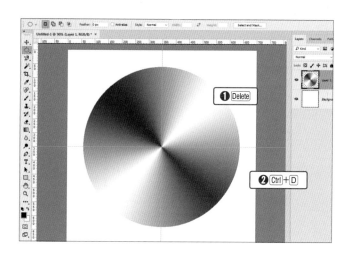

09 ❶툴 패널에서 원형 선택 툴을 선택하고, ❷작업 창 가운데에 마우스를 대고 Alt+Shift를 누른 채 이미지를 따라서 선택 영역을 지정합니다.

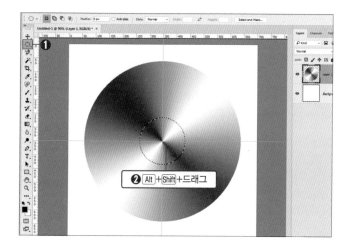

10 ❶Delete를 눌러 선택 영역으로 지정된 부분을 삭제하고, ❷Ctrl+D를 눌러 지정된 선택 영역을 해지합니다.

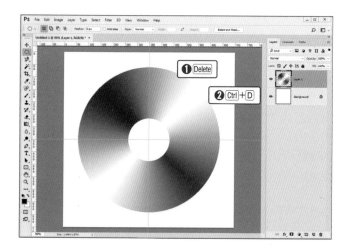

11 CD 이미지에 테두리를 적용해 보겠습니다. ❶[Edit 편집]-[Stroke 획]를 실행합니다. ❷[Stroke] 대화상자가 나타나면 'Width=7px', 'Color=회색', 'Location=Inside', Mode는 'Normal', 'Opacity=100%', 'Preserve Transparency'는 체크 해지하고 ❸〈OK〉 버튼을 클릭합니다.

작업의 이해를 위한 **TIP** ▸ [Stroke]는 이미지에 테두리를 적용하는 메뉴입니다.

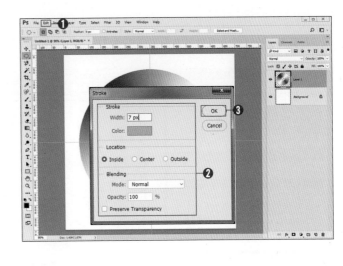

12 CD에 광선을 합성해보겠습니다. ❶Ctrl을 누른 채 레이어 패널에서 CD 레이어의 섬네일을 클릭하여 선택 영역을 지정합니다. ❷툴 패널에서 그레이디언트 툴을 선택하고 ❸상단 옵션 바에서 그레이디언트 편집기를 클릭합니다.

작업의 이해를 위한 **TIP** ▸ CD에 맞춰 광선을 채색하기 위해서 CD를 선택 영역으로 지정합니다.

▸ Ctrl을 누른 채 해당 레이어의 섬네일을 클릭하면 레이어 패널에 있는 이미지를 선택 영역으로 지정할 수 있습니다.

13 [Gradient Editor] 대화상자가 나타나면 ❶그레이디언트 설정 버튼을 클릭하고 ❷'Noise Samples'를 선택한 후 〈Append 첨부〉 버튼을 클릭합니다.

14 ❶불러온 그레이디언트 목록 중 'Blues'를 선택하고 ❷⟨OK⟩ 버튼을 클릭합니다. ❸레이어 패널에서 새 레이어를 생성하고 ❹그레이디언트 툴로 마우스를 드래그하여 그러데이션을 채색합니다.

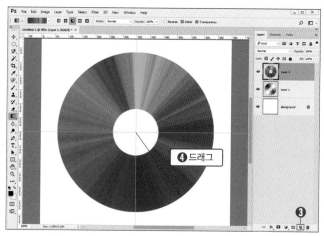

15 ❶Ctrl+D를 눌러 지정된 선택 영역을 해지합니다. 채색된 색상이 CD 이미지와 자연스럽게 합성되도록 ❷블렌딩 모드를 'Overlay'로 선택합니다. ❸레이어 패널의 'Opacity'를 '35%'로 조절하여 광선의 불투명도를 조절합니다.

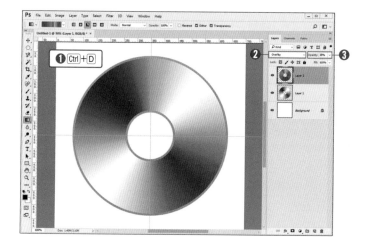

16 ❶Shift를 누른 채 CD와 광선 레이어를 클릭하여 다중 선택하고 ❷Ctrl+G를 눌러 그룹 레이어로 정리합니다.

작업의 이해를 위한 **TIP** ▶ 작업 창에 생성된 안내선은 포토샵에서만 보이는 것으로, 이미지 파일로 저장 시 안내선은 보이지 않습니다.

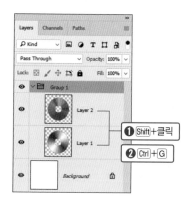

17 [File파일]–[Save저장]((Ctrl)+(S))를 실행하고 'PSD' 파일로 저장합니다.

레이어에 한번에 채색하기

✂ Fill 메뉴

[Edit편집]-[Fill칠]은 색상, 인접한 이미지, 패턴 등으로 선택 영역을 채우는 메뉴입니다. [Fill] 대화상자에서 색, 이미지, 패턴 등 채색 종류를 선택하고, 블렌딩 모드, 불투명도를 지정하여 원하는 선택 영역 또는 레이어에 설정한 옵션 값으로 한번에 채울 수 있습니다. 전경색과 배경색 채우기는 자주 사용하는 기능으로 단축키를 사용하는 것이 좋습니다. 이번 챕터에서는 이미지와 패턴으로 채색할 수 있는 기능에 대해서 다뤄보겠습니다.

핵심 기능 **[Fill] 대화상자 살펴보기**

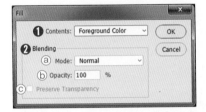

❶ **Contents :** 전경색, 배경색, 이미지, 패턴 등 채색 종류를 지정합니다.

❷ **Blending :** Contents에서 지정한 채색 종류를 배경과 합성하여 채색합니다.

ⓐ **Mode :** 지정한 색상을 배경 레이어와 합성하여 채색합니다.

ⓑ **Opacity :** 채색할 색상의 불투명도를 조절합니다.

ⓒ **Preserve Transparency :** 투명 영역을 유지하는 옵션으로, 옵션을 체크하면 투명 영역의 경우 채색되지 않습니다.

▲ 투명한 배경의 이미지

▲ Preserve Transparency 체크하지 않은 경우

▲ Preserve Transparency 체크한 경우

내용 인식 기능을 이용한 이미지 수정

POINT SKILL 선택 툴, 칠 : Contents-Aware^{내용 인식}

HOW TO 내용 인식 기능을 이용하면 선택 영역으로 지정된 이미지의 특정 부분을 배경 주변에서 비슷한 이미지의 내용으로 채워 자연스럽게 제거할 수 있습니다. 내용 인식 기능을 이용해 배 이미지를 감쪽같이 사라져보이도록 하겠습니다.

Before　Part04\04_004.jpg

After　Part04\04_004(완성).jpg

01 [File ^{파일}]−[Open ^{열기}]([Ctrl]+[O])을 실행하고 Part04 폴더에서 '04_004.jpg' 파일을 불러옵니다.

02 ❶ 툴 패널에서 사각형 선택 툴을 선택하고 ❷ 상단 옵션 바에서 'New selection', 'Feather=0px', 'Style =Normal'로 선택합니다. ❸ 배 이미지를 따라서 드래그하여 선택 영역을 지정합니다.

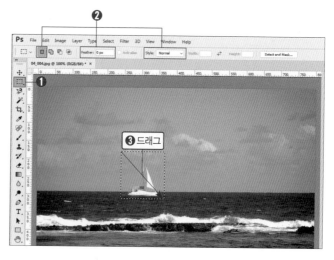

❸ 드래그

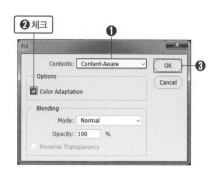

03 [Edit^{편집}]–[Fill^칠]([Shift]+[F5])을 실행합니다. [Fill] 대화상자가 나타나면 ❶ 'Contents'를 'Contents–Aware^{내용 인식}'로 선택하고, ❷ 'Color Adaptation'은 체크한 후 ❸ 〈OK〉 버튼을 클릭합니다.

작업의 이해를 위한 **TIP** ▶ 'Color Adaptation'은 이미지 주변의 색상을 불러들여 자연스럽게 채색하는 옵션입니다.

04 ❶ [Ctrl]+[D]를 눌러 선택 영역을 해지합니다. ❷ [File^{파일}]–[Save As^{다른 이름으로 저장}]([Ctrl]+[Shift]+[S])를 실행하고 이름을 변경하여 저장합니다. 파일 포맷 옵션 창이 나타나면 〈OK〉 버튼을 클릭합니다.

단축키 **TIP** ▶ 지정된 선택 영역 해지 : [Ctrl]+[D]

따라하기
응용예제

15 min

직접 제작한 패턴으로 채색한 배경 만들기

POINT SKILL 패턴 제작, 등록, 채색, 필터 : Polar Coordinates^{극좌표}, 이미지 삭제, 레이어 채색, 블렌딩 모드

HOW TO 패턴은 반복되는 모양으로, Fill 기능을 이용하면 선택 영역 또는 레이어에 한번에 채울 수 있습니다. 포토샵에서 제공하는 패턴을 사용하거나 직접 제작한 패턴을 등록하여 사용할 수도 있습니다. 직접 제작한 패턴을 포토샵에 등록하여 채우고, 낡은 질감의 배경과 자연스럽게 합성해보겠습니다.

Before Part04\04_005.jpg, 04_006.jpg

After Part04\04_006(완성).psd

01 패턴을 제작하기 위한 작업 창을 생성하겠습니다. [File 파일]–[New 새로 만들기] ([Ctrl]+[N])를 실행하고 ❶ 'Width= 50Pixels', 'Height= 50Pixels', 'Resolution=72Pixels/Inch', 'Color Mode=RGB Color' 'Background Contents=White'로 선택하고 ❷ 〈Create〉 버튼을 클릭합니다.

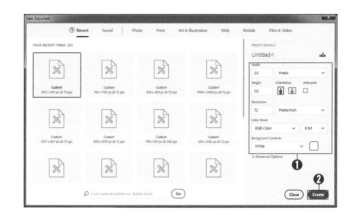

02 세로 줄무늬 패턴을 제작해보겠습니다. ❶ 툴 패널에서 사각형 선택 툴을 선택하고, ❷ 상단 옵션 바에서 'New selection', 'Feather=0px', 'Style=Fixed Size'로 선택하고, 'Width=15px', 'Height=50px'로 입력합니다. ❸ 작업 창을 클릭해 선택 영역을 지정합니다.

작업의 이해를 위한 **TIP** ▸ 선택 영역 지정 시 'Fixed Size'를 선택하고 치수를 입력하면 지정된 치수로 선택 영역을 지정할 수 있습니다.

단축키 **TIP** ▸ 작업 창 전체 보기 : [Ctrl]+[0]

03 ❶ 전경색을 클릭하고 패턴으로 채색할 색상을 지정합니다. ❷ 레이어 패널에서 새 레이어를 생성하고 ❸ [Alt]+[Delete]를 눌러 생성된 레이어에 전경색을 채색합니다. ❹ [Ctrl]+[D]를 눌러 선택 영역을 해지합니다.

단축키 **TIP** ▸ 전경색 채우기 : [Alt]+[Delete]
▸ 배경색 채우기 : [Ctrl]+[Delete]
▸ 지정된 선택 영역 해지 : [Ctrl]+[D]

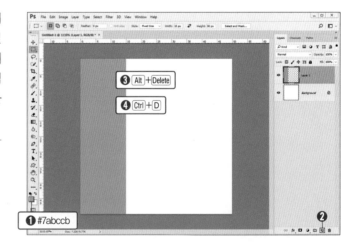

04 ❶사각형 선택 툴로 선택 영역을 지
정하고 위치를 조절합니다. ❷ 전경색을
클릭해 패턴으로 채색할 색상을 지정합니
다. ❸ 레이어 패널에서 새 레이어를 생성
하고 ❹ Alt + Delete 를 눌러 생성된 레이어
에 전경색을 채웁니다. ❺ Ctrl + D 를 눌러
선택 영역을 해지합니다.

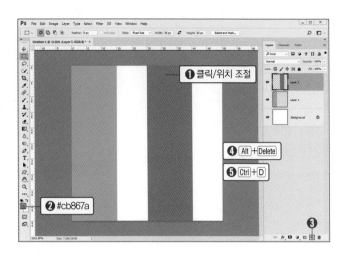

05 ❶ 레이어 패널에서 배경 레이어의
눈을 끄고 ❷ [Edit편집]−[Define Pattern
패턴 정의]을 실행합니다. [Pattern Name]
대화상자가 나타나면 ❸ 〈OK〉 버튼을 클
릭해 채색한 이미지를 패턴으로 등록합
니다.

작업의 이해를 위한 **TIP** ▶ 투명한 배경의 패턴을 제작하기
위해서는 배경 레이어가 보이지 않도록 눈을 끄고 패턴으
로 등록해야 합니다.

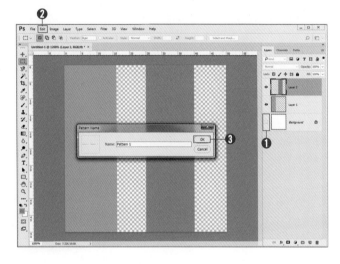

06 패턴으로 저장한 작업 창은 닫습니다.
그리고 [File파일]−[Open열기](Ctrl + O)
을 실행해 Part04 폴더에서 '04_005.
jpg' 파일을 불러옵니다.

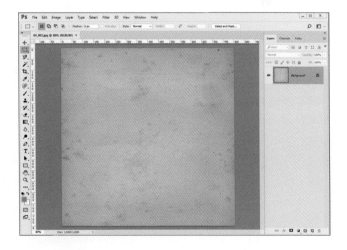

07 패턴을 채우기 위해 ❶ 레이어 패널에서 새 레이어를 생성합니다. ❷[Edit편집]-[Fill칠]을 실행합니다. ❸'Contents'를 'Pattern'으로 선택하고, ❹'Custom Pattern'을 클릭해 등록된 패턴을 선택한 후 ❺〈OK〉 버튼을 클릭합니다.

작업의 이해를 위한 **TIP** ▶ 'Script'는 패턴의 형태를 변형해서 채색할 수 있는 옵션입니다.

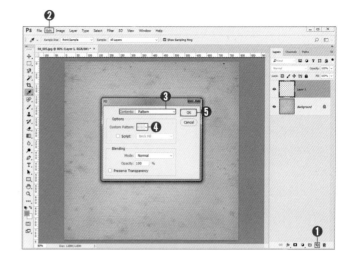

완성도를 높이는 단계

08 적용한 패턴 이미지의 형태를 변형해보겠습니다. ❶[Filter필터]-[Distort왜곡]-[Polar Coordinates극좌표]를 실행하고 ❷〈OK〉 버튼을 클릭합니다.

작업의 이해를 위한 **TIP** ▶ [Polar Coordinates]는 세로 방향의 이미지를 작업 창 가운데를 기준으로 사방으로 퍼뜨려 형태를 변형하는 필터입니다.

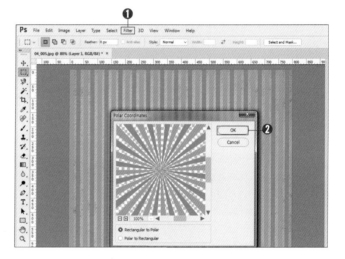

09 패턴 이미지의 불필요한 부분을 지우겠습니다. ❶툴 패널에서 사각형 선택 툴을 선택하고 ❷상단 옵션 바에서 'New selection', 'Feather=0px', 'Style=Normal'로 선택합니다. ❸불필요한 부분을 선택 영역을 지정하고 ❹Delete를 눌러 선택 영역으로 지정된 부분을 삭제합니다.

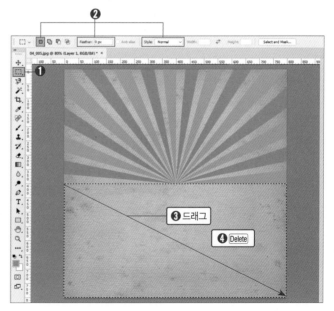

10 선택 영역으로 지정된 부분을 채색해보겠습니다. ❶전경색을 클릭하고 작업 창 하단에 채색할 색상을 지정합니다. ❷레이어 패널에서 새 레이어를 생성합니다. ❸Alt+Delete를 눌러 전경색을 채웁니다. ❹Ctrl+D를 눌러 선택 영역을 해지합니다.

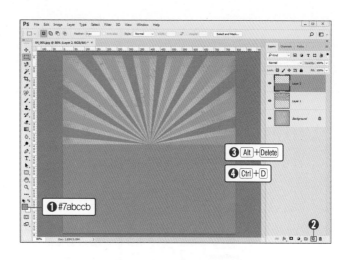

11 패턴과 하단의 색상을 낡은 질감의 배경과 자연스럽게 합성해보겠습니다. ❶패턴 레이어와 색상 레이어를 Shift를 누른 채 클릭하여 다중 선택하고 ❷블렌딩 모드를 'Multiply'로 선택합니다.

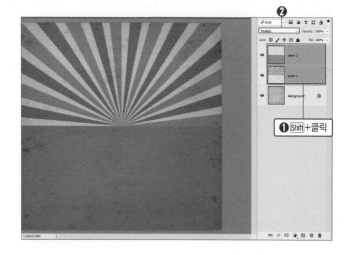

작업의 이해를 위한 **TIP ▶** 블렌딩 모드 'Multiply'는 상위에 배치된 이미지의 명도를 하위에 배치된 이미지에 어둡게 합성합니다. 따라서 상위에 배치된 패턴과 채색한 색상이 하위에 배치된 낡은 질감의 이미지에 어둡게 합성되었습니다.

12 ❶[File 파일]–[Open 열기](Ctrl+O)을 실행하고 Part04 폴더에서 '04_006.jpg' 파일을 불러옵니다. ❷툴 패널에서 이동 툴을 선택하고 ❸엠블럼 이미지를 작업중인 이미지로 드래그하여 이동합니다.

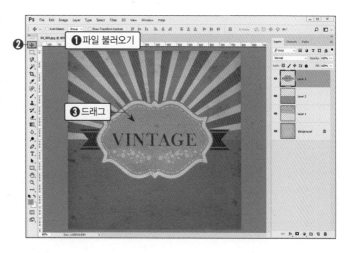

13 [File 파일]–[Save 저장](Ctrl+S)를 실행하고 'PSD' 파일로 저장합니다.

PART 05

브러시의 변신은 무죄

브러시 활용 & 퀵 마스크

포토샵에서 브러시는 다양한 채색 도구에 사용됩니다. 포토샵에서 제공하는 기본적인 브러시 외에도 외부 브러시를 불러오거나 직접 브러시를 제작하여 여러 가지 질감을 표현할 수 있습니다. 이번 파트에서는 포토샵에서 다양한 형태의 브러시를 만들고 적용하여 활용하는 방법을 알아봅니다. 또한 선택 툴만으로는 지정하기 어려운 복잡한 선택 영역을 브러시 툴과 퀵 마스크 모드를 활용하여 빠르게 지정하는 방법도 알아봅니다.

CHAPTER 1   외부 브러시를 이용하여 다양한 형태로 채색하기

CHAPTER 2   브러시의 방향과 간격 자유롭게 조절하기

CHAPTER 3   퀵 마스크를 이용한 선택 영역 지정하기

외부 브러시를 이용하여
다양한 형태로 채색하기

⚒ 외부 브러시

포토샵에서는 기본적으로 제공하는 브러시 외에도 외부 브러시를 불러와서 사용할 수 있습니다. 다양한 형태의 외부 브러시를 브러시 목록으로 불러와서 사용하면 클릭 또는 드래그만으로 손쉽게 원하는 형태를 만들거나 채색할 수 있습니다. 용도에 맞는 브러시가 없다면 직접 제작하여 포토샵에 등록한 후 사용할 수도 있습니다.

핵심기능 브러시 목록의 옵션 살펴보기

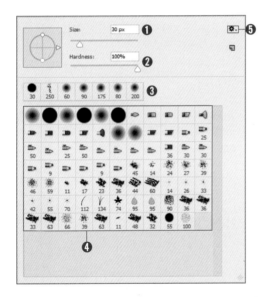

❶ **Size** : 브러시의 크기를 설정합니다.

❷ **Hardness** : 브러시의 가장자리 부드럽기를 조절합니다.

❸ **최근 사용 브러시** : 최근 사용한 브러시의 종류가 표시됩니다.

❹ **브러시 종류** : 포토샵에서 제공되는 브러시의 종류를 확인할 수 있습니다.

❺ **브러시 설정 버튼** : 브러시 목록의 보기 방식을 수정하거나, 기본 브러시 목록을 편집하고, 외부 브러시를 불러와서 목록에 추가할 수 있습니다.

빛 브러시를 이용한 햇살 만들기

POINT SKILL 외부 브러시, 레이어 채색, 블렌딩 모드

5 min

HOW TO 포토샵에서 제공되는 기본 브러시가 아닌, 빛 형태를 가진 외부 브러시를 불러와서 목록에 추가한 후 이미지에 햇살을
만들어보겠습니다.

Before Part05\05_001.jpg

After Part05\05_001(완성).psd

01 [File 파일]−[Open 열기]([Ctrl]+[O])을
실행하고 Part05 폴더에서 '05_001.jpg'
파일을 불러옵니다.

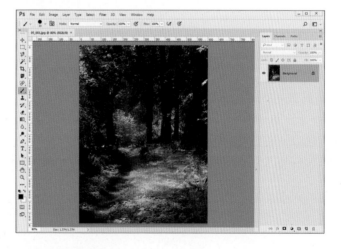

02 ❶툴 패널에서 브러시 툴을 선택하고, ❷상단 옵션 바에서 브러시 목록을 클릭합니다. ❸브러시 설정 버튼을 클릭하고 ❹'Load Brushes'를 실행합니다.

작업의 이해를 위한 **TIP** ▶ 외부 브러시를 불러올 때는 브러시 목록에서 'Load Brush'를 실행하고 브러시 파일을 선택해야 합니다. 외부 브러시 파일의 확장자는 'ABR'입니다.

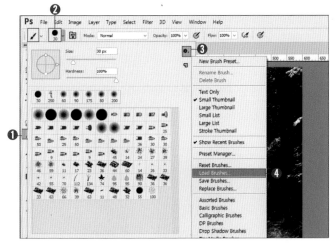

03 [Load Brushes] 대화상자가 나타나면 ❶Part05 폴더에서 '05_002.abr' 외부 브러시 파일을 선택한 후 ❷〈Load〉 버튼을 클릭합니다.

04 브러시 목록에 외부 브러시가 추가된 것을 확인합니다. 불러온 브러시 중 '햇살 브러시'를 선택합니다.

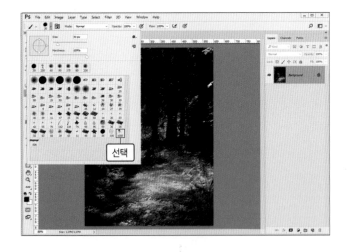

05 ❶ 브러시 툴의 상단 옵션 바에서
Mode는 'Normal', 'Opacity=100%',
'Flow=100%'로 선택합니다. ❷ 전경색
을 흰색으로 지정합니다. ❸ 레이어 패널
에서 새 레이어를 생성하고 ❹ 브러시 툴
로 나무 이미지 주변을 클릭합니다.

단축키 **TIP** ▸ 채색 이전 단계로 돌아가기 : Ctrl+Alt+Z

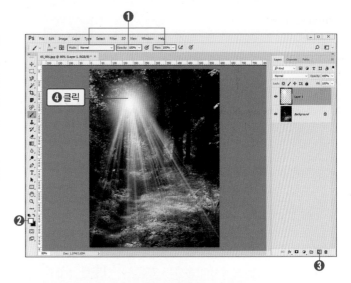

완성도를 높이는 단계

06 ❶ 채색된 색상이 숲 이미지와 자
연스럽게 합성되도록 블렌딩 모드를
'Overlay'로 선택합니다. ❷ 햇살 이미지
가 좀 더 밝아보이도록 Ctrl+J를 눌러
'Overlay'로 합성된 레이어를 하나 더 복
제합니다.

단축키 **TIP** ▸ 선택된 레이어 복제 : Ctrl+J

07 햇살 이미지가 좀 더 밝아보이도
록 브러시 툴로 채색해보겠습니다. ❶ 툴
패널에서 브러시 툴을 선택하고 ❷ [
를 눌러 브러시 크기를 작게 조절합니다.
❸ 새 레이어를 생성하고 ❹ 나무 이미지
주변을 클릭하여 햇살 이미지를 추가합
니다.

단축키 **TIP** ▸ 브러시 툴의 크기 조절 : [,]

08 [File파일]−[Save저장](Ctrl+S)를 실행하고 'PSD' 파일로 저장합니다.

브러시의 방향과 간격
자유롭게 조절하기

⚒ 브러시 패널

브러시 패널에서는 브러시의 옵션을 조절하여 다양한 형태와 스타일의 브러시를 만들 수 있습니다. 간격, 크기, 방향, 흩날림, 색상 등의 옵션을 조절하면 브러시를 다양한 형태로 변형할 수 있습니다.

핵심 기능 **브러시 패널의 옵션 살펴보기**

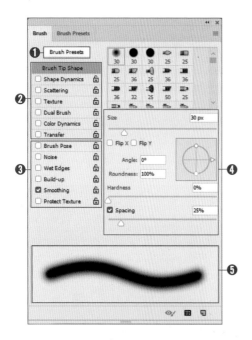

❶ **Brush Presets :** 브러시의 종류와 크기를 조절합니다.

❷ **Brush Tip Shape :** 선택한 브러시의 간격, 크기, 방향, 분산, 색상, 강약 등의 옵션을 조절합니다.

❸ **브러시 기타 옵션 :** 선택한 브러시의 질감 관련 옵션을 조절합니다.

❹ **브러시 옵션 영역 :** 선택된 옵션의 세부 항목을 확인하고 조절합니다.

❺ **브러시 설정 미리 보기 :** 옵션을 조절한 브러시를 미리 보기로 확인합니다.

브러시 패널을 이용한 점선 만들기

🕐 10 min

POINT SKILL 브러시 옵션 조절, 레이어 채색, 블렌딩 모드

HOW TO 포토샵에서 제공되는 사각형 브러시를 불러와 목록에 추가하고, 브러시 패널에서 옵션을 조절하여 점선 브러시를 만들어보겠습니다. 그리고 점선 브러시를 이용해서 꿰맨 실을 만들고 캔버스 배경과 자연스럽게 합성해보겠습니다.

Before Part05\05_003.psd

After Part05\05_003(완성).psd

01 ❶ [File 파일]−[Open 열기]([Ctrl]+[O])을 실행하고 Part05 폴더에서 '05_003.psd' 파일을 불러옵니다. ❷ 툴 패널에서 브러시 툴을 선택하고, ❸ 상단 옵션 바에서 브러시 목록을 클릭합니다.

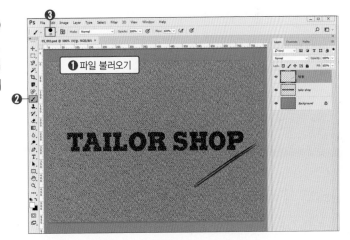

02 ❶ 브러시 설정 버튼을 클릭하고 ❷ 'Square Brushes'를 실행합니다. 대화상자가 나타나면 〈Append 첨부〉 버튼을 클릭합니다.

작업의 이해를 위한 **TIP** ▶ 포토샵에서 제공하는 브러시 목록을 불러와 사용할 때는 가져오기 옵션인 〈Append〉 버튼을 클릭합니다.

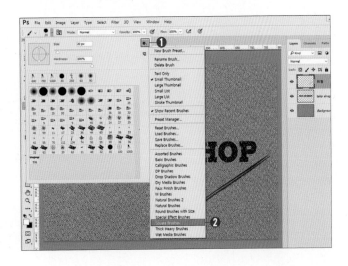

03 브러시 목록에 사각형 브러시가 추가된 것을 확인할 수 있습니다.

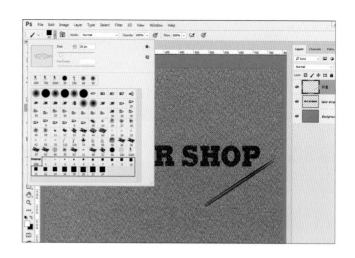

04 브러시 목록으로 불러온 사각형 브러시의 옵션을 조절해보겠습니다. F5를 눌러 브러시 패널을 열고 ❶ 'Brush Tip Shape'의 옵션 영역에서 ❷ 두께와 간격을 조절합니다. ❸ 'Shape Dynamics' 항목을 선택하고 ❹ 옵션 영역에서 모든 수치를 '0'으로 설정한 후 ❺ 'Angle Jitter'의 옵션을 'Direction'으로 선택합니다.

작업의 이해를 위한 **TIP** ▸ 사각형 브러시의 두께와 간격을 조절하면 점선 형태로 만들 수 있습니다. 그리고 방향을 'Direction'으로 선택하면 브러시 툴의 방향을 따라서 점선을 만들 수 있습니다.

단축키 **TIP** ▸ 브러시 패널이 보이지 않을 때는 [Window]–[Brush]를 실행하거나, 단축키 F5를 누릅니다.

05 ❶ 상단 옵션 바에서 Mode는 'Normal', 'Opacity=100%', 'Flow=100%'로 선택합니다. ❷ 전경색을 검은색으로 지정합니다. ❸ 레이어 패널에서 새 레이어를 생성하고 ❹ 브러시 툴로 문자와 바늘 이미지 주변을 드래그합니다.

단축키 **TIP** ▸ 브러시 툴의 크기 조절 : [,]

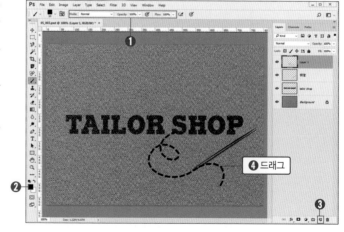

06 채색된 색상이 캔버스 배경과 자연스럽게 합성되도록 ❶ 블렌딩 모드를 'Overlay'로 선택합니다. ❷ 점선 이미지가 바늘 이미지 아래에 배치되도록 레이어 순서를 변경합니다.

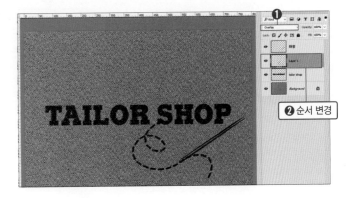

단축키 TIP ▶ 레이어 순서 변경 : Ctrl + [,]

07 [File 파일]−[Save 저장](Ctrl + S)를 실행하고 'PSD' 파일로 저장합니다.

따라하기
응용예제

⏳
20 min

직접 제작한 브러시로 채색한 물방울 만들기

POINT SKILL 브러시 제작, 등록, 브러시 옵션 조절, 레이어 채색, 블렌딩 모드

HOW TO 원형의 이미지를 만들어 브러시로 등록한 후 브러시 패널의 옵션을 조절해 물방울을 만들고 음료 배경과 자연스럽게 합성해보겠습니다.

Before Part05\05_004.jpg

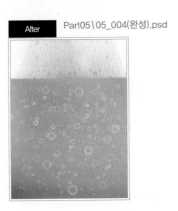
After Part05\05_004(완성).psd

01 원형 이미지를 만들기 위한 작업 창을 생성하겠습니다. [File 파일]−[New 새로 만들기](Ctrl + N)를 실행하고 ❶ 'Width=300Pixels', 'Height=300 Pixels', 'Resolution=72Pixels/Inch', 'Color Mode=RGB Color' 'Background Contents=White'로 설정한 후 ❷ ⟨Create⟩ 버튼을 클릭합니다.

02 ❶ 툴 패널에서 원형 선택 툴을 선택하고, ❷ 상단 옵션 바에서 'New selection', 'Feather=0px', 'Anti-alias'는 체크하고 'Style=Normal'로 선택합니다. ❸ 작업 창 가운데에 마우스를 대고 Alt+Shift를 누른 채 드래그하여 선택 영역을 지정합니다.

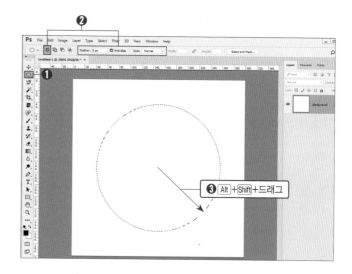

작업의 이해를 위한 **TIP** ▸ 선택 영역 지정 시 Alt를 누르면 이미지 가운데를 기준으로, Shift를 누르면 정 도형의 선택 영역을 지정할 수 있습니다.

03 ❶ 전경색을 검은색으로 지정합니다. ❷ 레이어 패널에서 새 레이어를 생성하고, ❸ Alt+Delete를 눌러 생성된 레이어에 전경색을 채웁니다. ❹ Ctrl+D를 눌러 선택 영역을 해지합니다.

작업의 이해를 위한 **TIP** ▸ 브러시로 등록하려는 이미지는 그레이스케일의 이미지로 만들어야 합니다.

단축키 **TIP** ▸ 전경색 채우기 : Alt+Delete
▸ 배경색 채우기 : Ctrl+Delete
▸ 선택 영역 해지 : Ctrl+D

04 ❶ 툴 패널에서 지우개 툴을 선택합니다. ❷ 상단 옵션 바에서 브러시 목록을 클릭하고 브러시 종류는 'Soft Round', 크기는 '200px'로 지정합니다. ❸ 'Mode=Brush', 'Opacity=100%', 'Flow=100%'로 선택합니다. ❹ 원형 이미지의 불필요한 부분을 마우스로 클릭하여 지웁니다.

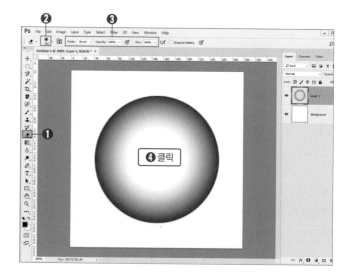

단축키 **TIP** ▸ 지우개 툴의 크기 조절 : [,]
▸ 지우개 툴 사용 이전 단계로 돌아가기 : Ctrl+Alt+Z

05 원형 이미지를 브러시로 등록하기 위해 ❶[Edit^{편집}]−[Define Brush Preset^{브러시 사전 정의}]을 실행합니다. [Brush Name] 대화상자가 나타나면 ❷이름을 지정하고 ❸〈OK〉 버튼을 클릭합니다.

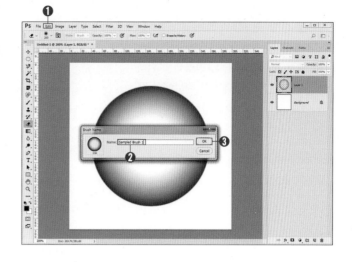

06 ❶[File^{파일}]−[Open^{열기}]([Ctrl]+[O])을 실행하고 Part05 폴더에서 '05_004.jpg' 파일을 불러옵니다. ❷툴 패널에서 브러시 툴을 선택합니다. ❸상단 옵션 바에서 브러시 목록을 클릭하고 ❹브러시로 등록한 원형 이미지를 선택합니다.

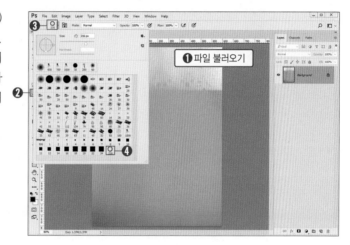

07 등록한 브러시의 옵션을 조절해보겠습니다. [Window^창]−[Brush^{브러시}]([F5])를 실행하고 ❶'Brush Tip Shape'의 옵션 영역에서 ❷'Spacing'을 조절합니다. ❸'Shape Dynamics'을 선택하고 ❹'Size Jitter=100%'로 설정합니다. ❺'Scattering'을 선택하고 ❻'Scatter'과 'Count'를 조절합니다. ❼'Transfer'를 선택하고 ❽'Opacity Jitter'를 85%로 설정합니다.

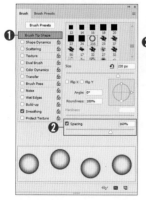

08 ❶ 상단 옵션 바에서 Mode는 'Normal', 'Opacity=100%', 'Flow =100%'로 선택합니다. ❷ 전경색을 흰색으로 지정합니다. ❸ 레이어 패널에서 새 레이어를 생성하고 ❹ 브러시 툴로 음료 배경 주변을 드래그합니다.

단축키 **TIP** ▶ 브러시 툴의 크기 조절 : [[ ], [ ]]
▶ 채색 이전 단계로 돌아가기 : [Ctrl]+[Alt]+[Z]

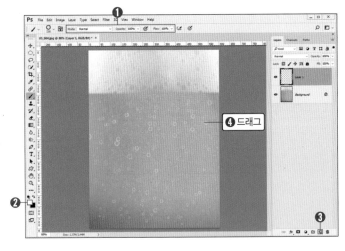

완성도를 높이는 단계

09 물방울 모양이 배경과 자연스럽게 합성되도록 ❶ 블렌딩 모드를 'Overlay'로 선택합니다. ❷ 물방울 이미지가 좀 더 선명해보이도록 [Ctrl]+[J]를 눌러 'Overlay'로 합성된 레이어를 하나 더 복제합니다.

단축키 **TIP** ▶ 선택된 레이어 복제 : [Ctrl]+[J]

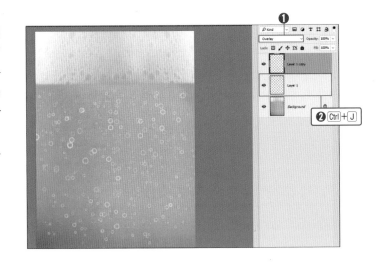

10 물방울 이미지가 좀 더 많아보이도록 브러시 툴로 채색해보겠습니다. ❶ 툴 패널에서 브러시 툴을 선택하고 ❷ [[ ] 를 눌러 브러시 크기를 작게 조절합니다. ❸ 새 레이어를 생성하고 ❹ 배경 이미지 주변을 드래그한 후 ❺ 블렌딩 모드를 'Overlay'로 선택합니다.

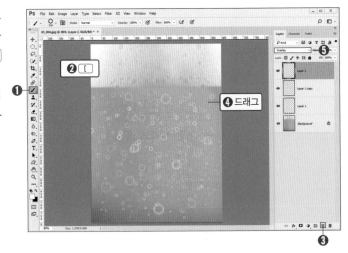

11 [File 파일]-[Save 저장]([Ctrl]+[S])를 실행하고 'PSD' 파일로 저장합니다.

퀵 마스크를 이용한
선택 영역 지정하기

⚒ 퀵 마스크

퀵 마스크 모드는 선택 툴만으로는 지정하기 어려운 복잡한 선택 영역을 빠르게 만들 때 사용합니다. 퀵 마스크 모드를 사용하면 선택 영역을 그레이스케일 이미지로 만들고 편집할 수 있습니다.

이미지에 선택 영역을 만들고, 툴 패널 하단의 보기 모드 아이콘을 클릭하면 보기 모드가 퀵 마스크 모드로 바뀝니다. 퀵 마스크 모드에서는 선택 영역을 이미지처럼 다룰 수 있습니다. 선택 영역에 포함되어 있지 않은 부분은 붉은색 마스크로 표시됩니다. 퀵 마스크 모드에서 브러시 툴을 사용할 때 전경색이 검은색이면 선택 영역을 추가하고, 전경색이 흰색이면 선택 영역을 제거합니다. 선택 영역 작업을 완료한 후 이미지 편집 모드로 돌아오려면 보기 모드 아이콘을 클릭합니다. 이미지 편집 모드로 돌아오면 마스크 표시가 사라지고 다시 선택 영역이 표시됩니다.

▲ 퀵 마스크 모드   ▲ 이미지 편집 모드

핵심 기능 | **퀵 마스크의 옵션 살펴보기**

❶ **Color Indicates** : 브러시 툴로 채색한 부분을 이미지의 선택 영역으로 지정합니다.

ⓐ **Masked Areas** : 브러시 툴로 채색한 부분의 반대 영역이 선택 영역으로 지정됩니다.

ⓑ **Selected Areas** : 브러시 툴로 채색한 부분이 선택 영역으로 지정됩니다.

❷ **Color** : 퀵 마스크 모드에서 브러시로 채색되는 부분의 색상과 투명도를 조절합니다.

퀵 마스크를 이용한 이미지 보정

POINT SKILL 퀵 마스크, 선택 영역 반전, 이미지 보정

HOW TO 퀵 마스크를 이용 하트 이미지를 선택 영역으로 지정하고, 선택 영역으로 지정된 하트 이미지를 제외한 나머지 배경을 보정해보겠습니다.

Before Part05\05_005.jpg

After Part05\05_005(완성).jpg

01 [File 파일]−[Open 열기]([Ctrl]+[O])을 실행하고 Part05 폴더에서 '05_005.jpg' 파일을 불러옵니다.

02 퀵 마스크 옵션을 변경하기 위해 ❶ 툴 패널에서 퀵 마스크를 더블클릭합니다. ❷ [Quick Mask Options] 대화상자가 나타나면 'Selected Areas'를 선택하고 ❸ 색상을 파란색으로 지정한 후 ❹ 〈OK〉 버튼을 클릭합니다.

작업의 이해를 위한 **TIP** ▶ 퀵 마스크의 옵션을 확인하려면 툴 패널의 퀵 마스크를 더블클릭해야 합니다. 퀵 마스크 모드에서 브러시 툴로 채색하려는 이미지가 빨간색이여서 채색하는 부분이 좀 더 잘 보이도록 빨간색과 대비되는 파란색으로 변경하였습니다.

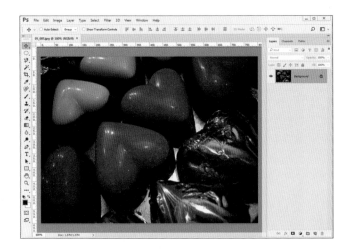

03 ❶툴 패널에서 브러시 툴을 선택합니다. ❷상단 옵션 바에서 브러시 목록을 클릭하고 브러시 종류를 'Hard Round'로 선택하고, ❸ 'Mode=Normal', 'Opacity=100%', 'Flow=100%'로 선택합니다.

04 ❶전경색을 검은색으로 지정한 후 ❷브러시 크기를 조절해가며 하트 이미지를 채색합니다.

작업의 이해를 위한 **TIP** ▸ 퀵 마스크 모드에서 검은색은 선택 영역을 지정하고, 흰색은 선택 영역을 지웁니다. 전경색을 흰색으로 변경해서 채색하면 검은색으로 잘못 채색한 부분을 수정할 수 있습니다.

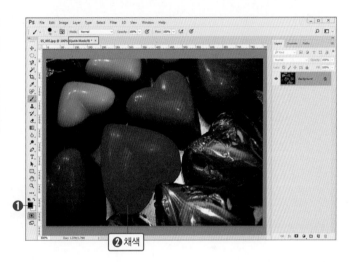

05 툴 패널에서 퀵 마스크를 클릭해 이미지 편집 모드로 돌아옵니다.

06 [Select 선택]−[Inverse 반전]([Ctrl]
+[Shift]+[I])를 실행해 지정된 선택 영역을
반전합니다.

작업의 이해를 위한 **TIP** ▸ 선택 영역으로 지정된 하트 이미
지를 제외한 나머지 배경을 보정하기 위해 선택 영역을
반전하였습니다.

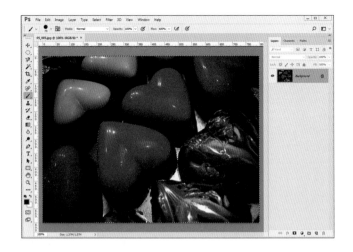

07 ❶[Image 이미지]−[Adjustments 조
정]−[Desaturate 채도 감소]([Ctrl]+[Shift]+[U])
를 실행해 흑백으로 보정합니다. ❷[Ctrl]+
[D]를 눌러 선택 영역을 해지합니다.

단축키 **TIP** ▸ 지정된 선택 영역 해지 : [Ctrl]+[D]

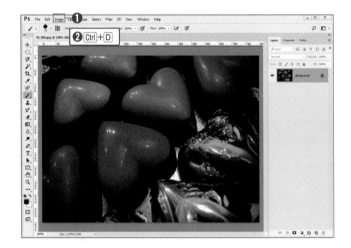

08 [File 파일]−[Save As 다른 이름으로 저장]([Ctrl]+[Shift]+[S])를 실행하여 이름을 변경한 후 'JPEG' 파일로 저장합니
다. 파일 포맷 옵션 창이 나타나면 〈OK〉 버튼을 클릭합니다.

퀵 마스크를 이용한 번지는 잉크 효과 만들기

POINT SKILL 퀵 마스크, 브러시 옵션 조절, 레이어 채색, 블렌딩 모드, 이미지 복제, 크기 조절

HOW TO 퀵 마스크를 이용하면 지정된 선택 영역을 수정할 수 있습니다. 이 때 브러시 패널의 옵션을 조절해서 채색하면 지정된 선택 영역을 다양한 형태로 변형할 수 있습니다. 브러시 패널의 옵션을 조절해 잉크 브러시를 만들고 번지는 잉크 이미지를 만들어 꽃 이미지와 자연스럽게 합성해보겠습니다.

Before　Part05\05_006.jpg

After　Part05\05_006(완성).psd

01 [File 파일]−[Open 열기]([Ctrl]+[O])을 실행하고 Part05 폴더에서 '05_006.jpg' 파일을 불러옵니다.

02 ❶툴 패널에서 원형 선택 툴을 선택합니다. ❷상단 옵션 바에서 'New selection', 'Feather=0px', 'Anti−alias'는 체크하고, 'Style=Normal'로 선택합니다. ❸꽃 이미지를 따라서 [Alt]+[Shift]를 누른 채 드래그하여 선택 영역을 지정합니다.

❸ [Alt]+[Shift]+드래그

작업의 이해를 위한 **TIP** ▶ 선택 영역 지정 시 [Alt]를 누르면 이미지 가운데를 기준으로, [Shift]를 누르면 정 도형의 선택 영역을 지정할 수 있습니다.

03 ❶툴 패널에서 퀵 마스크를 클릭해 퀵 마스크 모드로 변환합니다. ❷툴 패널에서 브러시 툴을 선택하고 ❸상단 옵션 바에서 브러시 목록을 클릭한 후, ❹브러시 종류를 'Chalk 36 pixels'로 선택합니다.

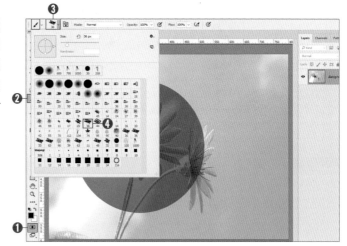

04 'Chalk 36 pixels' 브러시의 옵션을 조절해보겠습니다. [Window^창]-[Brush^{브러시}](F5)를 실행하고 ❶'Brush Tip Shape'의 옵션 영역에서 ❷'Spacing'을 조절합니다. ❸'Shape Dynamics'를 선택하고 ❹'Size Jitter=100%', ❺'Angle Zitter=100%'로 입력합니다.

작업의 이해를 위한 **TIP** ▶ 'Chalk 36 pixels' 브러시의 간격과 크기, 방향을 조절하면 번지는 잉크 형태로 채색할 수 있습니다.

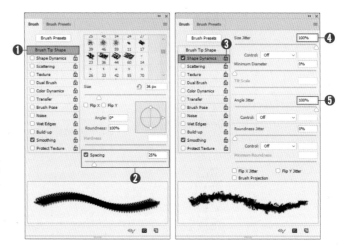

05 ❶전경색을 검은색으로 지정합니다. ❷브러시 툴로 원형 선택 영역의 가장자리를 따라서 채색합니다.

단축키 **TIP** ▶ 브러시 툴의 크기 조절 : [,]

06 툴 패널에서 퀵 마스크를 클릭해 일반 모드로 변환합니다.

작업의 이해를 위한 **TIP** ▶ 퀵 마스크 모드에서 원형 선택 영역의 가장자리를 채색하여 수정하면, 일반 모드에서 원형 선택 영역의 가장자리가 수정된 것을 확인할 수 있습니다.

클릭

07 ❶ 전경색을 검은색으로 지정합니다. ❷ 레이어 패널에서 새 레이어를 생성하고, ❸ Alt + Delete 를 눌러 생성된 레이어에 전경색을 채웁니다. ❹ Ctrl + D 를 눌러 선택 영역을 해지합니다.

단축키 **TIP** ▶ 전경색 채우기 : Alt + Delete
▶ 배경색 채우기 : Ctrl + Delete
▶ 지정된 선택 영역 해지 : Ctrl + D

❸ Alt + Delete
❹ Ctrl + D

완성도를 높이는 단계

08 채색된 색상이 꽃 이미지와 자연스럽게 합성되도록 ❶ 블렌딩 모드를 'Overlay'로 선택하고, ❷ 레이어 패널의 'Opacity'를 '20%'로 조절해서 잉크 이미지의 불투명도를 조절합니다.

145

09 잉크 이미지가 겹겹이 번져보이도록 ❶Ctrl+J를 눌러 'Overlay'로 합성된 레이어를 하나 더 복제합니다. ❷Ctrl+T를 누르고 ❸바운딩 박스의 모서리에 마우스를 대고 Alt+Shift를 누른 채 크기를 축소합니다.

작업의 이해를 위한 **TIP** ▶ 크기 조절 시 Alt를 누르면 바운딩 박스의 가운데를 기준으로, Shift를 누르면 이미지의 가로, 세로 비율을 맞춰 조절할 수 있습니다.

단축키 **TIP** ▶ 선택된 레이어 복제 : Ctrl+J
▶ 이미지 크기 조절 : Ctrl+T

10 크기가 조절된 이미지는 ❶회전을 한 후 ❷Enter를 눌러 변형을 완료합니다.

11 같은 방법으로 잉크 이미지 레이어를 하나 더 복제하고 크기를 축소한 후 회전시킵니다.

12 같은 방법으로 잉크 이미지를 하나 더 복제하고 변형한 후 겹겹이 배치합니다.

13 여러 개 배치된 잉크 이미지의 크기를 조절해보겠습니다. ❶Shift를 누른 채 잉크 이미지 레이어를 클릭하여 다중 선택합니다. ❷Ctrl+T를 누르고 ❸바운딩 박스의 모서리에 마우스를 대고 Alt+Shift를 누른 채 크기를 조절한 후 ❹Enter를 눌러 변형을 완료합니다.

단축키 TIP ▸ 연속적으로 나열된 레이어 선택 : Shift+클릭
▸ 비연속 레이어 선택 : Ctrl+클릭

14 여러 개 배치된 잉크 이미지를 그룹 레이어로 정리해보겠습니다. ❶Shift를 누른 채 잉크 이미지 레이어를 클릭하여 다중 선택합니다. ❷Ctrl+G를 눌러 그룹 레이어로 정리합니다.

단축키 TIP ▸ 그룹 레이어로 정리 : Ctrl+G

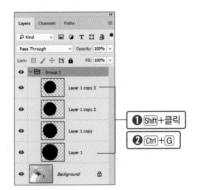

15 [File파일]-[Save저장]((Ctrl)+(S))를 실행하고 'PSD' 파일로 저장합니다.

PART 06

이미지를 정교하게
다뤄보자

펜 툴을 이용한 패스 생성

앞에서는 도형 선택 툴, 올가미 툴, 색상 선택 툴, 퀵 마스크를 이용하여 선택 영역을 지정하는 방법에 대해 알아보았습니다. 이번 파트에서는 선택 영역을 좀 더 정확하게 지정하는 방법에 대해 알아봅니다. 펜 툴을 이용하여 패스를 생성하면 이미지를 정교하게 선택 영역으로 지정할 수 있습니다. 또한 패스를 이용하면 브러시 툴로 원하는 방향대로 정확하게 채색할 수도 있습니다. 이번 파트에서는 펜 툴을 이용하여 패스를 만들고 수정하는 방법을 알아보겠습니다.

CHAPTER 1   펜 툴을 이용한 선택 영역 지정하기

CHAPTER 2   패스를 따라 브러시로 채색하기

펜 툴을 이용한 선택 영역 지정하기

✂ 펜 툴, 패스

펜 툴은 원하는 부분에 점을 찍고, 점과 점이 연결되어 생성된 선을 이용하여 다양한 형태를 만들 수 있습니다. 이때 생성되는 선을 패스라고 합니다. 이미지를 따라서 직선과 곡선의 패스를 생성하면 복잡한 형태의 이미지도 정확하게 선택 영역으로 지정할 수 있습니다. 패스를 익숙하게 다루려면 많은 시간과 노력이 필요합니다. 하지만 정확한 선택 영역 지정을 위해서는 절대적으로 필요한 기능이므로 꼭 숙지하기 바랍니다.

핵심 기능 | 펜 툴의 종류 살펴보기

- **펜 툴(⬛)** : 패스를 생성합니다.
- **자유 형태 펜 툴(⬛)** : 자유롭게 패스를 생성합니다.
- **기준점 추가 툴(⬛)** : 패스에 기준점을 추가합니다.
- **기준점 삭제 툴(⬛)** : 패스의 기준점을 삭제합니다.
- **기준점 변환 툴(⬛)** : 앵커 포인트를 클릭해 곡선을 직선으로, 직선을 곡선으로 변경합니다.

  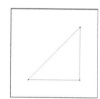 

▲ 펜 툴　　　▲ 자유 형태 펜 툴　　　▲ 기준점 추가 툴　　　▲ 기준점 삭제 툴　　　▲ 기준점 변환 툴

핵심 기능 | 펜 툴의 옵션 살펴보기

❶ **툴 모드 선택** : 펜 툴에서 사용할 수 있는 모드를 선택합니다.

　Shape : 면과 선을 이용해 객체를 패스로 생성합니다.

　Path : 이미지를 따라서 직선과 곡선의 패스를 생성합니다. 이미지를 정확하게 선택 영역으로 지정할 때 사용합니다.

　Pixels : 패스는 생성하지 않고, 픽셀의 이미지를 생성합니다.

❷ **패스 변환** : 생성된 패스를 레이어에서 사용할 수 있도록 변환합니다.

Selection : 생성된 패스를 선택 영역으로 지정합니다.

Mask : 패스 영역만큼 레이어의 이미지가 보이도록 생성된 패스를 레이어의 마스크로 변환합니다.

Shape : 생성된 패스를 객체로 변환합니다.

❸ **연산 & 정렬 :** 생성되는 패스의 연산, 정렬, 배열을 수정합니다.

연산 : 연산을 이용하여 패스를 더하거나 빼서 패스를 생성합니다.

정렬 : 생성된 패스를 가로, 세로 축으로 정렬하거나 간격을 조절합니다.

배열 : 생성된 패스의 앞, 뒤의 배열을 수정합니다.

❹ **점 추가/삭제 :** 옵션 체크 시 생성된 패스에 점을 추가하거나 삭제합니다.

패스를 이용한 이미지의 정확한 선택 영역 지정

POINT SKILL   펜 툴, 이동 툴, 레이어 채색, 필터 : Gaussian Blur^{가우시안 흐림 효과}+Motion Blur^{동작 흐림 효과}

HOW TO   패스를 이용해 바나나 이미지를 정확하게 선택 영역으로 지정한 후 선택 영역으로 지정된 바나나 이미지를 다른 작업 창으로 이동하고, 좀 더 입체적으로 보이게 그림자를 만들어보겠습니다.

Before	Part06\06_001.jpg

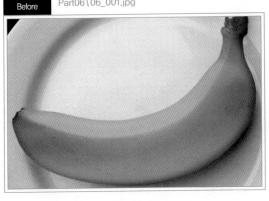

After	Part06\06_001(완성).psd

01 ❶[File^{파일}]−[Open^{열기}]([Ctrl]+[O])을 실행하고 Part06 폴더에서 '06_001.jpg' 파일을 불러옵니다. ❷툴 패널에서 펜 툴을 선택하고, ❸상단 옵션 바에서 'Path', 연산은 'Combine Shapes'로 선택합니다.

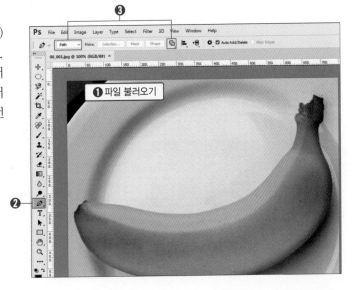

02 패스를 정확하게 생성하기 위해 ❶ Ctrl + Space 를 누른 채 드래그하여 작업 창을 확대합니다. ❷ 펜 툴로 시작점을 클릭하고, ❸ 이미지의 방향이 바뀌는 두 번째 지점을 클릭한 채 드래그합니다. 이 때 드래그하면서 생성되는 곡선의 패스는 이미지를 따라서 조절합니다. ❹ 세 번째 지점도 클릭한 채 드래그합니다.

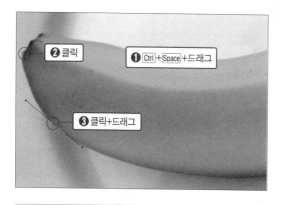 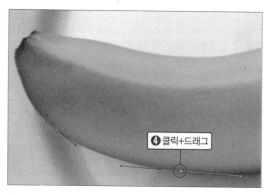

작업의 이해를 위한 **TIP** ▸ 패스의 핸들은 다음에 생성되는 패스의 크기와 곡선의 기울기 정도를 조절합니다. 정확한 선택 영역을 지정하기 위해서는 패스가 이미지를 따라서 매끄럽게 생성될 수 있도록 핸들을 제어해야 합니다.

단축키 **TIP** ▸ 이미지의 원하는 부분 확대 : Ctrl + Space + 드래그

03 Space 를 누른 채 작업 창을 드래그하여 안 보이는 부분으로 이동합니다. 이미지의 방향이 바뀌는 지점에 펜 툴을 클릭한 채 드래그하고, 패스를 제어하는 핸들은 이미지의 진행 방향에 맞춰 조절합니다.

  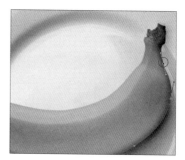

단축키 **TIP** ▸ 손 툴 : Space + 드래그

04 패스를 정확하게 생성하기 위해 ❶ Ctrl + Space 를 누른 채 드래그하여 작업 창을 확대합니다. ❷ 이미지의 방향이 바뀌는 지점에 펜 툴을 클릭한 채 드래그합니다.

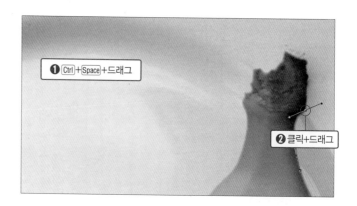

05 이미지의 진행 방향이 변경되는 점에 [Alt]를 누른 채 클릭해서 핸들을 제거합니다.

작업의 이해를 위한 **TIP** ▶ 패스의 핸들은 이미지를 따라서 매끄러운 곡선의 패스를 생성할 수 있도록 도와줍니다. 이미지의 진행 방향에서 곡선이 끊어진 부분은 핸들을 제거해야 합니다.

단축키 **TIP** ▶ 핸들 제거 : [Alt]+점 클릭

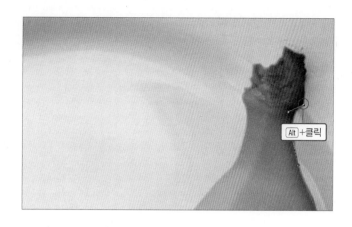

06 같은 방법으로 이미지의 방향이 바뀌는 지점에 펜 툴을 클릭한 채 드래그합니다. 그리고 이미지의 진행 방향이 변경되는 점에 [Alt]를 누른 채 클릭해서 핸들을 제거합니다.

07 작업 창의 크기를 조절하며 패스 작업을 계속 진행합니다.

08 마지막으로 시작점을 클릭하여 패스를 면으로 연결합니다.

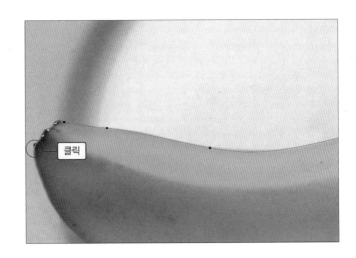

09 생성된 패스를 매끄럽게 수정하기 위해 툴 패널에서 직접 선택 툴을 선택합니다.

10 수정하려는 점을 드래그하여 선택한 후 점과 핸들을 이용해 패스를 수정합니다.

작업의 이해를 위한 **TIP** ▶ 직접 선택 툴은 패스의 점을 선택하여 형태를 정교하게 수정할 때 사용합니다.

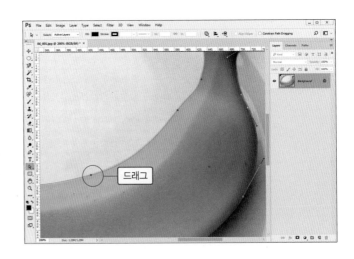

11 생성된 패스를 작업 창에 저장하기
위해 ❶[Window창]-[Paths패스]를 실행
합니다. ❷ 패스 패널이 나타나면 'Work
Path'를 더블클릭합니다. ❸[Save Path]
대화상자가 나타나면 패스 이름을 입력하
고 ❹〈OK〉 버튼을 클릭합니다.

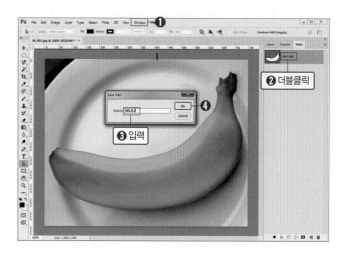

작업의 이해를 위한 **TIP** ▶ 'Work Path'는 작업 중인 패스
입니다. 생성된 패스를 작업 창에 영구적으로 남겨두기 위
해서는 패스를 저장해야 합니다.

12 생성된 패스를 선택 영역으로 지정
해보겠습니다. ❶ 툴 패널에서 펜 툴을 선
택하고, ❷ 상단 옵션 바에서 'Selection'
을 클릭합니다.

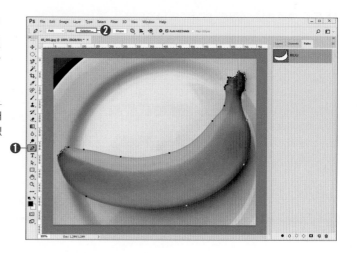

작업의 이해를 위한 **TIP** ▶ Ctrl을 누른 채 해당 패스 레이어
의 섬네일을 클릭하면 패스를 선택 영역으로 지정할 수 있
습니다.

13 [Make Selection] 대화상자가 나
타나면 ❶'Feather Radius'에 '0'을 입력
하고 ❷〈OK〉 버튼을 클릭합니다.

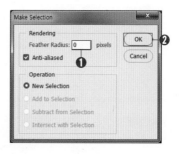

작업의 이해를 위한 **TIP** ▶ 'Feather'는 선택 영역의 경계선
을 부드럽게 지정하는 옵션으로, 매끄럽게 선택 영역을 지
정하기 위해서 'Feather Radius' 항목에 '0'을 입력합
니다.

14 바나나 이미지를 배치할 작업 창을 생성하겠습니다. [File ^{파일}]-[New 새로 만들기]([Ctrl]+[N])를 실행하고 ❶ 'Width=750Pixels', 'Height=600 Pixels', 'Resolution =72Pixels /Inch', 'Color Mode= RGB Color' 'Background Contents =White'로 선택하고 ❷ 〈Create〉 버튼을 클릭합니다.

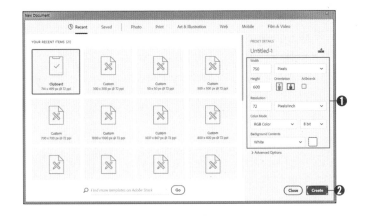

15 ❶툴 패널에서 이동 툴을 선택하고, ❷선택 영역으로 지정된 바나나 이미지를 생성한 작업 창으로 드래그하여 이동합니다. ❸바나나를 패스로 생성한 작업 창은 저장 후 닫습니다.

작업의 이해를 위한 **TIP** ▶ 패스를 생성한 작업 창은 [File]-[Save]를 실행하여 저장하면 작업 창에 패스도 함께 저장됩니다. 따라서 저장된 패스를 이용해 선택 영역을 영구적으로 지정할 수 있습니다.

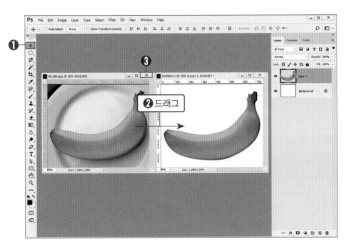

16 배치된 바나나 이미지의 크기를 수정하기 위해 ❶[Ctrl]+[T]를 누르고 ❷바운딩 박스의 모서리에 마우스를 대고 [Alt]+[Shift]를 누른 채 크기를 축소합니다. 크기가 조절된 이미지는 ❸[Enter]를 눌러 변형을 완료합니다.

작업의 이해를 위한 **TIP** ▶ 크기 조절 시 [Alt]를 누르면 바운딩 박스의 가운데를 기준으로, [Shift]를 누르면 이미지의 가로, 세로 비율을 맞춰 조절할 수 있습니다.

단축키 **TIP** ▶ 이미지 크기 조절 : [Ctrl]+[T]

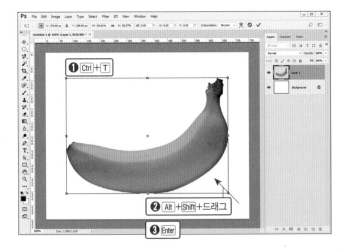

17 ❶배경을 채색하기 위해 배경 레이어를 선택합니다. ❷전경색을 클릭해 배경에 채색할 색상을 지정합니다. ❸Alt +Delete를 눌러 배경 레이어에 전경색을 채웁니다.

단축키 TIP ▶ 전경색 채우기 : Alt +Delete
▶ 배경색 채우기 : Ctrl +Delete

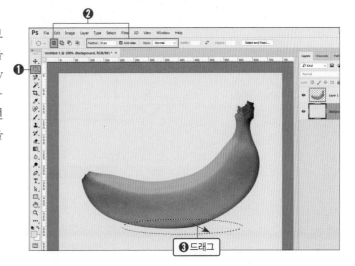

❷ #faf3d1

18 바나나 이미지에 그림자를 만들어보겠습니다. ❶툴 패널에서 원형 선택 툴을 선택합니다. ❷상단 옵션 바에서 'New selection', 'Feather=0px', 'Anti-alias'는 체크하고, 'Style=Normal'로 선택합니다. ❸바나나 이미지 아래 부분을 선택 영역으로 지정합니다.

19 ❶전경색을 검은색으로 지정합니다. ❷레이어 패널에서 새 레이어를 생성하고 ❸Alt +Delete를 눌러 전경색을 채웁니다. ❹Ctrl +D를 눌러 선택 영역을 해지합니다.

단축키 TIP ▶ 선택 영역 해지 : Ctrl +D

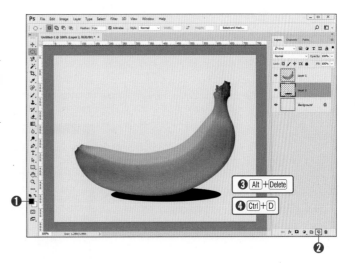

20 그림자가 부드럽게 보이도록 효과를 적용해보겠습니다. [Filter 필터]-[Blur 흐림 효과]-[Gaussian Blur 가우시안 흐림 효과]를 실행합니다.

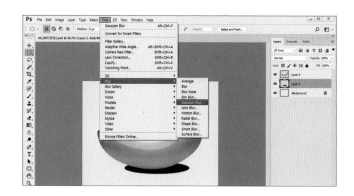

21 [Gaussian Blur] 대화상자가 나타나면 **❶** 'Radius'를 조절한 후 **❷** 〈OK〉 버튼을 클릭합니다.

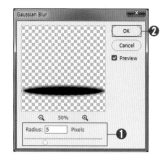

22 계속해서 [Filter 필터]-[Blur 흐림 효과]-[Motion Blur 동작 흐림 효과]를 실행합니다. [Motion Blur] 대화상자가 나타나면 **❶** 'Angle=0', 'Distance=150'으로 조절한 후 **❷** 〈OK〉 버튼을 클릭합니다.

작업의 이해를 위한 **TIP** ▶ [Motion Blur]는 이미지의 양 끝을 입력한 각도의 방향으로 당기듯이 표현할 때 적용할 수 있는 필터입니다.

23 레이어 패널에서 'Opacity'를 '70%'로 조절해 그림자 이미지의 불투명도를 조절합니다.

24 [File 파일]-[Save 저장]([Ctrl]+[S])를 실행하고 'PSD' 파일로 저장합니다.

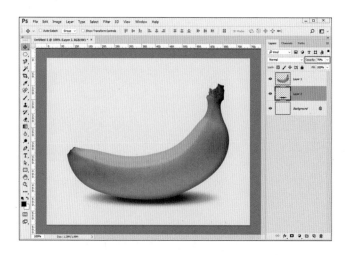

패스를 따라 브러시로 채색하기

✂ 패스 획 기능

패스 획 기능을 이용하면 브러시 툴로 원하는 방향을 따라서 정확하게 채색할 수 있습니다. 먼저 펜 툴로 패스를 생성하고 레이어 패널에서 새 레이어를 생성합니다. 그리고 브러시 툴의 필요한 옵션을 조절한 후 패스 획 기능을 적용해야 합니다.

PART

6

이미지를 정교하게 다뤄보자

핵심기능 **패스 획 기능의 작업 순서 살펴보기**

01 ❶툴 패널에서 펜 툴을 선택하고, ❷상단 옵션 바에서 'Path', 연산은 'Combine Shapes'로 선택합니다. ❸펜 툴로 시작점을 클릭하고 ❹방향이 바뀌는 지점을 클릭한 채 드래그하여 패스를 생성합니다.

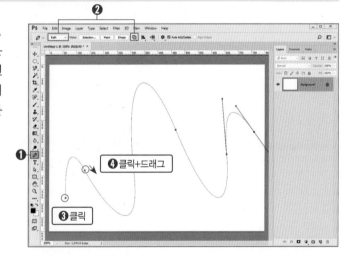

02 ❶레이어 패널에서 새 레이어를 생성합니다. ❷툴 패널에서 브러시 툴을 선택하고, ❸상단 옵션 바에서 브러시 목록을 클릭하여 원하는 브러시 종류를 선택합니다. ❹전경색을 클릭하고 브러시 툴로 채색할 색상을 지정합니다.

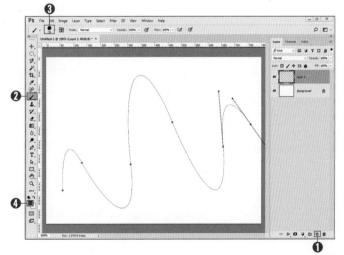

03 ❶ [Window창]–[Path패스]를 실행하여 패스 패널을 열고 ❷ 패스 레이어에서 마우스 오른쪽 버튼을 클릭한 후 ❸ 'Stroke Path패스 확'를 선택합니다.

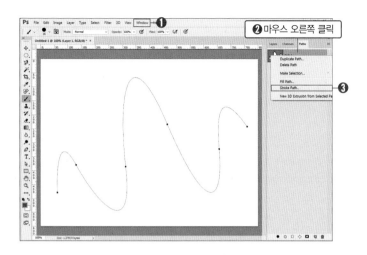

04 [Stroke Path] 대화상자가 나타나면 ❶ 'Tool'을 'Brush'로 선택하고 ❷ ⟨OK⟩ 버튼을 클릭합니다.

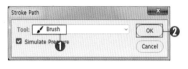

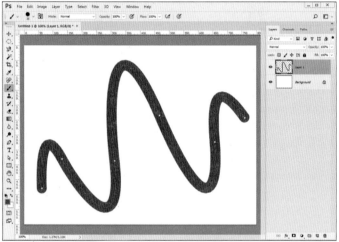

패스 획 기능을 이용한 구름 효과 만들기

POINT SKILL 외부 브러시, 브러시 옵션 조절, 패스 획

HOW TO 하늘 이미지에 비행기가 지나간 경로를 펜 툴의 패스로 생성한 후 구름 형태를 가진 외부 브러시를 불러와서 브러시 목록에 추가하고, 패스를 따라서 채색한 구름 효과를 만들어보겠습니다.

Before　Part06\06_002.jpg

After　Part06\06_002(완성).psd

01 ❶[File 파일]-[Open 열기](Ctrl+O)을 실행하고 Part06 폴더에서 '06_002.jpg' 파일을 불러옵니다. ❷툴 패널에서 브러시 툴을 선택하고, ❸상단 옵션 바에서 브러시 목록을 클릭합니다.

02 ❶브러시 설정 버튼을 클릭하고 ❷'Load Brushes'를 선택합니다. [Load] 대화상자가 나타나면 Part06 폴더에서 '06_003.abr' 외부 브러시 파일을 선택한 후 〈Load〉 버튼을 클릭합니다.

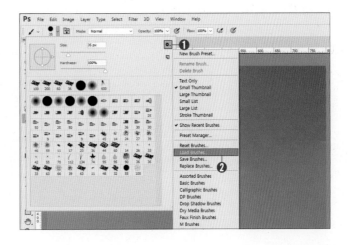

03 브러시 목록에 불러온 외부 브러시가 나타나면 'cloud' 브러시를 선택합니다.

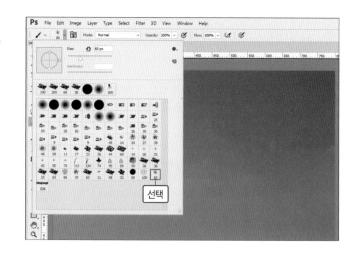

04 불러온 'cloud' 브러시의 옵션을 조절하기 위해 [Window창]-[Brush브러시]([F5])를 실행합니다. 브러시 패널이 나타나면 ❶ 'Shape Dynamics'를 선택하고, ❷'Size Jitter=100%', ❸'Angle Jitter=100%'로 입력합니다. 그리고 ❹'Size Jitter'의 옵션을 'Pen Pressure', ❺'Angle Jitter'의 옵션을 'Direction'으로 선택합니다.

작업의 이해를 위한 **TIP** ▶ 구름 브러시의 크기를 'Pen Pressure'로 선택하면 브러시의 처음과 끝을 얇게 조절해서 채색할 수 있습니다. 그리고 방향을 'Direction'으로 선택하면 브러시 툴로 드래그하는 방향에 따라 구름을 채색할 수 있습니다.

05 ❶ 전경색을 흰색으로 지정하고 ❷레이어 패널에서 새 레이어를 생성합니다.

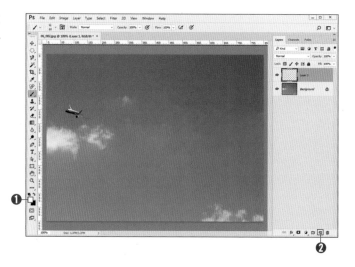

06 ❶ [Window창]-[Paths패스]를 실행하여 패스 패널을 열고, ❷ 패스 레이어에서 마우스 오른쪽 버튼을 클릭하여 ❸ 'Stroke Path패스 획'를 선택합니다.

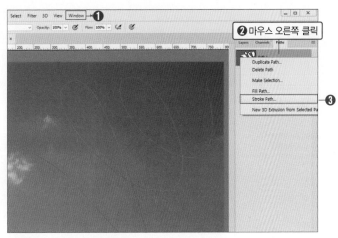

───

작업의 이해를 위한 **TIP** ▶ 펜 툴로 패스를 직접 생성해야하지만, 본 예제에서는 이미지에 미리 생성된 패스를 사용하였습니다.

───

07 [Stroke Path] 대화상자가 나타나면 ❶ 'Tool'을 'Brush'로 선택하고 ❷ 'Simulate Pressure' 옵션을 체크한 후 ❸ 〈OK〉 버튼을 클릭합니다. ❹ 패스 패널의 빈 공간을 클릭해 활성된 패스의 선택을 해지합니다.

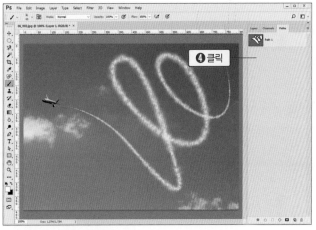

───

작업의 이해를 위한 **TIP** ▶ 브러시 패널에서 선택한 'Pen Pressure'를 적용하기 위해서는 [Stroke Path] 대화상자에서 'Simulate Pressure' 옵션을 체크해야 합니다.

───

08 [File파일]-[Save저장]([Ctrl]+[S])를 실행하고 'PSD' 파일로 저장합니다.

패스 획 기능을 이용한 네온 문자 만들기

POINT SKILL 패스 획, 레이어 채색, 블렌딩 모드

20 min

HOW TO 패스로 생성된 문자 형태를 따라서 브러시를 채색한 후 벽돌 배경과 자연스럽게 합성해 밝게 빛나는 네온 문자를 만들어 보겠습니다.

Before Part06\06_004.jpg

After Part06\06_004(완성).psd

01 ❶[File 파일]−[Open 열기]((Ctrl)+(O))을 실행하고 Part06 폴더에서 '06_004. jpg' 파일을 불러옵니다. ❷툴 패널에서 브러시 툴을 선택하고, ❸상단 옵션 바에서 브러시 목록을 클릭하여 ❹브러시 종류는 'Soft Round', 크기는 '20px'로 설정합니다. ❺'Mode=Normal', 'Opacity=100%', 'Flow=100%'로 선택합니다.

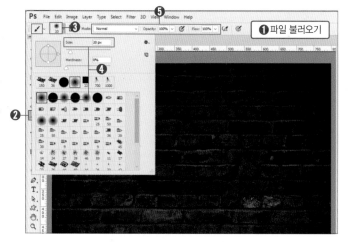

02 ❶전경색을 분홍색으로 지정합니다. ❷레이어 패널에서 새 레이어를 생성합니다.

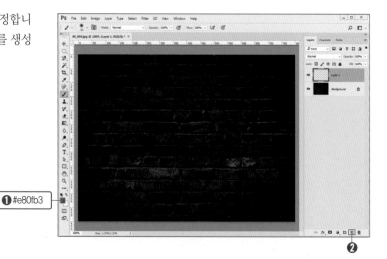

❶#e80fb3

03 ❶패스 패널을 선택하고, ❷'Path 1' 패스에서 마우스 오른쪽 버튼을 클릭하여 ❸'Stroke Path'를 선택합니다. ❹[Stroke Path] 대화상자가 나타나면 'Tool'을 'Brush'로 선택하고 ❺〈OK〉 버튼을 클릭합니다.

작업의 이해를 위한 **TIP** ▸ 패스 패널은 [Window]- [Paths]를 실행하여 열거나 닫을 수 있습니다.

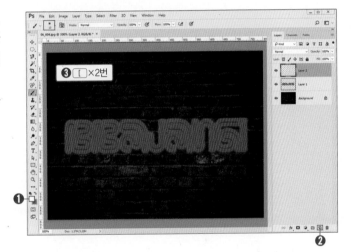

04 ❶전경색을 흰색으로 지정합니다. ❷레이어 패널에서 새 레이어를 생성합니다. ❸ⓘ를 두 번 눌러 브러시 툴의 크기를 '10px'로 작게 조절합니다.

단축키 **TIP** ▸ 브러시 툴의 크기 조절 : ⓘ, ⓘ

05 ❶패스 패널을 선택하고, ❷'Path 1' 패스에서 마우스 오른쪽 버튼을 클릭하여 ❸'Stroke Path'를 선택합니다. ❹[Stroke Path] 대화상자가 나타나면 'Tool'을 'Brush'로 선택하고 ❺〈OK〉 버튼을 클릭합니다.

06 흰색으로 채색한 문자와 분홍색으로 채색한 문자가 자연스럽게 합성되도록 ❶레이어 패널을 선택한 후 ❷블렌딩 모드를 'Overlay'를 선택합니다.

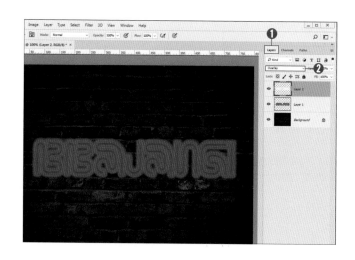

07 ❶레이어 패널에서 새 레이어를 생성하고 ❷ ⌈ ⌉를 네 번 눌러 브러시 툴의 크기를 '6px'로 작게 조절합니다.

08 ❶패스 패널을 선택하고, ❷'Path 1' 패스에서 마우스 오른쪽 버튼을 클릭하여 ❸'Stroke Path패스 확'를 선택합니다. ❹[Stroke Path] 대화상자가 나타나면 'Tool'을 'Brush'로 선택하고 ❺〈OK〉 버튼을 클릭합니다.

09 네온 문자의 그림자를 만들기 위해 ❶ 전경색을 검은색으로 지정합니다. ❷ 레이어 패널에서 새 레이어를 생성하고, ❸ ①를 다섯 번 눌러 브러시 툴의 크기를 '15px'로 크게 조절합니다.

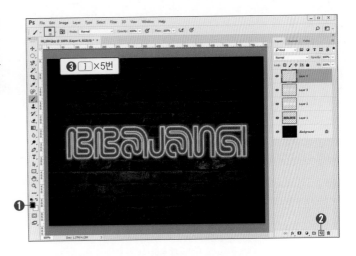

10 ❶ 패스 패널을 선택하고, ❷ 'Path 1' 패널에서 마우스 오른쪽 버튼을 클릭하여 ❸ 'Stroke Path 패스 획'를 선택합니다. ❹ [Stroke Path] 대화상자가 나타나면 'Tool'을 'Brush'로 선택하고 ❺ 〈OK〉 버튼을 클릭합니다. ❻ 패스 패널의 빈 공간을 클릭해 활성화된 패스의 선택을 해지합니다.

11 ❶ 레이어 패널을 선택하고, ❷ 그림자가 네온 문자 아래에 배치되도록 레이어 순서를 변경합니다. ❸ 툴 패널에서 이동 툴을 선택하고, ❹ →와 ↓를 여러 번 눌러 그림자를 옆으로 비스듬히 이동합니다.

단축키 **TIP** ▸ 레이어 순서 변경 : Ctrl + ①, ①

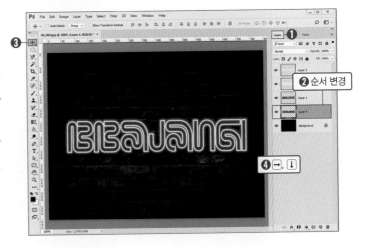

12 ❶ 툴 패널에서 브러시 툴을 선택합니다. 상단 옵션 바에서 ❷ 브러시 목록을 클릭하여 브러시 종류는 'Soft Round', 크기는 '400px'로 설정하고, ❸ 'Mode=Normal', 'Opacity=30%', 'Flow=100%'로 설정합니다. ❹ 전경색을 분홍색으로 지정하고, ❺ 레이어 패널에서 새 레이어를 생성합니다. ❻ 생성된 레이어를 'Background' 레이어 위로 순서를 변경합니다.

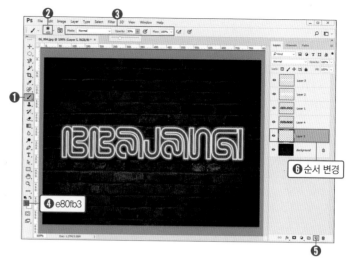

작업의 이해를 위한 **TIP** ▶ 네온 문자 주변을 밝게 보이도록 채색하는 빛을 벽돌 배경에 은은하게 채색하기 위해서 브러시 툴의 상단 옵션 바에서 'Opacity'를 조절하였습니다.

13 브러시 툴로 네온 문자 주변을 채색합니다.

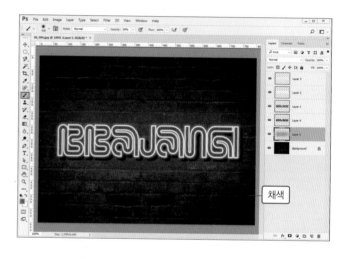

14 채색된 색상이 벽돌 배경과 자연스럽게 합성되도록 블렌딩 모드를 'Overlay'로 선택합니다.

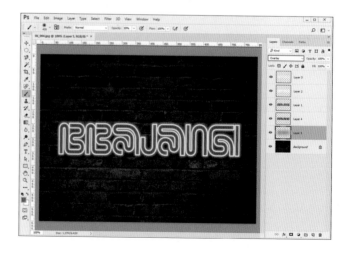

15 네온 문자 주변이 좀 더 밝아 보이도록 채색해보겠습니다. ❶ 전경색을 흰색으로 지정하고, ❷ 레이어 패널에서 새 레이어를 생성합니다. ❸ 생성된 레이어 순서를 맨 위로 이동한 후, ❹ 브러시 툴로 네온 문자 주변을 채색합니다.

16 채색된 색상이 배경 이미지와 자연스럽게 합성되도록 블렌딩 모드를 'Overlay'로 선택합니다.

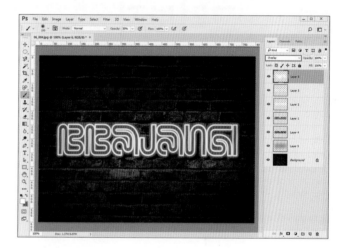

17 레이어 패널에서 ❶ Shift 를 누른 채 네온 문자 관련 레이어를 클릭하여 다중 선택하고 ❷ Ctrl + G 를 눌러 그룹 레이어로 정리합니다.

단축키 **TIP** ▶ 연속적으로 나열된 레이어 선택 : Shift +클릭
▶ 비연속 레이어 선택 : Ctrl +클릭
▶ 그룹 레이어로 정리 : Ctrl + G

18 [File 파일]–[Save 저장](Ctrl + S)를 실행하고 'PSD' 파일로 저장합니다.

PART 07

이미지가 아닌 객체를
그려보자

도형 툴을 이용한 객체 생성 & 레이어 스타일

포토샵에서 도형 툴을 이용하면 벡터 형식의 객체를 그릴 수 있습니다. 기본 도형 툴로 생성하는 객체 외에도 사용자 정의 모양 툴의 셰이프를 이용하면 포토샵에서 제공하는 다양한 형태의 객체를 쉽고 빠르게 만들 수 있습니다. 벡터 기반의 객체는 이미지가 아니므로 효과를 적용할 수 없습니다. 이때는 레이어 스타일을 이용합니다. 레이어 스타일은 이미지 레이어, 문자 레이어, 객체 레이어 등에 그림자, 빛, 테두리, 채색 등의 스타일을 적용할 수 있는 기능입니다. 이번 파트에서는 도형 툴을 이용하여 객체를 만들고 객체에 다양한 효과를 적용하는 레이어 스타일에 대해 알아보겠습니다.

CHAPTER 1   객체 그리기

CHAPTER 2   레이어의 요소를 다양하게 표현하기

객체 그리기

⚒ 도형 툴

도형 툴은 면과 선을 이용해서 객체를 패스로 생성합니다. 도형 툴로 생성한 객체는 크기를 확대해도 경계면의 깨짐 현상이 없어 벡터 기반의 셰이프라고도 합니다. 벡터 기반의 셰이프는 주로 홈페이지의 메뉴 바, 아이콘 등을 만들 때 자주 사용됩니다. 대신, 벡터 기반의 셰이프는 이미지가 아니므로 브러시 툴이나 그레이디언트 툴로 채색하거나 색상을 보정하는 효과 등을 적용할 수 없습니다.

핵심기능 도형 툴의 종류 살펴보기

- **사각형 툴(▢)** : 사각형으로 패스를 생성합니다.
- **둥근 사각형 툴(▢)** : 둥근 사각형으로 패스를 생성합니다.
- **원형 툴(◯)** : 원형으로 패스를 생성합니다.
- **다각형 툴(◯)** : 다각형으로 패스를 생성합니다.

- **선 툴(◯)** : 선으로 패스를 생성합니다.
- **사용자 정의 모양 툴(◯)** : 포토샵에서 제공되는 다양한 형태의 셰이프를 생성합니다.

▲ 사각형 셰이프

▲ 둥근 사각형 셰이프

▲ 원형 셰이프

▲ 다각형 셰이프

▲ 선 셰이프

▲ 사용자 셰이프

핵심기능 도형 툴의 옵션 살펴보기

❶ **툴 모드 선택** : 펜 툴에서 사용할 수 있는 모드를 선택합니다.

❷ **Fill** : 생성된 패스 내부에 채색되는 면의 색상을 지정합니다.

❸ **Stroke** : 패스를 따라서 채색되는 선의 색상과 두께를 지정합니다.

❹ **크기** : 생성되는 객체의 크기를 지정합니다.

❺ **연산 & 정렬** : 생성되는 객체의 연산, 정렬, 배열을 수정합니다.

❻ **점 추가/삭제** : 옵션 체크 시 생성된 패스에 점을 추가하거나 삭제합니다.

<table>
<tr><td>따라하기
기본예제</td><td rowspan="2">사용자 정의 모양 툴을 이용한 비구름 만들기</td></tr>
<tr><td>⏳
10 min</td></tr>
</table>

POINT SKILL 도형 툴, 블렌딩 모드

HOW TO 사용자 정의 모양 툴은 기본 도형 형태뿐 아니라 아이콘을 만들 때 사용할 수 있는 다양한 형태의 도형을 제공하고 있습니다. 이번 예제에서는 사용자 정의 모양 툴을 이용하여 구름과 물방울 객체를 만들고 나무 배경과 자연스럽게 합성해보겠습니다.

Before Part07\07_001.jpg	After Part07\07_001(완성).psd

01 ❶[File 파일]–[Open 열기]([Ctrl]+[O])을 실행하고 Part07 폴더에서 '07_001.jpg' 파일을 불러옵니다. ❷툴 패널에서 사용자 정의 모양 툴을 선택합니다. ❸상단 옵션 바에서 툴 모드를 'Shape'로 선택하고, ❹'Fill'을 검은색, 'Stroke'을 '색상 없음'으로 지정한 후, ❺연산을 'New Layer'로 선택합니다.

작업의 이해를 위한 **TIP** ▶ 도형 툴의 'Stroke' 옵션은 Adobe Photoshop CS6 버전부터 추가되었습니다.

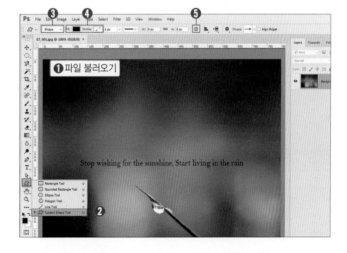

02 계속해서 ❶셰이프 목록을 클릭하여 ❷설정 버튼을 클릭하고 ❸'All'을 선택합니다. [Replace current shapes with theshapes from All?] 대화상자가 나타나면 〈OK〉 버튼을 클릭합니다.

작업의 이해를 위한 **TIP** ▶ 'All'을 선택하면 포토샵에서 제공하는 사용자 정의 모양 전체를 목록으로 불러올 수 있습니다.

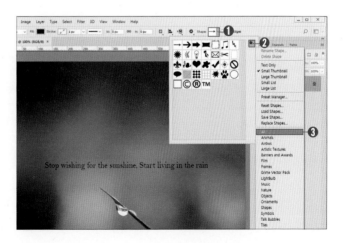

03 ❶ 세이프 목록에서 'Cloud 1'을 선택합니다. ❷ 마우스로 드래그하여 구름 객체를 생성합니다.

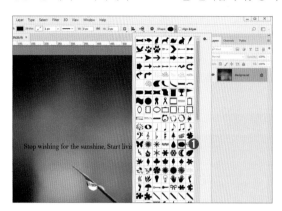 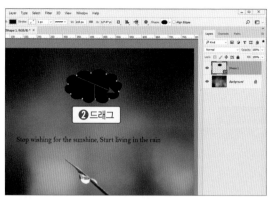

04 사용자 정의 모양 툴의 상단 옵션 바에서 ❶ 연산을 'Combine Shapes'로 선택합니다. ❷ 세이프 목록을 클릭해 ❸ 'Raindrop'을 선택합니다.

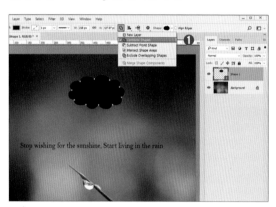 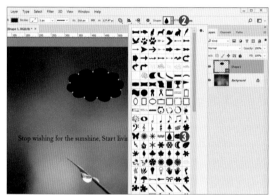

작업의 이해를 위한 **TIP** ▶ 구름 객체 레이어에 물방울 객체를 추가로 생성하기 위해 연산을 'Combine Shapes'(모양 결합)로 선택하였습니다.

05 구름 모양 아래에 마우스로 드래그 하여 물방울 객체를 여러 개 생성합니다.

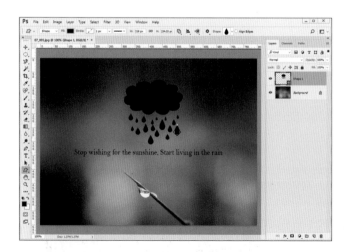

06 생성된 객체의 크기를 수정해보겠습니다. ❶툴 패널에서 패스 선택 툴을 선택합니다. ❷수정하려는 객체를 클릭하고 ❸Ctrl+T를 누릅니다. ❹크기를 조절한 후 Enter를 누릅니다.

작업의 이해를 위한 **TIP** ▶ 사용자 정의 모양 툴로 생성한 객체의 크기 및 위치를 수정할 때는 패스 선택 툴로 객체를 클릭하여 선택한 후 수정합니다.

단축키 **TIP** ▶ 이미지 크기 조절 : Ctrl+T

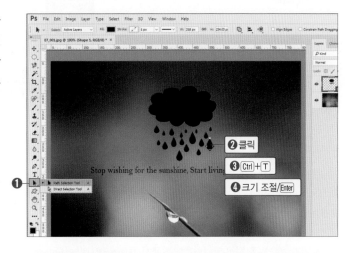

07 같은 방법으로 물방울 객체의 크기를 다양하게 조절합니다.

08 비구름 객체가 나무 배경과 자연스럽게 합성되도록 블렌딩 모드를 'Soft Light'로 선택합니다.

09 [File파일]-[Save저장](Ctrl+S)를 실행하고 'PSD' 파일로 저장합니다.

레이어의 요소를 다양하게 표현하기

⚒ 레이어 스타일

레이어 스타일은 레이어 패널에 생성된 이미지, 문자, 객체 레이어에 그림자, 빛, 입체감, 테두리 등의 스타일을 적용하여 다양하게 표현할 수 있는 기능입니다. 레이어 스타일은 레이어에 배치된 요소가 입체적으로 돋보이도록 표현할 때 자주 사용됩니다. 메뉴에서 [Layer레이어]-[Layer Style레이어 스타일]를 실행하거나, 레이어 패널 하단의 'Add a layer style'을 클릭하여 원하는 스타일을 적용할 수 있습니다.

> 핵심 기능 **레이어 스타일의 옵션 살펴보기**

❶ **Bevel & Emboss**경사와 엠보스 : 레이어에 배치된 요소가 돌출되어 보이는 입체 효과를 적용할 수 있습니다.

❷ **Stroke**획 : 레이어에 배치된 요소에 테두리를 적용할 수 있습니다.

❸ **Inner Shadow**^{내부 그림자} : 레이어에 배치된 요소 내부에 그림자 효과를 적용할 수 있습니다.

❹ **Inner Glow**^{내부 광선} : 레이어에 배치된 요소 내부에 빛 효과를 적용할 수 있습니다.

❺ **Satin**^{새틴} : 레이어에 배치된 요소에 금속의 광택이나 굴곡 등의 효과를 적용할 수 있습니다.

❻ **Color Overlay**^{색상 오버레이} : 레이어에 배치된 요소에 색상을 적용해 채색할 수 있습니다.

❼ **Gradient Overlay**^{그레이디언트 오버레이} : 레이어에 배치된 요소에 그레이디언트를 적용해 채색할 수 있습니다.

❽ **Pattern Overlay**^{패턴 오버레이} : 레이어에 배치된 요소에 패턴을 적용해 채색할 수 있습니다.

❾ **Outer Glow**^{외부 광선} : 레이어에 배치된 요소 외부에 빛 효과를 적용할 수 있습니다.

❿ **Drop Shadow**^{그림자} : 레이어에 배치된 요소 외부에 그림자 효과를 적용할 수 있습니다.

레이어 스타일을 이용한 퍼즐의 입체 효과 만들기

POINT SKILL 레이어 스타일, 레이어 스타일 복제

HOW TO 레이어 스타일의 Bevel&Emboss를 적용해 퍼즐 이미지가 입체적으로 보이도록 표현해보겠습니다. 그리고 퍼즐 이미지가 두께감이 있어보이도록 Drop Shadow를 적용해 그림자를 표현해보겠습니다.

Before	Part07\07_002.psd

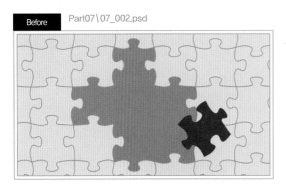

After	Part07\07_002(완성).psd

01 ❶[File 파일]−[Open 열기]([Ctrl]+[O])을 실행하고 Part07 폴더에서 '07_002.psd' 파일을 불러옵니다. ❷레이어 패널에서 '퍼즐 배경' 레이어를 선택하고, ❸레이어 패널 하단의 'Add a layer style'을 클릭한 후, ❹'Bevel Emboss 경사와 엠보스'를 선택합니다.

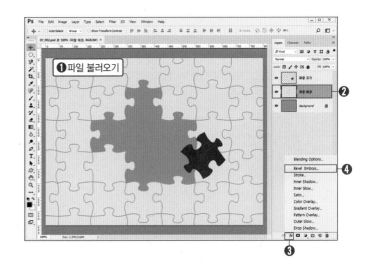

02 퍼즐 배경 이미지가 입체적으로 보이도록 레이어 스타일을 적용해보겠습니다. 'Bevel & Emboss'의 'Structure' 영역에서 ❶'Depth=120%', ❷'Size=5px'로 조절하고, ❸'Shading' 영역에서 'Angle=120°', 'Altitude=60°'로 조절합니다.

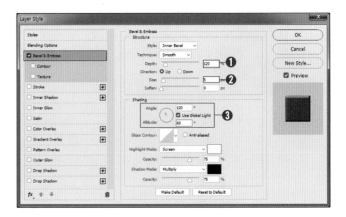

03 퍼즐 배경 이미지가 두께감이 있어보이도록 레이어 스타일을 적용해 보겠습니다. ❶ 'Drop Shadow'의 ❷'Structure' 영역에서 'Opacity=60%', 'Angle=120°', 'Distance=5px', 'Spread=0%', 'Size=3px'로 설정한 후 ❸〈OK〉 버튼을 클릭합니다.

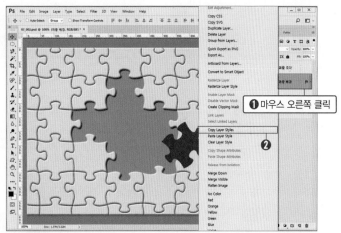

───────────────

작업의 이해를 위한 **TIP** ▸ 레이어 스타일은 적용하는 요소의 크기에 따라서 옵션 영역에서 조절하는 수치가 달라질 수 있습니다.

───────────────

04 퍼즐 배경 이미지에 적용된 레이어 스타일을 복제해보겠습니다. ❶ 레이어 패널에서 '퍼즐 배경' 레이어를 선택하고 마우스 오른쪽 버튼을 클릭하여 ❷'Copy Layer Styles^{레이어 스타일 복사}'를 선택합니다.

❶ 마우스 오른쪽 클릭

───────────────

05 복제한 레이어 스타일을 퍼즐 조각 이미지에 똑같이 적용하기 위해 ❶ 레이어 패널에서 '퍼즐 조각' 레이어를 선택하고 마우스 오른쪽 버튼을 클릭하여 ❷'Paste Layer Style^{레이어 스타일 붙여넣기}'을 선택합니다.

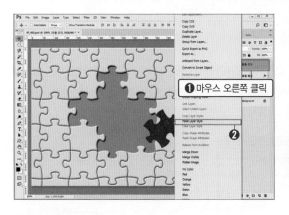

❶ 마우스 오른쪽 클릭

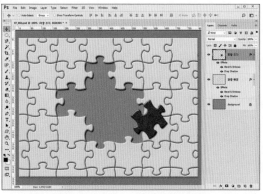

───────────────

06 [File^{파일}]-[Save^{저장}]([Ctrl]+[S])를 실행하고 'PSD' 파일로 저장합니다.

레이어 스타일을 이용한 모바일 아이콘 만들기

POINT SKILL 레이어 스타일, 레이어 스타일 복제, 수정

HOW TO 레이어 스타일을 다양하게 적용해 아이콘 이미지가 입체적으로 보이도록 표현해보겠습니다. 그리고 아이콘의 요소에 적용된 레이어 스타일을 다른 요소에 똑같이 적용하고, 적용된 레이어 스타일을 수정해 좀 더 다채롭게 표현해보겠습니다.

Before Part07\07_003.psd

After Part07\07_003(완성).psd

01 ❶[File파일]-[Open열기]([Ctrl]+[O])을 실행하고 Part07 폴더에서 '07_003. psd' 파일을 불러옵니다. ❷레이어 패널에서 '둥근 사각형' 레이어를 선택하고, ❸레이어 패널 하단의 'Add a layer style'을 클릭한 후, ❹'Gradient Overlay그레이디언트 오버레이'를 선택합니다.

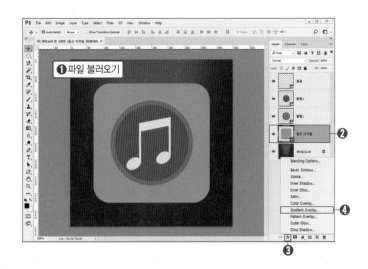

02 'Gradient Overlay'의 'Gradient' 영역에서 ❶그레이디언트 편집기를 클릭합니다. ❷[Gradient Editor] 대화상자가 나타나면 둥근 사각형 객체에 적용할 색상을 지정하고 ❸〈OK〉 버튼을 클릭합니다. ❹'Style=Linear', 'Angle=-45°', 'Scale=70%'로 조절합니다.

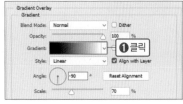

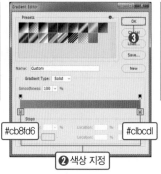
#cb8fd6   #c1bcd1
❷색상 지정

03 둥근 사각형 객체가 입체적으로 보이도록 ❶ 'Bevel&Emboss'를 선택하고, ❷ 'Structure' 영역에서 'Depth=300%', 'Size=4px'로 조절합니다. ❸ 'Shading' 영역에서 'Angle=90°', 'Altitude=30°'로 조절하고 ❹ 'Highlight Mode'의 'Opacity=60%', 'Shadow Mode'의 'Opacity=30%'로 조절합니다.

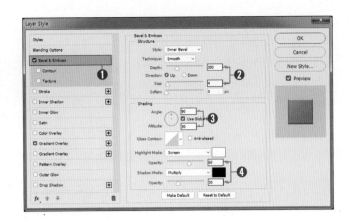

04 둥근 사각형 객체에 두께감을 주기 위해 ❶ 'Drop Shadow'를 선택하고, ❷ 'Structure' 영역에서 'Opacity=50%', 'Angle=90°', 'Distance=5px', 'Spread=0%', 'Size=3px'로 설정한 후 ❸ 〈OK〉 버튼을 클릭합니다.

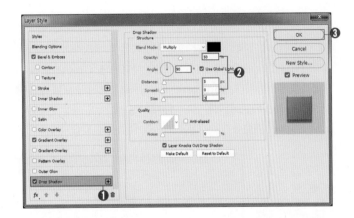

05 둥근 사각형 객체에 적용된 레이어 스타일을 복사하기 위해 ❶ 레이어 패널에서 '둥근 사각형' 레이어를 선택하고 마우스 오른쪽 버튼을 클릭하여 ❷ 'Copy Layer Styles레이어 스타일 복사'를 실행합니다.

06 복사한 레이어 스타일을 '원형1' 객체에 똑같이 적용하기 위해 ❶레이어 패널에서 '원형1' 레이어를 선택하고 마우스 오른쪽 버튼을 클릭하여 ❷'Paste Layer Style^{레이어 스타일 붙여넣기}'을 실행합니다.

07 '원형1' 레이어에 적용된 레이어 스타일을 수정하기 위해 ❶'원형1' 레이어의 'Gradient Overlay'를 더블 클릭합니다. [Layer Style] 대화상자가 나타나면 'Gradient Overlay'의 'Gradient' 영역에서 ❷그레이디언트 편집기를 클릭합니다. [Gradient Editor] 대화상자가 나타나면 ❸왼쪽의 색상 핀을 클릭한 후 ❹그레이디언트 바의 오른쪽 아래를 클릭합니다. ❺배치된 세 개의 색상 핀 간격을 조절한 후 ❻〈OK〉 버튼을 클릭합니다. ❼ [Layer Style] 대화상자도 〈OK〉 버튼을 클릭하여 닫습니다.

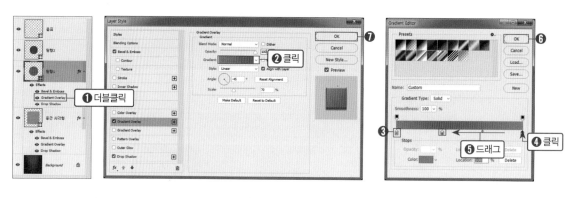

08 '원형2' 객체가 들어가 보이도록 레이어 스타일을 적용해보겠습니다. ❶레이어 패널에서 '원형2' 레이어를 선택합니다. ❷레이어 패널 하단의 'Add a layer style'을 클릭한 후, ❸'Inner Shadow^{내부 그림자}'를 선택합니다. ❹'Structure' 영역에서 'Opacity=50%', 'Angle=90°', 'Distance=10px', 'Spread=0%', 'Size=20px'로 설정 하고 ❺〈OK〉 버튼을 클릭합니다.

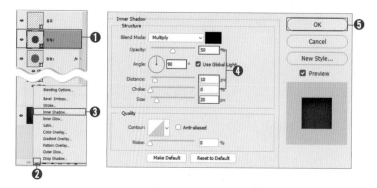

09 음표 객체가 입체적으로 보이도록 레이어 스타일을 적용해보겠습니다. ❶ 레이어 패널에서 '음표' 레이어를 선택합니다. ❷ 레이어 패널 하단의 'Add a layer style'을 클릭한 후, ❸ 'Bevel Emboss^{경사와 엠보스}'를 선택합니다. ❹ 'Structure' 영역에서 'Depth=300%', 'Size=3px'로 설정하고, ❺ 'Shading' 영역에서 'Angle=120°', 'Altitude=30°'로 조절하고 ❻ 'Highlight Mode'의 'Opacity=60%', 'Shadow Mode'의 'Opacity=30%'로 조절합니다.

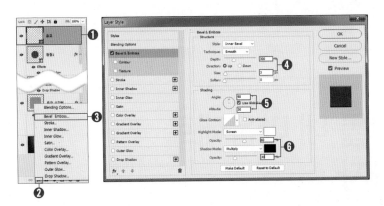

10 음표 객체에 두께감을 주기 위해 ❶ 'Drop Shadow'를 선택하고, ❷ 'Structure' 영역에서 'Opacity=30%', 'Use Global Light' 체크 해지, 'Angle=120°', 'Distance=10px', 'Spread=0%', 'Size=15px'로 설정한 후 ❸ ⟨OK⟩ 버튼을 클릭합니다.

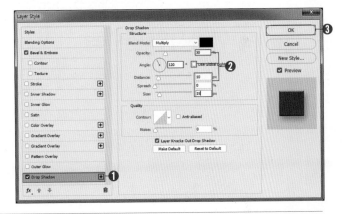

작업의 이해를 위한 **TIP** ▶ 레이어 스타일에서 여러 개의 각도로 조절할 때는 'Angle' 옵션의 'Use Global Light'를 체크 해지해야 합니다. 둥근 사각형과 원형1 객체의 'Drop Shadow'는 'Angle=90°'이었습니다. 음표 객체의 'Drop Shadow'를 'Angle=120°'로 변경하기 위해 'Use Global Light'의 체크를 해지하였습니다.

11 최종 결과물을 확인한 후 [File^{파일}] −[Save^{저장}](Ctrl+S)를 실행하고 'PSD' 파일로 저장합니다.

PART 08

이미지를 내 마음대로
편집하자

이미지의 변형과 크기 조절

포토샵을 사용하면 이미지를 효과적으로 편집할 수 있습니다. 이미지의 불필요한 영역을 잘라내거나, 이미지의 형태를 다양하게 변형할 수도 있고, 원하는 구도로 이미지를 변형해 서로 다른 이미지를 자연스럽게 합성할 수도 있습니다. 또한 포토샵 버전이 업그레이드되면서 추가된 신 기능으로 왜곡되어 촬영된 이미지를 자연스럽게 수정할 수도 있습니다. 이번 파트에서는 이미지의 변형과 크기 조절을 통해 내 맘대로 이미지를 다루는 방법에 대해 알아보겠습니다.

CHAPTER 1   작업 창의 불필요한 영역 자르기

CHAPTER 2   이미지 형태를 자유롭게 변형하기

CHAPTER 3   이미지의 특정 영역은 보호하고 배경만 확장하기

CHAPTER 4   이미지의 동작을 자연스럽게 변형하기

CHAPTER 5   이미지의 구도 바로잡기

작업 창의 불필요한 영역 자르기

🛠 자르기 툴

자르기 툴은 마우스를 드래그하여 이미지의 원하는 영역을 제외한 나머지 영역을 자를 때 사용합니다. 마우스를 드래그하여 생긴 바운딩 박스의 모서리를 조절하면 이미지의 크기를 조절해서 자를 수 있습니다. 또한 바운딩 박스의 모서리를 회전하면 이미지를 원하는 방향으로 회전시켜 자를 수 있습니다.

핵심기능 | 자르기 툴의 종류 살펴보기

- **자르기 툴(📐)** : 이미지의 원하는 부분을 제외한 나머지 부분을 자릅니다.

- **원근 자르기 툴(📐)** : 이미지의 원하는 부분에 원근법을 적용하여 자릅니다.

- **분할 영역 툴(✐)** : 이미지에 영역을 지정하고, 지정된 이미지를 각각 부분별로 나눠 저장합니다.

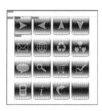

- **분할 영역 선택 툴(✐)** : 분할 영역 툴로 지정된 부분을 선택합니다.

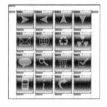

핵심기능 | 자르기 툴의 옵션 살펴보기

❶ **자르기 모드** : 이미지의 비율이나 크기와 해상도를 입력하여 원하는 크기로 자릅니다.

❷ **방향 설정** : 비스듬하게 기울어진 이미지의 방향을 똑바르게 회전시켜 자를 때 사용합니다.

❸ **설정** : 자르기 툴 사용 시 자르는 영역 내부에 보이는 격자 모양의 바운딩 박스 보기 방식을 설정합니다.

❹ **잘라낸 영역 설정** : 자르기 툴로 이미지를 잘라낼 때, 이미지의 잘라낸 영역을 설정합니다.

ⓐ Delete Cropped Pixels : 옵션 체크 시 작업 창은 잘라낸 크기로 보이지만 이미지는 잘려나가지 않습니다.

ⓑ Content-Aware : 옵션 체크 시 회전시켜서 잘라낸 작업 창의 여백을 자연스럽게 채웁니다.

자르기 툴을 이용한 이미지 잘라내기

POINT SKILL 자르기 툴

HOW TO 자르기 툴을 이용하여 비스듬하게 기울어진 이미지의 방향을 똑바르게 잘라보겠습니다.

Before Part08\08_001.jpg

After Part08\08_001(완성).jpg

01 ❶ [File 파일]─[Open 열기](Ctrl + O)
을 실행하고 Part08 폴더에서 '08_001.
jpg' 파일을 불러옵니다. ❷ 툴 패널에서
자르기 툴을 선택합니다. ❸ 상단 옵션
바에서 'Straighten' 아이콘을 클릭하고
❹ 비스듬히 기울어진 이미지 방향을 따
라서 드래그합니다.

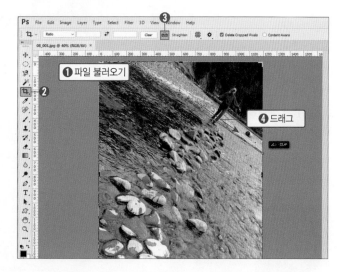

❶ 파일 불러오기

❹ 드래그

작업의 이해를 위한 **TIP** ▶ 'Straighten' 아이콘을 클릭하고 비스듬하게 기울어진 이미지의 방향을 따라서 드래그하면 이미지의 방향을 똑바르게 회전시켜 자를 수 있습니다.

▶ 자르기 툴의 방향 설정 기능은 포토샵 CS6 버전부터 추가되었습니다.

02 드래그한 방향으로 기울어진 이미지가 똑바로 회전되었습니다.

03 바운딩 박스의 크기를 조절하여 이미지의 남겨질 영역을 조절합니다.

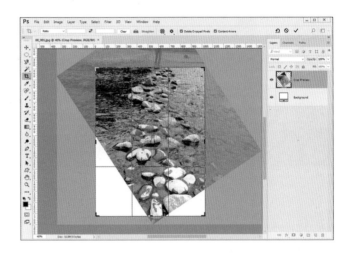

04 ❶ 상단 옵션 바에서 'Content-Aware'를 체크한 후 ❷ Enter 를 누릅니다.

작업의 이해를 위한 **TIP** ▶ 'Content-Aware'는 주변의 내용을 인식하여 자동으로 채워주는 옵션으로, 체크를 해지하면 작업 창의 여백을 자연스럽게 채워서 자를 수 없습니다.

▲ 'Content-Aware' 체크하지 않은 경우

05 [File^{파일}]-[Save As^{다른 이름으로 저장}](Ctrl+Shift+S)를 실행하고 이름을 변경하여 'JPEG' 파일로 저장합니다.

이미지 형태를 자유롭게 변형하기

Transform 메뉴

[Edit편집]-[Transform변형]은 이미지의 형태를 변형하는 메뉴입니다. 단축키 Ctrl+T를 누르고 바운딩 박스를 드래그하면 이미지의 크기를 조절할 수 있고, Ctrl+T를 누르고 바운딩 박스에서 마우스 오른쪽 버튼을 클릭하면 이미지를 변형할 수 있는 다양한 기능을 선택하여 사용할 수 있습니다.

핵심기능

Transform 메뉴 살펴보기

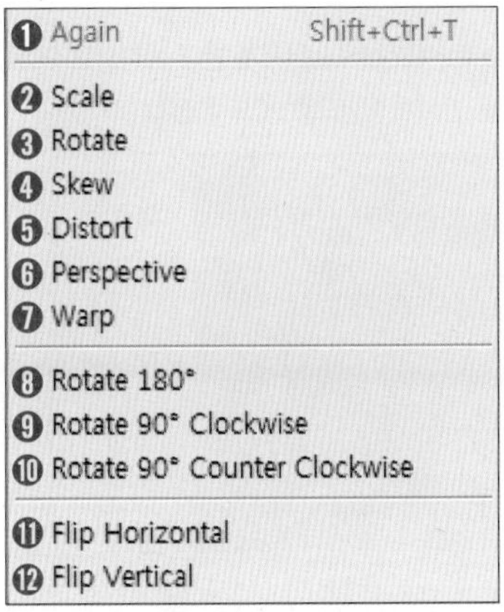
❶ Again Shift+Ctrl+T
❷ Scale
❸ Rotate
❹ Skew
❺ Distort
❻ Perspective
❼ Warp
❽ Rotate 180°
❾ Rotate 90° Clockwise
❿ Rotate 90° Counter Clockwise
⓫ Flip Horizontal
⓬ Flip Vertical

❶ **Again(반복)** : 변형 관련 명령을 적용한 후 활성화되는 메뉴로, 이 전에 적용한 명령을 반복해서 적용할 때 사용합니다.

❷ **Scale(비율)** : 이미지의 크기를 조절합니다.

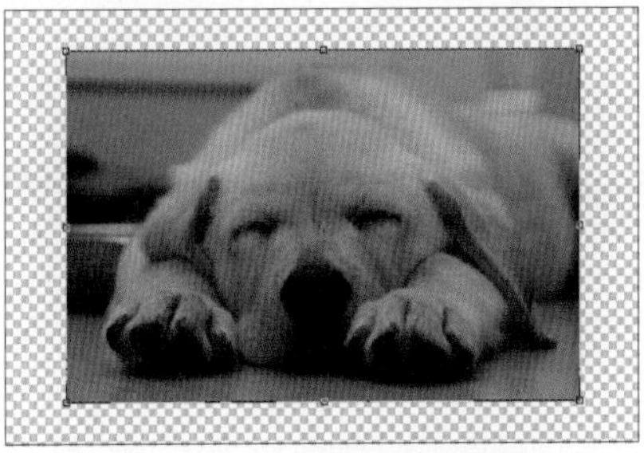

❸ **Rotate(회전)** : 이미지를 회전합니다.

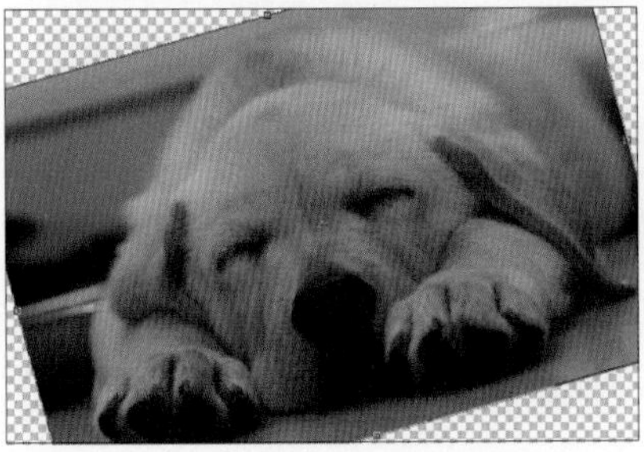

❹ **Skew(기울이기)** : 이미지를 비스듬히 기울여서 변형합니다.

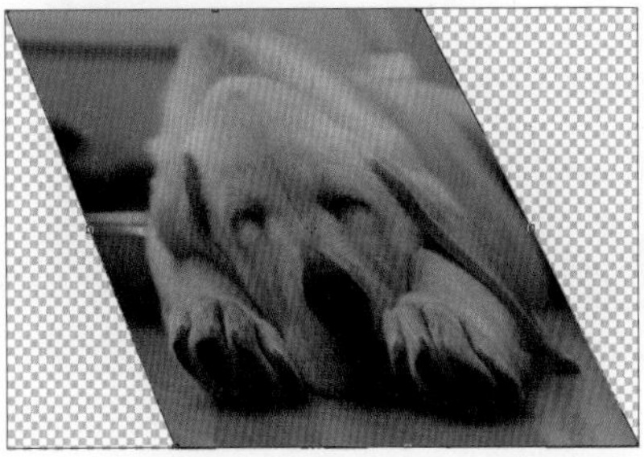

❺ Distort(왜곡) : 이미지의 모서리를 당겨서 왜곡시킵니다.

❻ Perspective(원근) : 이미지를 원근법으로 변형합니다.

❼ Warp(뒤틀기) : 이미지를 곡선 형태로 변형합니다.

❽ Rotate 180°(180도 회전(1)) : 이미지를 180도 회전합니다.

❾ Rotate 90°Clockwise(시계 방향으로 90도 회전(9)) : 이미지를 시계 방향으로 90도 회전합니다.

❿ Rotate 90°Counter Clockwise(시계 반대 방향으로 90도 회전(0)) : 이미지를 반시계 방향으로 90도 회전합니다.

⓫ Flip Horizontal(가로로 뒤집기) : 이미지를 좌우 대칭이 되도록 반전합니다.

⓬ Flip Vertical(세로로 뒤집기) : 이미지를 상하 대칭이 되도록 반전합니다.

단축키 TIP ▶ Skew : `Ctrl`+`T`를 누르고, `Ctrl`+`Shift`를 누른 채 바운딩 박스의 모서리를 드래그합니다.
▶ Distort : `Ctrl`+`T`를 누르고, `Ctrl`을 누른 채 바운딩 박스의 모서리를 드래그합니다.
▶ Perspective : `Ctrl`+`T`를 누르고, `Ctrl`+`Alt`+`Shift`를 누른 채 바운딩 박스의 모서리를 드래그합니다.

왜곡을 이용한 액자와 사진 합성

POINT SKILL 안내선, 이동 툴, 이미지 변형 : Distort왜곡, 레이어 스타일

HOW TO 사진 이미지를 액자 이미지의 구도에 맞춰 변형한 후, 사진이 액자에 꽂혀있는 것처럼 보이도록 자연스럽게 합성해보겠습니다.

Before Part08\08_002.jpg, 08_003.jpg

After Part08\08_002(완성).psd

01 [File파일]-[Open열기]([Ctrl]+[O])을 실행하고 Part08 폴더에서 '08_002.jpg' 파일을 불러옵니다.

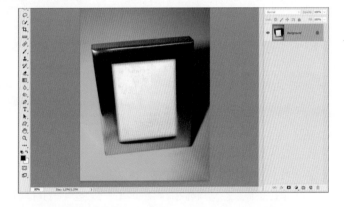

02 액자 이미지의 구도에 맞춰 사진 이미지를 배치하기 위해 가이드라인을 만들어보겠습니다. [View보기]-[Rulers자]([Ctrl]+[R])를 실행하여 작업 창에 자를 표시합니다. 자에서 마우스를 드래그하여 액자 이미지의 모서리에 맞춰 가이드라인을 만듭니다.

작업의 이해를 위한 **TIP** ▶ 가이드라인은 작업 시 정확한 작업을 할 수 있도록 도와줍니다. [View]-[Show]-[Guides]를 실행하면 만들어진 가이드라인을 표시하거나 숨길 수 있습니다.

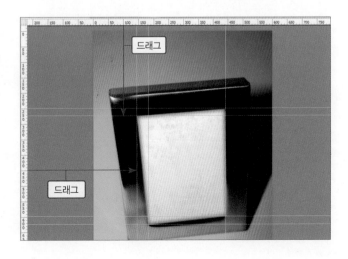

03 ❶ [File^{파일}]–[Open^{열기}]([Ctrl]+[O])을 실행하고 Part08 폴더에서 '08_003.jpg' 파일을 불러옵니다. ❷ 툴 패널에서 이동 툴을 선택하고, ❸ 사진 이미지를 액자 이미지로 드래그하여 이동합니다.

04 액자 크기에 맞춰 사진 이미지를 조절하기 위해 ❶ [Ctrl]+[T]를 누르고 ❷ [Alt]+[Shift]를 누른 채 드래그하여 크기를 축소한 후 ❸ [Enter]를 누릅니다.

작업의 이해를 위한 **TIP** ▶ 이미지 크기 조절 시 단축키는 [Ctrl]+[T]입니다. 이 때 [Alt]를 누르면 바운딩 박스의 가운데를 기준으로, [Shift]를 누르면 이미지의 가로, 세로 비율을 맞추어서 조절할 수 있습니다.

05 액자 이미지의 구도에 맞춰 사진 이미지를 왜곡시켜 보겠습니다. ❶ [Ctrl]+[T]를 누른 후 ❷ 바운딩 박스에서 마우스 오른쪽 버튼을 클릭하여 ❸ 'Distort^{왜곡}'를 선택합니다. ❹ 가이드라인에 맞춰 사진 이미지를 왜곡한 후 ❺ [Enter]를 누릅니다.

단축키 **TIP** ▶ Distort^{왜곡} : [Ctrl]+[T] → [Ctrl]+모서리 드래그

06 사진이 액자에 꽂혀있는 것처럼 보이도록 자연스럽게 합성해보겠습니다. ❶ [View 보기]-[Show 표시]-[Guides 안내선]((Ctrl)+(;))를 실행하여 가이드라인을 숨깁니다. ❷ 레이어 패널 하단의 'Add a layer style'을 클릭한 후, ❸ 'Inner Glow 내부 광선'를 선택합니다.

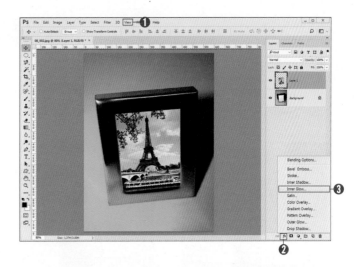

07 'Inner Glow'의 ❶ 'Structure' 영역에서 색상을 검은색, ❷ 블렌딩 모드를 'Multiply', ❸ 'Opacity=50%'로 조절합니다. ❹ 'Elements' 영역에서 'Choke=5%', 'Size=10px'로 조절한 후 ❺ 〈OK〉 버튼을 클릭합니다.

작업의 이해를 위한 **TIP** ▶ 'Inner Glow'는 레이어에 배치된 요소 내부에 빛 효과를 적용합니다. 이때 색상을 검은색, 블렌딩 모드를 'Multiply'로 변경하면 요소 내부를 사방으로 감싸는 그림자 효과를 적용할 수 있습니다.

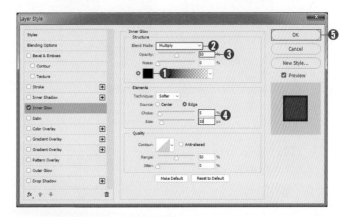

08 최종 결과물을 확인한 후 [File 파일]-[Save 저장]((Ctrl)+(S))를 실행하고 'PSD' 파일로 저장합니다.

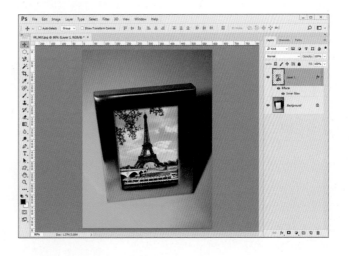

곡선을 이용한 제품과 로고 합성

POINT SKILL 이미지 변형 : Warp^{뒤틀기}, 블렌딩 모드

5 min

HOW TO 엠블럼 이미지를 와인 병 이미지의 구도에 맞춰 변형하고, 와인 병과 엠블럼이 하나의 이미지처럼 보이도록 자연스럽게 합성해보겠습니다.

Before   Part08\08_004.psd

After   Part08\08_004(완성).psd

01 [File^{파일}]-[Open^{열기}]((Ctrl)+(O))을 실행하고 Part08 폴더에서 '08_004.psd' 파일을 불러옵니다.

02 와인 병 이미지의 구도에 맞춰 엠블럼 이미지를 왜곡시켜 보겠습니다. ❶레이어 패널에서 엠블럼 이미지인 'Layer 2' 레이어를 선택합니다. ❷(Ctrl)+(T)를 누른 후 ❸바운딩 박스에서 마우스 오른쪽 버튼을 클릭해 ❹'Warp^{뒤틀기}'를 선택합니다.

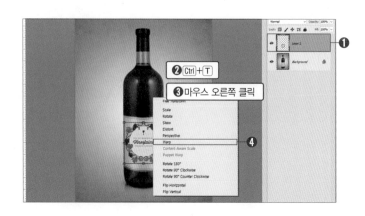

03 상단 옵션 바에서 ❶'Warp'를 클릭하여 ❷'Arch'로 선택합니다.

작업의 이해를 위한 **TIP** ▸ 'Warp'는 마우스를 드래그해서 이미지를 자유롭게 곡선 형태로 변형할 수 있습니다. 이때 'Warp'의 상단 옵션 바에서 원하는 곡선 형태를 선택해서 변형할 수도 있습니다.

04 아치의 구부림 정도를 조절하기 위해 ❶'Bend=-20%'로 조절합니다. ❷Enter를 눌러 변형을 완료합니다.

완성도를 높이는 단계

05 엠블럼 이미지가 와인 병 이미지와 자연스럽게 합성되도록 레이어 패널의 블렌딩 모드를 'Multiply'로 선택합니다.

06 최종 결과물을 확인한 후 [File^{파일}]-[Save^{저장}](Ctrl+S)를 실행하여 'PSD' 파일로 저장합니다.

이미지의 특정 영역은 보호하고
배경만 확장하기

✄ Content-Aware Scale 메뉴

이미지를 확대 또는 축소할 때 가로, 세로 크기를 임의로 조절하면 이미지의 비율이 변형되어 손상될 수 있습니다. 이때, [Edit편집]-[Content-Aware Scale내용 인식 비율]을 실행하면 이미지의 원하는 영역만 따로 변형할 수 있습니다. 크기를 조절하여 생긴 이미지의 왜곡 정도를 방지할 수 있어 특정 영역은 보호하고 배경만 확장할 때 자주 사용하는 기능입니다.

▲ Content-Aware Scale을 이용한 이미지 크기 조절

▲ Content-Aware Scale을 이용하지 않은 이미지 크기 조절

핵심 기능
Content-Aware Scale의 옵션 살펴보기

❶ **중심점 선택 :** 이미지가 변형되는 중심점을 선택하거나 작업 창의 가로, 세로의 위치를 수치로 입력합니다.

❷ **비율 선택 :** 이미지가 변형되는 크기를 수치로 입력합니다.

❸ **변형 범위 :** 이미지가 변형되는 강도와 변형이 적용되지 않는 범위를 선택합니다.

ⓐ **Amount :** 이미지가 변형되는 강도로, 수치가 높을수록 변형되어 왜곡되는 정도가 낮습니다.

ⓑ **Protect :** 변형을 적용하지 않을 보호 영역을 선택합니다.

따라하기 기본예제	Content-Aware Scale을 이용한 배경 늘리기

POINT SKILL Content-Aware Scale ^{내용 인식 비율}

HOW TO Content-Aware Scale을 이용해 와인 잔을 제외한 바다 배경만 가로 방향으로 늘려보겠습니다.

15 min

Before Part08\08_005.jpg   After Part08\08_005(완성).jpg

---

01 [File ^{파일}]−[Open ^{열기}]((Ctrl)+(O))을 실행하고 Part08 폴더에서 '08_005.jpg' 파일을 불러옵니다.

---

02 와인 잔을 제외한 배경 이미지만 가로 방향으로 늘려보겠습니다. 와인 잔 이미지를 선택 영역으로 지정하기 위해 ❶툴 패널에서 퀵 마스크를 클릭합니다. ❷툴 패널에서 브러시 툴을 선택합니다. 상단 옵션 바에서 ❸브러시 목록을 클릭하여 브러시 종류는 'Hard Round', 크기는 '45px'로 설정하고, ❹'Mode=Normal', 'Opacity=100%', 'Flow=100%'로 설정합니다. ❺전경색을 검은색으로 지정한 후 ❻와인 잔을 따라 드래그하여 채색합니다.

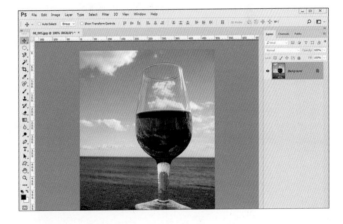

❻채색

작업의 이해를 위한 **TIP** ▶ [Content-Aware Scale]을 이용해 바다 배경만 변형하려면, 변형하지 않는 와인 잔 이미지를 선택 영역으로 지정하고 [Select]−[Save Selection]을 실행해 선택 영역을 저장해야 합니다.

03 ❶툴 패널에서 퀵 마스크를 클릭해 이미지 편집 모드로 변환합니다. 선택 영역을 저장하기 위해 ❷ [Select^{선택}]-[Save Selection^{선택 영역 저장}]을 실행한 후 ❸ 선택 영역의 이름을 입력하고 ❹〈OK〉 버튼을 클릭합니다.

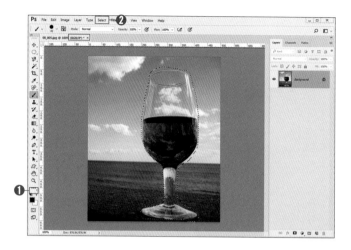

04 ❶레이어 패널에서 'Background' 레이어를 더블클릭한 후 ❷〈OK〉 버튼을 클릭하여 일반 레이어로 변경합니다.

작업의 이해를 위한 **TIP** ▶ [Content-Aware Scale]은 이미지 레이어에서 활성화되는 기능입니다. 잠겨있는 배경 레이어를 이미지 레이어 속성으로 변경하기 위해 배경 레이어를 더블클릭합니다.

05 [Image^{편집}]-[Canvas Size^{캔버스 크기}]를 실행합니다. [Canvas Size] 대화상자가 나타나면 ❶'Relative'를 체크하고 ❷'Width=300Pixels'으로 입력한 후 ❸'Anchor' 영역에서 이미지가 늘어나는 방향의 중심점을 선택하고 ❹〈OK〉 버튼을 클릭합니다.

작업의 이해를 위한 **TIP** ▶ [Image]-[Canvas Size]는 작업 창 크기를 줄이거나 늘릴 때 사용하는 메뉴입니다. [Content-Aware Scale] 기능을 이용하려면 늘어난 이미지가 배치될 수 있는 작업 창 크기로 조절해야 합니다.

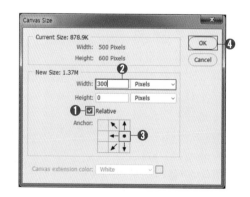

06 ❶[Edit ^{편집}]−[Content−Aware Scale ^{내용 인식 비율}]을 실행합니다. ❷늘어난 작업 창 크기에 맞춰 바운딩 박스를 드래그합니다.

07 와인 잔 이미지의 변형을 방지하기 위해서 ❶상단 옵션 바에서 'Protect skin tones'를 클릭하고 ❷'Protect' 항목에서 앞에서 저장한 선택 영역을 선택한 후 ❸Enter를 눌러 적용합니다.

작업의 이해를 위한 **TIP** ▶ [Content−Aware Scale]을 이용하지 않고 이미지의 크기를 조절하면, 이미지가 변형되어 손상될 수 있습니다.

08 [File ^{파일}]−[Save As ^{다른 이름으로 저장}](Ctrl+Shift+S)를 실행하여 이름을 변경한 후 'JPEG' 파일로 저장합니다.

이미지의 동작을
자연스럽게 변형하기

✂ Puppet Warp 메뉴

사람이나 동물의 동작에 변화를 주기 위해 임의로 형태를 변형하면 이미지가 원하는 방향으로 자연스럽게 변형되지 않고 손상될 수 있습니다. 이때 [Edit^{편집}]-[Puppet Warp^{퍼펫 뒤틀기}]를 실행하면 이미지에 기준점을 조절하여 자연스럽게 변형할 수 있습니다. 이미지를 역동적으로 표현할 때 자주 사용하는 기능입니다.

핵심 기능

Puppet Warp의 옵션 살펴보기

❶ **비틀기 모드** : 변형을 주는 비틀기 모드를 선택합니다.

Rigid : 이미지를 직선 형태로 변형합니다.

Normal : 이미지를 직선과 곡선 형태로 변형합니다.

Distort : 이미지를 곡선 형태로 변형합니다.

❷ **조밀도** : 이미지에 기준점을 조절할 수 있는 그물망의 간격을 선택합니다.

Fewer Points : 그물망의 간격이 넓어 정밀도는 낮지만 처리 시간이 적게 걸립니다.

Normal : 그물망의 간격이 일반적으로 적당한 정밀도와 처리 시간을 갖습니다.

More Points : 그물망의 간격이 좁아 정밀도는 높지만 처리 시간이 오래 걸립니다.

❸ **확장** : 그물망의 가장자리 크기 및 보기를 선택합니다.

ⓐ Expansion : 그물망의 가장자리를 이미지의 가장자리보다 크거나 작게 지정합니다.

ⓑ Show Mesh : 옵션을 체크하면 이미지의 기준점을 조절할 수 있는 그물망을 볼 수 있습니다.

Puppet Warp를 이용한 이미지 동작 변형

POINT SKILL Puppet Warp^{퍼펫 뒤틀기}

HOW TO Puppet Warp를 이용해 코끼리의 코를 곡선 형태로 변형해보겠습니다.

Before Part08\08_006.psd

After Part08\08_006(완성).psd

01 [File^{파일}]-[Open^{열기}]((Ctrl)+(O))을 실행하고 Part08 폴더에서 '08_006.psd' 파일을 불러옵니다.

작업의 이해를 위한 **TIP** ▶ [Puppet Warp]는 배경과 분리된 이미지 레이어에서 활성화되는 기능입니다. 본 예제에서는 배경과 코끼리 이미지의 레이어가 분리된 PSD 파일을 공유하였습니다.

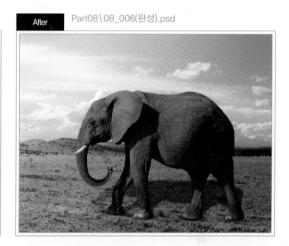

02 ❶ 레이어 패널에서 코끼리 이미지인 'Layer 1' 레이어를 선택합니다. ❷ [Edit^{편집}]-[Puppet Warp^{퍼펫 뒤틀기}]를 실행합니다.

03 그물망 영역에 동작의 변화가 적용되지 않는 이미지의 기준점을 클릭합니다.

04 ❶ 코끼리 이미지의 코에 기준점을 클릭한 후 ❷ 기준점을 드래그하여 코를 곡선 형태로 변형합니다.

05 ❶ Enter를 눌러 변형을 완료합니다. ❷[File 파일]-[Save 저장](Ctrl + S)를 실행하고 'PSD' 파일로 저장합니다.

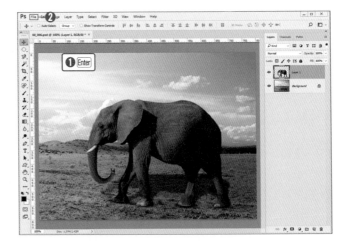

이미지의 구도 바로잡기

✂ Perspective Warp 메뉴

동일한 사물도 카메라의 거리나 각도에 따라서 원근이 왜곡되어 촬영될 수 있습니다. 이때 [Edit^{편집}]−[Perspective Warp^{원근 뒤틀기}]를 실행하면 왜곡된 원근을 수정할 수 있습니다. 원근이 왜곡되어 비스듬하게 기울어진 건물의 구도를 수정할 때 자주 사용하는 기능입니다.

핵심 기능 **Perspective Warp의 옵션 살펴보기**

❶ **비틀기 모드** : 이미지의 구도에 변형을 주는 비틀기 모드를 선택합니다.

Layout : 이미지의 원근 왜곡을 수정하려는 영역을 선택합니다.

Warp : 레이아웃 모드에서 선택된 영역의 원근 왜곡을 원하는 구도로 선택합니다.

❷ **자동 원근 조정** : 이미지의 원근 왜곡을 자동으로 수정합니다.

수직선 : 수직선을 기준으로 원근 왜곡을 자동으로 수정합니다.

수평선 : 수평선을 기준으로 원근 왜곡을 자동으로 수정합니다.

수직선과 수평선 : 수직선과 수평선을 기준으로 원근 왜곡을 자동으로 수정합니다.

▲ 원근 왜곡된 이미지

▲ 수직선 옵션 체크한 경우

▲ 수평선 옵션 체크한 경우

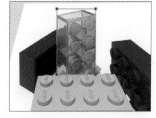

▲ 수직선과 수평선 옵션 체크한 경우

Perspective Warp를 이용한 이미지 구도 변형

POINT SKILL   Perspective Warp ^{원근 뒤틀기}, 자르기 툴

5 min

HOW TO   Perspective Warp를 이용해 배경 이미지를 제외한 왜곡된 전화 부스를 원하는 구도로 변형해보겠습니다.

Before   Part08\08_007.jpg

After   Part08\08_007(완성).jpg

01   [File^{파일}] – [Open^{열기}]((Ctrl)+(O))을 실행하고 Part08 폴더에서 '08_007.jpg' 파일을 불러옵니다.

02   ❶ [Edit^{편집}] – [Perspective Warp ^{원근 뒤틀기}]를 실행합니다. ❷ 이미지의 원근 왜곡을 수정하려는 영역을 마우스로 드래그합니다.

03 전화 부스 이미지에 맞춰서 바운딩 박스의 모서리를 조절합니다.

04 맞은편도 이미지의 원근 왜곡을 수정하려는 영역을 마우스로 드래그합니다.

작업의 이해를 위한 **TIP** ▶ 맞은편의 원근 왜곡을 수정하려는 영역을 마우스로 드래그할 때, 이 전에 맞춰놓은 영역의 바운딩 박스와 맞물리도록 드래그해서 영역을 지정해야 합니다.

05 전화 부스 이미지에 맞춰서 바운딩 박스의 모서리를 조절합니다.

06 ❶상단 옵션 바에서 비틀기 모드를 'Layout'에서 'Warp'로 변경합니다. ❷전화 부스 이미지의 원근 왜곡을 원하는 구도로 드래그하여 수정한 후 ❸Enter를 누릅니다.

작업의 이해를 위한 **TIP** ▶ [Perspective Wrap]를 적용하면 변형시킨 부분만큼 작업 창에 여백이 생길 수 있습니다.

07 ❶툴 패널에서 자르기 툴을 선택하고 ❷이미지의 남겨질 영역에 맞춰 마우스를 드래그한 후 ❸Enter를 누릅니다.

08 최종 결과물을 확인한 후 [File^{파일}]−[Save As^{다른 이름으로 저장}](Ctrl+Shift+S)를 실행하고 이름을 변경한 후 'JPEG' 파일로 저장합니다.

이미지와 작업 창 크기를 마음대로 조절하는 Image Size & Canvas Size 메뉴

포토샵으로 불러온 이미지는 [Image^{이미지}]-[Image Size^{이미지 크기}]를 이용하여 이미지의 크기와 해상도를 조절할 수 있습니다. 그리고 [Image^{이미지}]-[Canvas Size^{캔버스 크기}]를 이용하여 작업 창 크기를 조절할 수 있습니다.

》 Image Size 메뉴 살펴보기

포토샵에서 이미지 크기를 개별적으로 조절할 때는 Ctrl+T를 누르고 확대하거나 축소합니다. 이미지와 작업 창의 크기를 함께 조절할 때는 [Image^{이미지}]-[Image Size^{이미지 크기}]를 이용해야 합니다. [Image Size]를 이용하면 이미지의 크기에 따른 해상도를 조절할 수도 있습니다. Adobe Photoshop CC 버전은 Resample 알고리즘에 'Preserve Details (enlargement)' 옵션이 추가되어 크기를 크게 확대한 이미지의 노이즈를 감소할 수 있습니다. 따라서 이미지를 인쇄할 때 이미지의 크기 및 해상도를 세밀하게 조절할 수 있습니다.

작업의 이해를 위한 **TIP** ▶ Adobe Photoshop CC 버전은 이하 버전보다 [Image Size]의 옵션이 좀 더 간소화되었고, 크기를 조절한 이미지를 미리 보기할 수 있습니다.

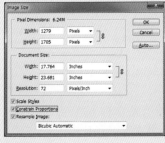

▲ Adobe Photoshop CC 이하 버전   ▲ Adobe Photoshop CC 버전

❶ **이미지 미리 보기** : Image Size에서 크기를 조절한 이미지를 미리 보기로 확인할 수 있습니다.

❷ **이미지 크기** : 'Dimensions(치수)'의 화살표 버튼을 클릭하면 이미지의 단위를 선택하고 크기를 확인할 수 있습니다.

❸ **이미지 맞추기** : 이미지의 크기와 해상도를 선택하고 조절합니다.

ⓐ **Fit To(다음에 맞추기)** : 사전 설정으로 이미지의 크기와 해상도를 선택합니다.

ⓑ **Width(폭)** : 이미지의 가로 크기를 입력하고 단위를 선택합니다.

ⓒ **Height(높이)** : 이미지의 세로 크기를 입력하고 단위를 선택합니다.

ⓓ **Resolution(해상도)** : 이미지의 해상도를 입력하고 단위를 선택합니다.

❹ **Resample(리샘플링)** : 'Resample' 옵션을 체크하고 'Preserve Details (enlargement)'을 선택하면 크기를 크게 조절한 이미지의 노이즈를 감소할 수 있습니다. 'Resample' 옵션을 체크 해지하면 인쇄되는 이미지의 크기에 따른 해상도를 확인할 수 있습니다.

▲ Resample을 체크하고 이미지 크기를 크게 조절한 경우

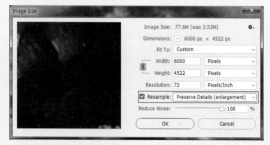

▲ Resample을 체크하고 'Preserve Details (enlargement)'을 선택한 경우

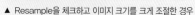

작업의 이해를 위한 **TIP** ▶ 포토샵에서 이미지를 크게 확대하면 해상도의 영향을 받아 이미지가 선명하게 보이지 않습니다. 이때 'Preserve Details (enlargement)'을 선택하면 크게 확대한 이미지의 노이즈 현상을 감소할 수 있습니다.

▶ 'Resample' 옵션을 체크 해지하면 이미지 크기와 해상도를 따로 조절할 수 있습니다. 해상도가 높을수록 이미지가 깨끗하고 선명하지만 이미지는 작게 인쇄됩니다.

▲ Resample을 체크 해지하고 해상도 72ppi로 확인한 경우

▲ Resample을 체크 해지하고 해상도 300ppi로 확인한 경우

포토샵에서 자르기 툴을 이용하면 작업 창의 원하는 영역을 제외한 나머지 영역을 자를 수 있습니다. 이때 작업 창을 원하는 방향과 크기로 정확하게 조절하려면 [Image ^{이미지}]-[Canvas Size ^{캔버스 크기}]를 이용합니다. [Canvas Size]를 이용하면 이미지의 크기는 유지한 채 작업 창의 크기를 늘리거나 줄일 수 있습니다. 작업 창의 크기를 늘리면 기존 이미지 주위에 공간이 추가되고, 작업 창의 크기를 줄이면 이미지가 잘립니다.

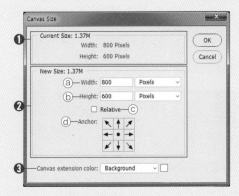

❶ **Current Size(현재 크기)** : 현재 작업 창의 크기를 확인합니다.

❷ **New Size(새로운 크기)** : 수치를 입력하여 작업 창의 크기를 조절합니다.

　ⓐ**Width(폭)** : 작업 창의 가로 크기를 입력합니다.

　ⓑ**Height(높이)** : 작업 창의 세로 크기를 입력합니다.

　ⓒ**Relative(상대치)** : 옵션을 체크하면 새롭게 늘리거나 줄일 작업 창의 크기를 입력할 수 있습니다. 옵션을 체크 해지하면 현재 작업 창의 크기에서 늘리거나 줄일 작업 창의 크기를 더하거나 빼서 입력할 수 있습니다.

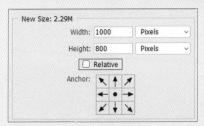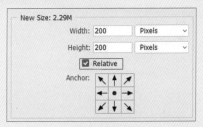

▲ 현재 작업 창 크기 800x600Pixels에서 Relative를 체크 　　▲ 현재 작업 창 크기 800x600Pixels에서 Relative를 체크
　해지하고 200Pixels을 늘릴 경우　　　　　　　　　　　　　　　하고 200Pixels을 늘릴 경우

　ⓓ**Anchor(기준)** : 작업 창의 크기를 조절하는 방향을 선택합니다.

▲ Anchor를 가운데로 선택하고 작업 창 크기를 늘린 경우　　▲ Anchor를 변경하고 작업 창 크기를 늘린 경우

❸ **Canvas extension color(캔버스 확장 색상)** : 작업 창의 늘어난 크기를 채우는 색상을 지정합니다.

PART 09

이미지의 분위기를
바꿔보자 1

이미지를 보정하는 메뉴

포토샵에서 가장 많이 하는 작업이 이미지 보정입니다. 포토샵에서 제공하는 다양한 이미지 보정 기능을 이용하면 촬영한 사진이나 작업한 이미지의 색상을 원하는 분위기에 맞게 보정할 수 있습니다. 이미지의 색상, 채도 명도를 보정하는 기본 메뉴부터 색상을 좀 더 세밀하고 독특하게 보정하는 특수 메뉴까지 이미지를 보정하는 다양한 메뉴에 대해 알아봅니다. 이미지를 보정할 때는 먼저 이미지의 색상을 보정할지, 채도나 명도를 보정할지를 판단하고 작업하도록 합니다.

CHAPTER 1 이미지의 색상과 명도 보정하기

CHAPTER 2 이미지의 색상 세밀하게 보정하기

CHAPTER 3 이미지를 색다르게 보정하기

CHAPTER 4 이미지를 빠르게 보정하기

이미지의 색상과 명도 보정하기

Adjustments의 기본 메뉴

[Image이미지]-[Adjustments조정]는 이미지를 보정하는 메뉴입니다. 이미지를 보정할 때 가장 많이 사용하는 기본 메뉴는 이미지의 색상, 채도, 명도 등을 보정할 수 있습니다. 이미지의 색상을 바꾸고, 어둡게 나온 이미지를 밝게 보정하거나, 흐릿하게 나온 이미지를 좀 더 선명하게 보정할 때 자주 사용합니다.

핵심기능 Adjustments의 기본 메뉴 살펴보기

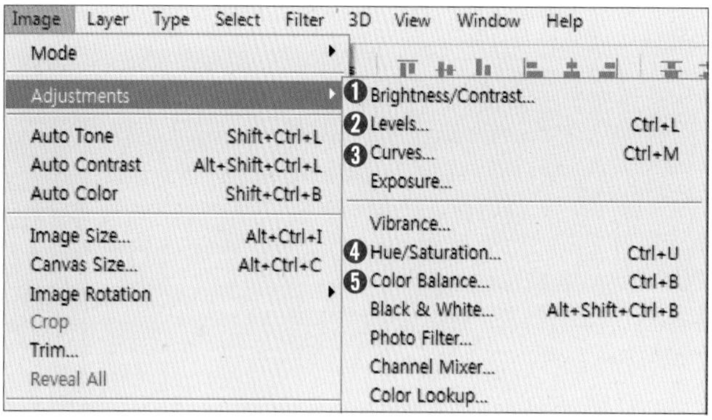

❶ **Brightness/Contrast**명도/대비 : 이미지의 어두운 부분, 또는 밝은 부분을 조절해서 명도를 보정합니다.

❷ **Levels**레벨 : 이미지의 어두운 부분은 어둡게, 밝은 부분은 밝게 조절해서 선명하게 보정합니다.

❸ **Curves**곡선 : Levels와 같은 기능을 가진 보정 메뉴로, 그래프 곡선을 이용해 단계별로 이미지의 보정 영역을 조절할 수 있어 좀 더 세밀하게 보정할 수 있습니다.

❹ **Hue/Saturation**색조/채도 : 이미지의 색상, 채도, 명도를 보정할 수 있는 메뉴로, 가장 보편적으로 사용됩니다.

❺ **Color Balance**색상 균형 : 이미지의 색상 균형을 이용해 보정하는 메뉴로, 이때 원하는 색상을 추가하거나, 원하지 않는 색상의 반대 색상을 추가해 보색 관계로 보정합니다.

Brightness/Contrast를 이용한 명도 보정

POINT SKILL   보정 : Brightness/Contrast 명도/대비

HOW TO   Brightness/Contrast를 이용해 꽃 이미지의 명도와 대비 값을 보정해보겠습니다.

Before   Part09\09_001.jpg

After   Part09\09_001(완성).jpg

01   [File 파일]−[Open 열기]((Ctrl)+(O))을
실행하고 Part09 폴더에서 '09_001.jpg'
파일을 불러옵니다.

02   ❶[Image 이미지]−[Adjustments 조
정]−[Brightness/Contrast 명도/대비]를 실
행합니다. ❷명도와 대비를 보정한 후 ❸
〈OK〉 버튼을 클릭합니다.

작업의 이해를 위한 **TIP** ▸ 'Brightness' 항목은 이미지의
명도를 −150에서 100까지 조절합니다. 'Contrast' 항목
은 이미지의 대비를 −100에서 100까지 조절합니다.

▸ 이미지를 보정할 때는 보정 수치에 의존하지 않고 이
미지가 최대한 자연스럽게 보이도록 탭을 조절해서 보정
하는 것이 좋습니다.

Levels를 이용한 선명도 보정

POINT SKILL 보정 : Levels^{레벨}

HOW TO Levels를 이용해 벽화 이미지를 선명하게 보정해보겠습니다.

Before Part09\09_002.jpg

After Part09\09_002(완성).jpg

01 [File ^{파일}]−[Open ^{열기}]([Ctrl]+[O])을 실행하고 Part09 폴더에서 '09_002.jpg' 파일을 불러옵니다.

02 ❶[Image ^{이미지}]−[Adjustments ^{조정}]−[Levels ^{레벨}]([Ctrl]+[L])를 실행합니다. ❷벽화 이미지의 어두운 부분은 어둡게, 밝은 부분은 밝게 보이도록 하이라이트 탭과 섀도 탭을 조정한 후 ❸〈OK〉 버튼을 클릭합니다.

작업의 이해를 위한 TIP ▶ 'Input Levels' 항목은 이미지의 명도 분포도를 보여줍니다. 분포도를 보면서 이미지의 어두운 부분과 밝은 부분의 탭을 조절해서 이미지를 좀 더 선명하게 보정할 수 있습니다.

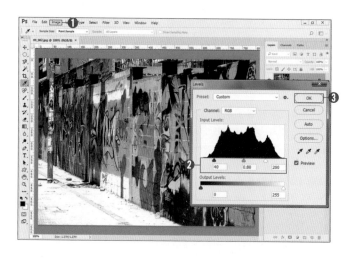

Hue/Saturation을 이용한 듀오톤 보정

POINT SKILL 보정 : Hue/Saturation 색조/채도

HOW TO Hue/Saturation을 이용해 마을 이미지의 여러 가지 색상을 한 가지의 색상으로 표현하는 듀오톤으로 보정해보겠습니다.

Before Part09\09_003.jpg

After Part09\09_003(완성).jpg

01 [File 파일]−[Open 열기]([Ctrl]+[O])을 실행하고 Part09 폴더에서 '09_003.jpg' 파일을 불러옵니다.

02 ❶[Image 이미지]−[Adjustments 조정]−[Hue/Saturation 색조/채도]([Ctrl]+[U])을 실행합니다. ❷'Colorize' 옵션을 체크하고 ❸ 색상과 채도를 보정한 후 ❹〈OK〉 버튼을 클릭합니다.

작업의 이해를 위한 **TIP** ▶ [Hue/Satuartion]은 이미지의 색상, 채도, 명도를 보정하는 메뉴입니다. 이때 'Colorize' 옵션을 체크하면 이미지의 여러 가지 색상이 한 가지의 색상으로 정리되는 듀오톤으로 보정할 수 있습니다.

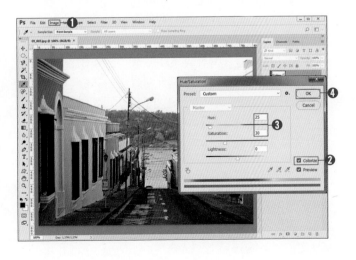

Color Balance를 이용한 색상 균형 보정

POINT SKILL 보정 : Color Balance^{색상 균형}

⏳ 3 min

HOW TO Color Balance를 이용해 밥 이미지에 불균형하게 분포된 색상을 보색 관계로 보정해보겠습니다.

Before · Part09\09_004.jpg

After · Part09\09_004(완성).jpg

01 [File^{파일}]–[Open^{열기}]([Ctrl]+[O])을 실행하고 Part09 폴더에서 '09_004.jpg' 파일을 불러옵니다.

02 ❶[Image ^{이미지}]–[Adjustments ^{조정}]–[Color Balance^{색상 균형}]([Ctrl]+[B]) 를 실행합니다. ❷'Tone Balance' 항목 에서 'Midtones'를 선택한 후 ❸노란색 의 반대색인 파란색을 추가해 보색 관계 로 보정하고 그 밖에 많이 분포된 연두색 과 빨간색의 반대색인 분홍색과 하늘색을 추가해 보정합니다.

작업의 이해를 위한 **TIP** ▶ [Color Balance]는 이미지에 원하는 색상을 추가하거나, 원하지 않는 색상의 반대 색 상을 추가해 보색 관계로 보정하는 메뉴입니다. 원하는 색상을 추가할 때는 해당 색상으로 탭을 드래그하고, 원 하지 않는 색상은 반대 색상으로 탭을 드래그합니다.

03 계속해서 **❶**'Tone Balance' 항목에서 'Shadows'를 선택한 후 **❷** 색상을 보정합니다.

04 동일한 방법으로 **❶**'Tone Balance' 항목에서 'Highlights'를 선택하고 **❷** 보색 관계로 보정한 후 **❸**〈OK〉 버튼을 클릭합니다.

작업의 이해를 위한 **TIP** ▶ Color Balance는 일반적으로 많이 분포되어있는 중간 톤을 보정하고, 추가적으로 어두운 톤과 밝은 톤을 보정합니다.

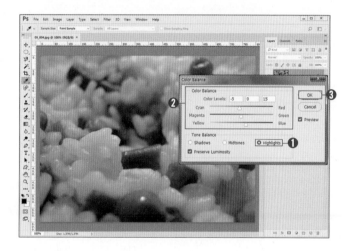

이미지의 색상 세밀하게 보정하기

🛠 Adjustments의 고급 메뉴

이미지를 보정할 때 많이 사용되는 기본 메뉴들 외에 고급 메뉴들을 이용하면 이미지의 색상, 채도, 명도를 좀 더 세밀하게 보정할 수 있습니다. 이미지의 특정 색상만 따로 보정하거나, 빛의 노출값을 보정하여 이미지를 깊이 있게 표현할 때 사용합니다.

핵심 기능 | ## Adjustment의 고급 메뉴 살펴보기

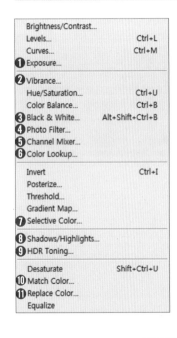

❶ **Exposure**^{노출} : 이미지에 분포된 빛의 노출값을 보정합니다.

❷ **Vibrance**^{활기} : 채도를 유지하면서, 전체적인 분위기를 좀 더 생동감 있게 보정합니다.

❸ **Black & White**^{흑백} : 이미지를 흑백으로 보정합니다. 이때, 이미지에 분포된 색상별로 명도를 조절해 좀 더 세밀하게 보정할 수 있습니다.

❹ **Photo Filter**^{포토 필터} : 원하는 색상 필터를 선택하면 전체적인 분위기를 다양한 톤으로 보정할 수 있습니다.

❺ **Channel Mixer**^{채널 혼합} : 이미지의 색상 분포를 조절해 새로운 색상의 이미지로 보정합니다.

❻ **Color Lookup**^{색상 검색} : 색상을 검색해 이미지의 색상을 다양하게 보정합니다.

❼ **Selective Color**^{선택 색상} : 이미지에 보정하려는 색상을 선택하고, 선택된 색상에 분포된 여러 가지 색상을 조절해 보정합니다.

❽ **Shadow/Highlights**^{어두운 영역/밝은 영역} : 어둡게 촬영된 이미지를 밝게 보정하거나, 밝게 촬영된 이미지를 어둡게 보정합니다.

❾ **HDR Toning**^{HDR 토닝} : 이미지에 분포된 빛과 채도, 선명도 등의 설정을 개별적으로 보정합니다.

❿ **Match Color**^{색상 일치} : 이미지의 색상 차가 큰 경우, 색상 차를 줄여서 보정합니다.

⓫ **Replace Color**^{색상 대체} : 이미지의 특정 색상을 다른 색상으로 표현할 때 사용합니다.

<table>
<tr><td>따라하기
기본예제</td><td colspan="2">Black & White를 이용한 흑백 이미지의 세밀한 보정</td></tr>
<tr><td rowspan="2">⏳
2 min</td><td colspan="2">POINT SKILL 보정 : Black & White^{흑백}</td></tr>
<tr><td colspan="2">HOW TO Black & White를 이용해 표범 이미지를 흑백으로 보정하고 색상별로 명도를 세밀하게 보정해보겠습니다.</td></tr>
</table>

 Before   Part09\09_005.jpg

 After   Part09\09_005(완성).jpg

01 [File 파일]–[Open 열기]([Ctrl]+[O])을 실행하고 Part09 폴더에서 '09_005.jpg' 파일을 불러옵니다.

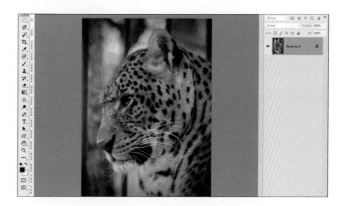

02 ❶ [Image 이미지]–[Adjustments 조정]–[Black & White 흑백]([Ctrl]+[Alt]+[Shift]+[B])를 실행합니다. ❷ 표범 이미지에 분포된 빨간색과 노란색의 명도를 높여 밝게 보정하고, ❸ 초록색과 파란색의 명도를 낮춰 어둡게 보정한 후 ❹ 〈OK〉 버튼을 클릭합니다.

219

Photo Filter를 이용한 색상 필터 보정

POINT SKILL 보정 : Photo Filter 포토 필터

HOW TO Photo Filter를 이용해 항구 이미지의 전체적인 분위기를 따뜻해 보이도록 보정해보겠습니다.

Before Part09\09_006.jpg	After Part09\09_006(완성).jpg

01 [File 파일]−[Open 열기]((Ctrl)+(O))을 실행하고 Part09 폴더에서 '09_006.jpg' 파일을 불러옵니다.

02 ❶ [Image 이미지]−[Adjustments 조정]−[Photo Filter 포토 필터]를 실행합니다. ❷ [Photo Filter] 대화상자가 나타나면 'Filter' 항목에서 원하는 분위기를 선택하고 ❸ 'Density' 항목에서 선택한 분위기의 강도를 조절한 후 ❹ 〈OK〉 버튼을 클릭합니다.

작업의 이해를 위한 **TIP** ▶ [Photo Filter]는 'Filter' 항목에서 원하는 분위기를 선택하거나 'Color' 항목에서 원하는 분위기의 색상을 직접 만들 수 있습니다. 'Density' 항목에서 분위기의 강도를 조절합니다.

Selective Color를 이용한 선택한 색상만 보정

POINT SKILL 보정 : Selective Color선택 색상

HOW TO Selective Color를 이용해 소년 이미지의 빨간색 바구니만 노란색으로 보정해보겠습니다.

Before Part09\09_007.jpg

After Part09\09_007(완성).jpg

01 [File파일]−[Open열기]([Ctrl]+[O])을 실행하고 Part09 폴더에서 '09_007.jpg' 파일을 불러옵니다.

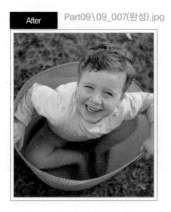

02 ❶ [Image이미지]−[Adjustments조정]−[Selective Color선택 색상]를 실행합니다. ❷ 'Colors' 항목을 'Reds'로 선택하고 ❸ 'Magenta'를 조절해 빨간색 바구니를 노란색으로 보정한 후 ❹ 〈OK〉 버튼을 클릭합니다.

작업의 이해를 위한 TIP ▶ [Selective Color]는 보정하려는 이미지의 색상을 선택하고 다른 색상을 더하거나 빼서, 선택된 색상만 보정합니다.

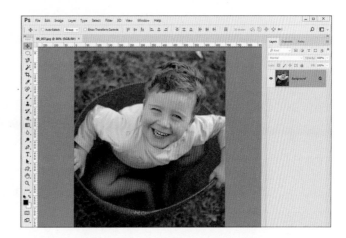

Shadow / Highlights를 이용한 빛의 노출 보정

POINT SKILL 보정 : Shadow/Highlights ^{어두운 영역/밝은 영역}

HOW TO Shadow / Highlights를 이용해 어둡게 촬영된 카페 테라스 이미지를 밝게 보정해보겠습니다.

| Before | Part09\09_008.jpg |

| After | Part09\09_008(완성).jpg |

01 [File ^{파일}]−[Open ^{열기}]([Ctrl]+[O])을 실행하고 Part09 폴더에서 '09_008.jpg' 파일을 불러옵니다.

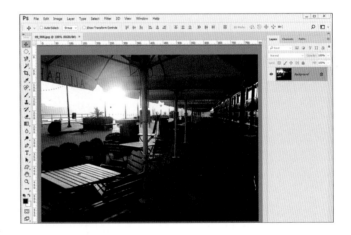

02 ❶[Image ^{이미지}]−[Adjustments ^{조정}]−[Shadow/Highlights ^{어두운 영역/밝은 영역}]를 실행합니다. ❷'Show More Options' 항목을 체크하고 ❸ 어두운 부분의 빛의 노출과 색상을 보정한 후 ❹〈OK〉 버튼을 클릭합니다.

작업의 이해를 위한 **TIP** ▶ [Shadow/Highlights]는 빛의 노출값으로 이미지를 밝거나 어둡게 보정하는 메뉴로, 역광으로 어둡게 촬영된 사진을 밝게 보정할 때 유용합니다. 'Show More Options'를 체크하면 세부 옵션이 나타납니다.

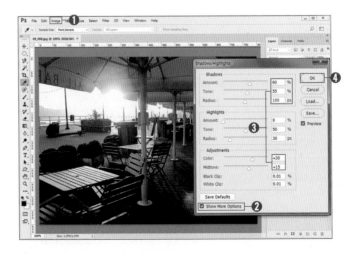

HDR Toning을 이용한 HDR 효과를 내는 보정

POINT SKILL 보정 : HDR Toning^{HDR 토닝}

5 min

HOW TO HDR Toning을 이용해 베니스 이미지의 가로수 빛이 좀 더 밝고 선명하게 보이도록 보정해보겠습니다.

Before	Part09\09_009.jpg	After	Part09\09_009(완성).jpg

01 [File^{파일}]-[Open^{열기}]([Ctrl]+[O])을 실행하고 Part09 폴더에서 '09_009.jpg' 파일을 불러옵니다.

02 ❶ [Image^{이미지}]-[Adjustments^{조정}]-[HDR Toning^{HDR 토닝}]을 실행합니다. ❷ 가로수의 빛이 좀 더 밝고 선명하게 보이도록, 이미지의 밝은 부분과 어두운 부분의 빛의 노출을 보정하고, ❸ 토닝 곡선을 이용해 전체적인 선명도를 보정한 후 ❹〈OK〉 버튼을 클릭합니다.

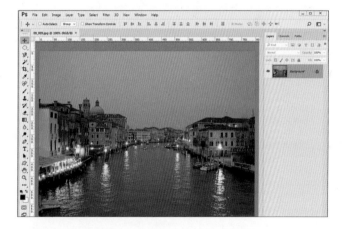

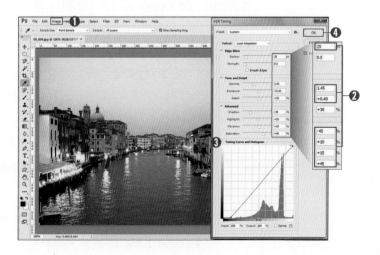

작업의 이해를 위한 **TIP** ▶ 'Edge Glow' 항목은 빛의 반경과 강도를 조절합니다. 'Tone and Detail' 항목은 빛의 노출을 조절합니다. 'Advanced' 항목은 어두운 부분과 밝은 부분을 조절합니다. 그리고 'Toning Curve and Histogram' 항목에서 전체적인 선명도를 조절합니다.

이미지를 색다르게 보정하기

🛠 Adjustments의 특수 메뉴

이미지를 보정할 때 Adjustments의 특수 메뉴를 이용하면 이미지의 색상을 다채롭게 보정하거나 단순하게 보정할 수 있습니다. 이미지를 색다르게 표현할 때 자주 사용합니다.

핵심 기능 **Adjustments의 특수 메뉴 살펴보기**

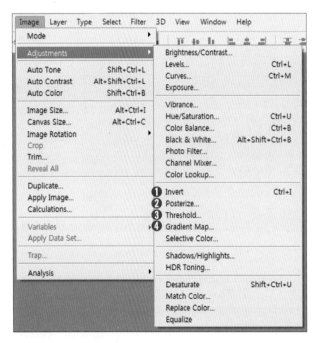

❶ **Invert**^{반전} : 이미지의 색상과 명도를 반대로 보정합니다.

❷ **Posterize**^{포스터화} : 이미지의 대비 값을 기준으로 단순한 색상의 포스터 느낌으로 보정합니다.

❸ **Threshold**^{한계값} : 이미지의 대비 값을 기준으로 검은색과 흰색으로만 표현합니다.

❹ **Gradient Map**^{그레이디언트 맵} : 이미지에 그레이디언트를 채색해서 보정합니다.

Invert를 이용한 반대색으로 보정

POINT SKILL 보정 : Invert 반전

1 min

HOW TO Invert를 이용해 픽토그램 이미지를 반대색으로 보정해보겠습니다.

Before Part09\09_010.jpg

After Part09\09_010(완성).jpg

01 [File 파일]−[Open 열기]([Ctrl]+[O])을 실행하고 Part09 폴더에서 '09_010.jpg' 파일을 불러옵니다.

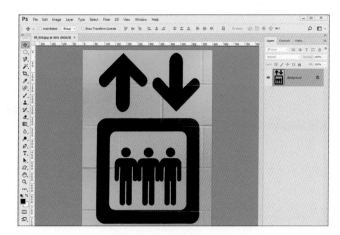

02 [Image 이미지]−[Adjustments 조정]− [Invert 반전]([Ctrl]+[I])를 실행합니다.

작업의 이해를 위한 **TIP ▶** [Invert]는 이미지의 색상과 명도를 반대로 보정하는 메뉴입니다. 검은색은 흰색으로, 빨간색은 하늘색으로, 초록색은 분홍색으로, 노란색은 파란색으로 반전시켜 보정합니다.

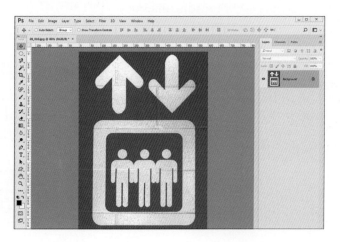

Posterize를 이용한 단순한 색상으로 보정

POINT SKILL 보정 : Posterize 포스터화

HOW TO Posterize를 이용해 도시 이미지의 색상을 단순하게 보정하여 포스터 물감으로 채색한 듯한 느낌으로 보정해보겠습니다.

Before	Part09\09_011.jpg

After	Part09\09_011(완성).jpg

01 [File 파일]−[Open 열기]([Ctrl]+[O])을 실행하고 Part09 폴더에서 '09_011.jpg' 파일을 불러옵니다.

02 ❶[Image 이미지]−[Adjustments 조정]−[Posterize 포스터화]를 실행합니다. ❷'Levels' 항목을 '3'으로 조절한 후 ❸ 〈OK〉 버튼을 클릭합니다.

작업의 이해를 위한 **TIP** ▸ 'Levels' 항목은 이미지에 분포된 색상의 단순도를 조절합니다.

Threshold를 이용한 판화 보정

POINT SKILL 보정 : Threshold^{한계값}

HOW TO Threshold를 이용해 건물 이미지를 흑백의 단순한 느낌으로 보정해보겠습니다.

Before Part09\09_012.jpg

After Part09\09_012(완성).jpg

01 [File ^{파일}]−[Open ^{열기}]([Ctrl]+[O])을 실행하고 Part09 폴더에서 '09_012.jpg' 파일을 불러옵니다.

02 ❶ [Image ^{이미지}]−[Adjustments ^{조정}]−[Threshold ^{한계값}]를 실행합니다. ❷ 흰색과 검은색의 분포를 조절한 후 ❸ 〈OK〉 버튼을 클릭합니다.

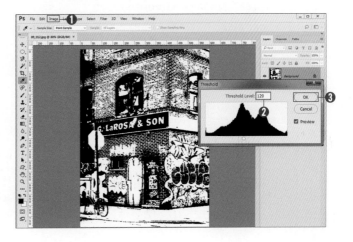

3 min

Gradient Map을 이용한 그레이디언트 채색

POINT SKILL 보정 : Gradient Map 그레이디언트 맵

HOW TO Gradient Map을 이용해 부둣가 이미지에 그레이디언트를 채색해서 노을 지는 분위기로 보정해보겠습니다.

Before Part09\09_013.jpg

After Part09\09_013(완성).jpg

01 [File 파일]–[Open 열기]([Ctrl]+[O])을 실행하고 Part09 폴더에서 '09_013.jpg' 파일을 불러옵니다.

02 ❶[Image 이미지]–[Adjustments 조정]–[Gradient Map 그레이디언트 맵]을 실행 합니다. ❷[Gradient Map] 대화상자가 나타나면 그레이디언트 편집기를 클릭 합니다.

작업의 이해를 위한 **TIP** ▶ [Gradient Map]은 이미지에 그레이디언트를 채색해 보정하는 메뉴로, 그레이디언트는 이미지에 자연스럽게 합성되어 채색됩니다.

03 [Gradient Editor] 대화상자가 나
타나면 ❶ 그레이디언트 설정 버튼을 클
릭하고 ❷ 'Photographic Toning'을 선
택한 후 〈Append 첨부〉 버튼을 클릭합
니다.

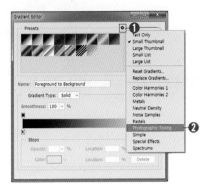

04 불러온 'Photographic Toning' 그
레이디언트 목록 중 ❶ 'Sepia-Blue 2'를
선택하고 ❷ 색상 핀의 간격을 조절한 후
❸ 〈OK〉 버튼을 클릭합니다.

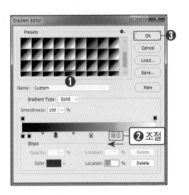

05 [Gradient Map] 대화상자의 〈OK〉
버튼도 클릭하여 보정된 이미지를 확인합
니다.

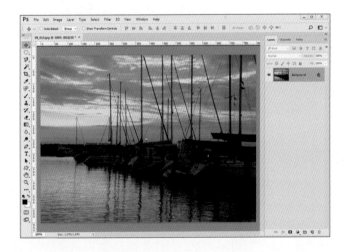

이미지를 빠르게 보정하기

✂ Adjustments의 자동 메뉴

이미지를 보정할 때 Adjustments의 자동 메뉴를 이용하면 이미지의 색상, 채도, 명도를 한번에 보정할 수 있습니다. 이미지에 분포된 색상과 빛을 자동으로 보정해서 작업 속도를 높일 수 있지만, 정확한 보정은 어렵습니다.

핵심기능 | **Adjustment의 자동 메뉴 살펴보기**

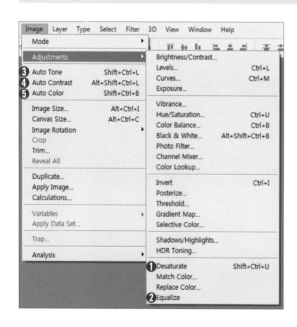

❶ **Desaturate**^{채도 감소} : 이미지를 흑백으로 보정합니다.

❷ **Equalize**^{균일화} : 이미지에 분포된 명도를 평균화합니다. 주로 어두운 이미지를 밝게 보정할 때 사용합니다.

❸ **Auto Tone**^{자동 톤} : 이미지의 명도를 자동으로 보정합니다.

❹ **Auto Contrast**^{자동 대비} : 이미지의 대비를 자동으로 보정합니다.

❺ **Auto Color**^{자동 색상} : 이미지의 색상을 자동으로 보정합니다.

Equalize를 이용한 균일한 명도 보정

POINT SKILL 보정 : Equalize^{균일화}

2 min

HOW TO Equalize를 이용해 나무 이미지에 분포된 명도를 균일한 값으로 보정해보겠습니다.

| Before | Part09\09_014.jpg | After | Part09\09_014(완성).jpg |

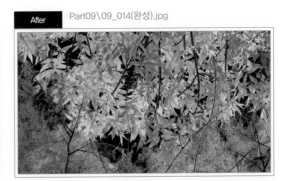

01 [File^{파일}]−[Open^{열기}]((Ctrl)+(O))을 실행하고 Part09 폴더에서 '09_014.jpg' 파일을 불러옵니다.

02 [Image^{이미지}]−[Adjustments^{조정}]− [Equalize^{균일화}]를 실행합니다.

포토샵에서 지원하는 색상 모드를 이용한 웹 & 인쇄용 이미지 만들기

이미지는 색상 모드와 해상도에 따라 이미지가 표현되는 세부적인 색상과 파일 크기가 달라집니다. 포토샵에서 이미지를 작업할 때 사용 목적에 따른 적절한 색상 모드와 해상도를 선택해야 작업을 효율적으로 진행할 수 있습니다.

》 Save for Web을 이용한 웹 이미지 분할 저장하기

웹에서 구현되는 이미지를 작업할 때는 색상 모드를 RGB, 해상도를 72ppi로 설정하고, 이미지의 로딩 속도를 높이기 위해 파일 크기를 최소화해야 합니다.

웹 이미지를 작업할 때 사용된 색상에 맞춰 파일 크기를 줄일 수 있는 색상 모드를 선택하고, 분할 영역 툴을 사용하여 이미지를 분할한 후 [File^{파일}]-[Export^{내보내기}]-[Save for Web(Legacy)^{웹용으로 저장(레거시)}]를 실행해 이미지를 저장합니다.

❶ 분할해서 저장할 이미지에 맞춰 가이드라인을 생성합니다.

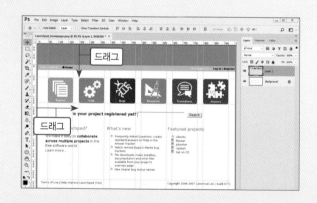

❷ ❶툴 패널에서 분할 영역 툴을 선택하고 ❷가이드라인에 맞춰 드래그합니다.

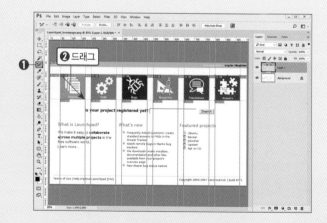

❸ [File파일]-[Export 내보내기]-[Save for Web(Legacy)웹용으로 저장(레거시)]([Ctrl]+[Alt]+[Shift]+[S])를 실행합니다. ❶이미지의 확장자에 따른 파일 크기를 확인하고 확장자를 선택합니다. ❷분할 영역 선택 툴로 저장할 이미지를 ❸[Shift]를 누른 채 클릭하여 다중 선택합니다. ❹⟨Save⟩ 버튼을 클릭합니다.

작업의 이해를 위한 TIP ▶ Adobe Photoshop CS6 버전에서는 [File]-[Save for Web]을 실행합니다.

❹ ❶이미지를 저장할 경로와 ❷파일명을 입력하고, 'Format=Images Only', 'Slices=Selected Slices'로 저장 옵션을 선택한 후 ❸⟨저장⟩ 버튼을 클릭합니다.

❺ 지정한 경로에 'images' 폴더가 자동 생성되고 폴더에 이미지가 분할되어 저장된 것을 확인할 수 있습니다.

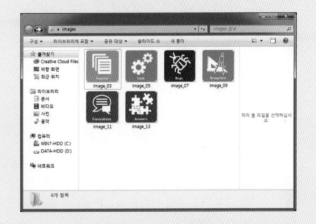

》 Export As를 이용한 웹 이미지 빠르게 저장하기

[File파일]-[Export내보내기]-[Export As내보내기 형식]를 실행하거나, 레이어 패널에서 해당 레이어를 선택한 후 마우스 오른쪽 버튼을 클릭하여 내보내기 옵션을 선택하면 작업한 파일을 빠르게 내보낼 수 있습니다. 이때 대지 툴로 생성한 여러 개의 대지에 작업한 파일은 내보내기 옵션에서 설정한 값에 따라 개별 대지 또는 레이어로 따로 저장이 가능합니다.

작업의 이해를 위한 **TIP** ▶ [Export As]와 대지 툴은 Adobe Photoshop CC 버전부터 추가되었습니다.

---

❶ [File파일]-[New새로 만들기]를 실행하고 작업 창을 생성합니다. ❶툴 패널에서 대지 툴을 선택하고 ❷상단 옵션 바에서 생성할 대지의 크기를 선택하거나, 원하는 대지의 크기를 입력합니다.

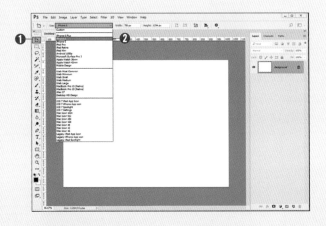

❷ 상단 옵션 바에서 ❶'Add New Artboard'를 클릭하고 ❷작업 창에 클릭해 대지를 생성합니다.

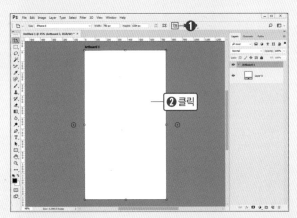

❸ 같은 방법으로 여러 개의 대지를 생성합니다. ❶레이어 패널에서 생성된 대지 레이어를 Shift를 누른 채 클릭하여 다중 선택하고 ❷상단 옵션 바에서 간격을 정렬합니다.

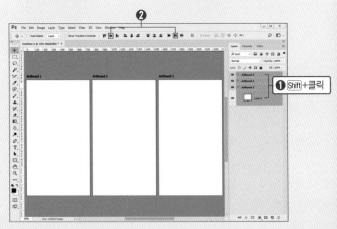

④ 레이어 패널에서 해당 대지 레이어를 선택하고
이미지를 배치한 후 Enter를 누릅니다.

⑤ 레이어 패널에서 내보내기를 적용할 대지 레
이어를 Shift를 누른 채 클릭하여 다중 선택합니
다. [File 파일]-[Export 내보내기]-[Export As 내보내기 형식]
(Ctrl + Alt + Shift + W)를 실행합니다. ❶파일 설정
을 한꺼번에 적용하기 위해 대지 레이어를 Shift를 누
른 채 클릭하여 다중 선택합니다. ❷확장자 및 ❸파
일 크기를 설정합니다.

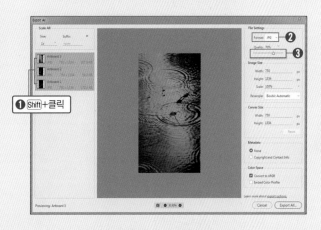

⑥ ❶〈Export All〉 버튼을 클릭합니다. ❷이미지를
저장할 경로와 파일명을 지정하고 ❸〈Export〉 버튼
을 클릭합니다.

⑦ 지정한 경로에 대지의 모든 이미지가 각각 저장
된 것을 확인할 수 있습니다.

》 Export As를 이용한 아이콘 이미지 빠르게 저장하기

레이어 패널에서 해당 레이어를 선택한 후 마우스 오른쪽 버튼을 클릭하여 내보내기 옵션을 선택하면 웹이나 앱 디자인에서 작업한 아이콘 이미지를 빠르게 내보낼 수 있습니다. 이때 아이콘 이미지는 배경을 투명하게 설정하여 여러 개의 아이콘 이미지를 개별적으로 저장할 수 있습니다.

❶ ❶레이어 패널에서 내보내기를 적용할 아이콘 이미지 레이어를 Shift를 누른 채 클릭하여 다중 선택하고 ❷마우스 오른쪽 버튼을 클릭한 후 'Export As'를 선택합니다.

❷ 파일 설정을 한꺼번에 적용하기 위해 ❶아이콘 이미지 레이어를 Shift를 누른 채 클릭하여 다중 선택합니다. ❷이미지의 확장자는 'PNG'로 선택하고 ❸'Transparency'를 체크합니다.

작업의 이해를 위한 **TIP** ▶ 레이어 패널에 배치된 요소를 개별적으로 저장할 때는 해당 레이어를 선택하고 마우스 오른쪽 버튼을 클릭해 'Export As'를 선택해야 합니다. 아이콘 이미지의 배경을 투명하게 저장하기 위해서 확장자는 'PNG'로 선택하고 'Transparency'를 체크합니다.

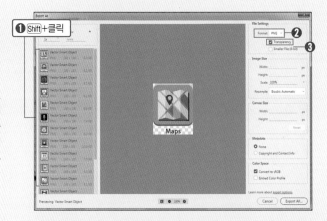

❸ 〈Export All〉 버튼을 클릭합니다. 이미지를 저장할 경로를 지정하고 〈Export〉 버튼을 클릭합니다. 지정한 경로에 아이콘 이미지가 각각 저장된 것을 확인할 수 있습니다.

》 인쇄용 이미지 저장하기

인쇄용으로 출력할 이미지를 작업할 때는 색상 모드를 CMYK, 해상도를 300ppi로 설정합니다. 인쇄용 이미지는 이미지가 깨끗하고 선명하게 출력되어야 하므로 웹 이미지보다 해상도가 높아야 합니다. [Image이미지]–[Mode모드]를 실행하면 RGB 모드로 작업한 이미지를 CMYK 모드로 변환할 수 있습니다.

❶ ❶[Image이미지]–[Mode모드]를 실행하여 이미지의 색상 모드를 'CMYK'로 선택합니다. ❷이미지의 색상 프로파일 변환 옵션 창이 나타나면 〈OK〉 버튼을 클릭합니다.

❷ [Image이미지]–[Image Size이미지 크기]를 실행합니다. ❶'Resample' 옵션을 체크 해지하고 ❷해상도를 '300ppi'로 입력하면 인쇄되는 이미지의 크기를 확인할 수 있습니다.

❸ [File파일]–[Save As다른 이름으로 저장](Ctrl+Shift+S)를 실행하고 색상 모드와 해상도를 조절한 이미지를 저장합니다. ❶만약 어도비의 인쇄 편집 프로그램을 사용하지 않고, 그 외의 편집 프로그램을 사용할 때 확장자 'JPEG'로 저장한 이미지가 호환되지 않는다면 확장자를 'TIFF'로 변경해서 저장합니다. 이때 ❷편집 프로그램을 사용할 컴퓨터에 따라서 'IBM PC'와 'Macintosh'에서 옵션을 선택합니다.

PART 10

이미지의 분위기를
바꿔보자 2

이미지를 보정하는 툴

포토샵에서는 다양한 보정 관련 툴을 제공합니다. 보정 툴을 이용하면 특정 부분을 자유롭게 복제 및 복구할 수 있고, 특정 부분의 명도 및 채도를 조절하거나 흐림 효과를 적용할 수도 있습니다. 이번 파트에서는 보정 툴을 이용하여 자주 사용하는 피부 보정 및 이미지 복제, 특정 부분에 효과를 적용하는 방법에 대해 알아보겠습니다.

CHAPTER 1 이미지의 특정 부분 복제하기

CHAPTER 2 이미지의 명도와 채도 보정하기

CHAPTER 3 이미지를 부드럽게 보정하기

이미지의 특정 부분 복제하기

⚒ 복제 도장 툴, 복구 브러시 툴

이미지의 특정 부분을 복제하거나 얼룩이나 피부의 잡티를 자연스럽게 제거할 때는 툴 패널의 복제 도장 툴과 복구 브러시 툴을 사용합니다.

- **복제 도장 툴(📥)** : 이미지의 특정 부분을 동일하게 복제합니다.

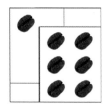

- **복구 브러시 툴(🩹)** : 이미지의 특정 부분을 복제함과 동시에 복제한 이미지의 경계면을 주변과 자연스럽게 합성합니다.

핵심 기능 **복제 도장 툴 & 복구 브러시 툴의 옵션 살펴보기**

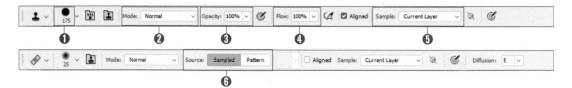

❶ **브러시 종류** : 사용할 브러시의 크기와 종류, 가장자리 부드럽기 등을 조절합니다.

❷ **Mode** : 복제한 이미지와 배경 레이어의 합성 모드를 선택합니다.

❸ **Opacity** : 브러시의 불투명도를 조절해 복제합니다.

❹ **Flow** : 브러시의 밀도를 조절해 복제합니다.

❺ **Sample** : 복제하는 이미지의 레이어를 선택합니다.

　Current Layer : 선택한 레이어의 이미지만 복제합니다.

　Current & Below : 선택한 레이어와 하위에 배치된 레이어의 이미지를 함께 복제합니다.

　All Layers : 레이어 전체에 배치된 이미지를 복제합니다.

❻ **Source** : 복구 브러시 툴로 복제할 영역을 선택합니다.

　Sampled : 복구 브러시 툴로 클릭한 이미지를 복제합니다.

　Pattern : 복구 브러시 툴로 선택한 패턴을 복제합니다.

<table>
<tr><td>따라하기
기본예제</td><td colspan="2">복제 도장 툴을 이용한 이미지 복제</td></tr>
</table>

POINT SKILL 복제 도장 툴

⏳ 2 min

HOW TO 복제 도장 툴로 새 이미지를 복제해 오른쪽에 배치해보겠습니다.

Before	Part10\10_001.jpg

After	Part10\10_001(완성).jpg

01 ❶[File 파일]-[Open 열기]([Ctrl]+[O])
을 실행하고 Part10 폴더에서 '10_001.
jpg' 파일을 불러옵니다. ❷툴 패널에서
복제 도장 툴을 선택하고, ❸상단 옵션
바에서 브러시 목록을 클릭합니다.

02 ❶브러시 종류는 'Soft Round', ❷
브러시 크기는 'Size=250px', 'Hard
ness=30%', ❸'Mode= Normal',
'Opacity=100%', 'Flow=100%', ❹
'Sample=Current Layer'로 선택합니다.

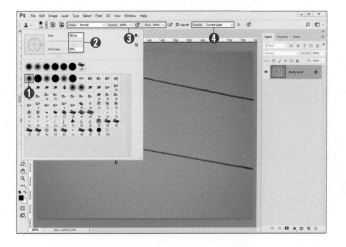

작업의 이해를 위한 **TIP** ▶ 복제 도장 툴 사용 시 복제하려
는 이미지의 크기에 맞춰 브러시 크기를 조절해야 합니다.

단축키 **TIP** ▶ 복제 도장 툴의 크기 조절 : [[ ], [ ]]

03 ❶ Alt 를 누른 채 새 이미지를 클릭합니다. ❷새 이미지의 오른쪽에 복제 도장 툴을 클릭합니다.

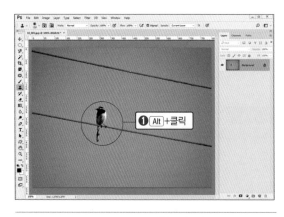 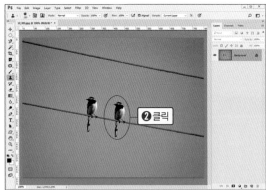

단축키 **TIP** ▶ 복제 이전 단계로 돌아가기 : Ctrl + Alt + Z

04 새 이미지를 한 번 더 복제해보겠습니다. ❶ Alt 를 누른 채 새 이미지를 클릭한 후 ❷새 이미지의 오른쪽에 복제 도장 툴을 클릭합니다.

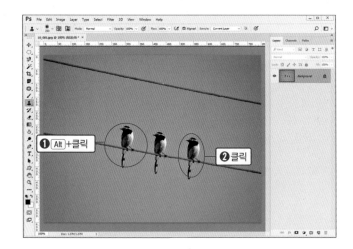

05 [File^{파일}]−[Save As^{다른 이름으로 저장}](Ctrl + Shift + S)를 실행하고 이름을 변경하여 'JPEG' 파일로 저장합니다.

242

복구 브러시 툴을 이용한 인물 피부 보정

POINT SKILL 복구 브러시 툴, 보정 : Color Balance 색상 균형 + HDR Toning HDR 토닝

HOW TO 복구 브러시 툴로 소녀 얼굴의 주근깨를 깨끗하게 보정해보겠습니다. 그리고 다양한 보정 메뉴를 이용해 소녀 이미지를 좀 더 밝고 선명하게 보정해보겠습니다.

Before Part10\10_002.jpg

After Part10\10_002(완성).jpg

---

01 ❶ [File 파일]–[Open 열기]([Ctrl]+[O]) 을 실행하고 Part10 폴더에서 '10_002. jpg' 파일을 불러옵니다. ❷ 툴 패널에서 복구 브러시 툴을 선택하고, ❸ 상단 옵션 바에서 브러시 목록을 클릭합니다.

---

02 ❶ 브러시 'Size=20px', 'Hard ness=0%', 'Spacing=25%', 'Angle =0°', 'Roundness=100%', ❷ 'Mode =Normal', ❸ 'Source=Sampled', ❹ 'Sample=Current Layer'로 선택합 니다.

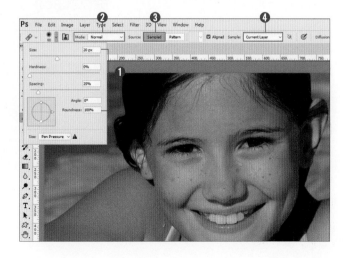

03 ❶ Ctrl+Space를 누른 채 드래그해서 작업 창을 확대합니다. ❷ Alt 를 누른 채 주근깨 이미지의 근방에 있는 깨끗한 피부를 클릭합니다. ❸ 보정하려는 주근깨를 클릭합니다.

작업의 이해를 위한 **TIP** ▶ 복구 브러시 툴 사용 시 복제하려는 이미지의 크기에 맞춰 브러시 크기를 조절해야 합니다.

단축키 **TIP** ▶ 화면 확대 : Ctrl+Space+드래그
▶ 복구 브러시 툴의 크기 조절 : [｛], [｝]

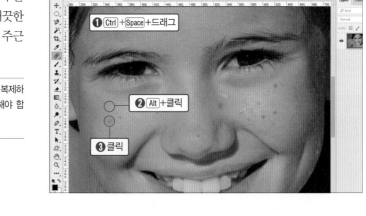

04 나머지 주근깨도 깨끗하게 보정해보겠습니다. ❶ Alt 를 누른 채 복구 브러시 툴로 주근깨 이미지의 근방에 있는 깨끗한 피부를 클릭한 후 ❷ 보정하려는 주근깨를 클릭합니다.

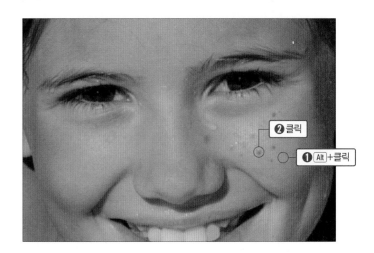

05 소녀 이미지의 주근깨가 깨끗한 피부로 보정된 것을 확인할 수 있습니다.

06 ❶Ctrl+O을 눌러 작업 창을 전체 보기로 변환합니다. ❷[Image이미지]–[Adjustments조정]–[Color Balance색상 균형](Ctrl+B)를 실행합니다. ❸'Tone Balance' 항목에서 'Midtones'를 선택하고, ❹노란색의 반대색인 파란색을 추가해 보색 관계로 보정합니다. 그 밖에 많이 분포된 연두색과 빨간색의 반대색인 분홍색과 하늘색을 추가해 보정한 후 ❺〈OK〉 버튼을 클릭합니다.

07 ❶[Image이미지]–[Adjustments조정]–[HDR Toning HDR 토닝]을 실행하고 소녀가 좀 더 밝고 선명하게 보이도록, ❷이미지의 밝은 부분과 어두운 부분의 빛의 노출을 보정합니다. 그리고 ❸토닝 곡선을 이용해 전체적인 선명도를 보정한 후 ❹〈OK〉 버튼을 클릭합니다.

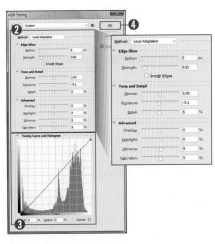

08 [File파일]–[Save As다른 이름으로 저장](Ctrl+Shift+S)를 실행하고 이름을 변경하여 'JPEG' 파일로 저장합니다.

이미지의 명도와 채도 보정하기

🛠 닷지 툴, 번 툴, 스폰지 툴

이미지 특정 부분의 밝기를 보정하여 입체적으로 표현하거나, 특정 부분의 채도를 보정할 때는 툴 패널의 닷지 툴, 번 툴, 스폰지 툴을 사용합니다.

- **닷지 툴(🔍)** : 이미지를 밝게 보정합니다.
- **번 툴(✋)** : 이미지를 어둡게 보정합니다.
- **스폰지 툴(🧽)** : 이미지의 채도를 보정합니다.

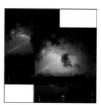

▲ 닷지 툴 ▲ 번 툴 ▲ 스폰지 툴

핵심 기능

닷지 툴 & 번 툴 & 스폰지 툴의 옵션 살펴보기

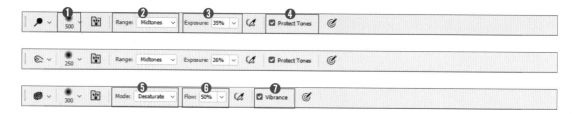

❶ **브러시 종류 :** 사용할 브러시의 크기와 종류, 가장자리 부드럽기 등을 조절합니다.

❷ **Range :** 닷지 툴과 번 툴로 보정하려는 이미지의 명도 범위를 선택합니다.

Shadows : 어두운 이미지를 보정할 때 선택합니다.
Midtones : 중간 톤의 이미지를 보정할 때 선택합니다.
Highlights : 밝은 이미지를 보정할 때 선택합니다.

❸ **Exposure :** 보정하려는 강약을 조절합니다.

❹ **Protect Tones :** 옵션 체크 시 이미지의 톤에 맞춰 명도를 보정합니다.

❺ **Mode :** 스폰지 툴로 보정하려는 이미지의 채도 범위를 선택합니다.

Desaturate : 채도를 낮춰서 보정할 때 선택합니다.
Saturate : 채도를 높여서 보정할 때 선택합니다.

❻ **Flow :** 스폰지 툴로 보정하려는 강약을 조절합니다.

❼ **Vibrance :** 옵션 체크 시 이미지의 톤에 맞춰 채도를 보정합니다.

닷지 툴 & 번 툴 & 스폰지 툴을 이용한 이미지 입체감 표현

POINT SKILL 닷지 툴, 번 툴, 스폰지 툴, 보정 : Color Balance^{색상 균형} + HDR Toning^{HDR 토닝}

HOW TO 닷지 툴로 해저 이미지를 밝게 보정하고, 번 툴로 해저 이미지의 가장자리를 어둡게 보정해 깊이감을 표현하고, 스폰지 툴을 이용해서 해저 이미지의 색상을 좀 더 선명하게 보정해보겠습니다.

Before Part10\10_003.jpg

After Part10\10_003(완성).jpg

01 ❶ [File^{파일}]−[Open^{열기}]([Ctrl]+[O])을 실행하고 Part10 폴더에서 '10_003.jpg' 파일을 불러옵니다. ❷ 툴 패널에서 닷지 툴을 선택하고, ❸ 상단 옵션 바에서 브러시 목록을 클릭합니다.

02 ❶ 브러시 종류는 'Soft Round', ❷ 'Range=Midtones', ❸ 'Exposure =50%', ❹ 'Protect Tones'는 체크합니다.

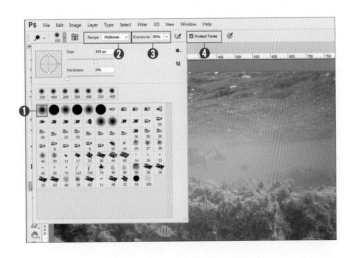

03 닷지 툴로 해저 이미지의 내부를 클릭해 밝게 보정합니다.

작업의 이해를 위한 **TIP** ▶ 해저 이미지의 밝은 부분이 깊이 있게 보이도록 자연스럽게 보정하려면 닷지 툴의 크기를 조절하면서 여러 번 클릭하여 보정해야 합니다.

단축키 **TIP** ▶ 닷지 툴의 크기 조절 : [[ ], [ ]]

▶ 보정 이전 단계로 돌아가기 : [Ctrl]+[Alt]+[Z]

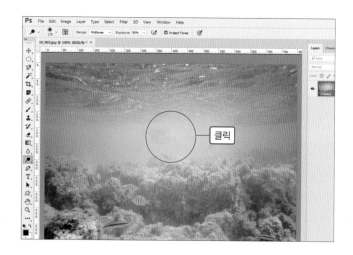

04 ❶툴 패널에서 번 툴을 선택합니다. 상단 옵션 바에서 ❷브러시 목록을 클릭하고 브러시 종류는 'Soft Round', ❸'Range=Midtones', ❹'Exposure =20%', ❺'Protect Tones'는 체크합니다. ❻해저 이미지의 가장자리를 드래그해 어둡게 보정합니다.

작업의 이해를 위한 **TIP** ▶ 해저 이미지의 어두운 부분이 깊이 있게 보이도록 자연스럽게 보정하려면 번 툴의 크기를 조절하면서 여러 번 클릭하여 보정해야 합니다.

단축키 **TIP** ▶ 번 툴의 크기 조절 : [[ ], [ ]]

▶ 보정 이전 단계로 돌아가기 : [Ctrl]+[Alt]+[Z]

05 ❶툴 패널에서 스폰지 툴을 선택합니다. 상단 옵션 바에서 ❷브러시 목록을 클릭하고 브러시 종류는 'Soft Round', ❸'Mode=Saturate', ❹'Flow=50%', ❺'Vibrance'는 체크합니다. ❻해저 이미지의 내부를 클릭해 선명하게 보정합니다.

06 ❶[Image^{이미지}]–[Adjustments^{조정}]–[Color Balance^{색상 균형}](Ctrl+B)를 실행합니다. [Color Balance] 대화상자가 나타나면 ❷ 'Tore Balance' 항목에서 'Midtones'를 선택하고 ❸ 하늘색과 파란색을 추가해 보정한 후 ❹〈OK〉 버튼을 클릭합니다.

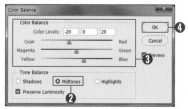

07 ❶[Image^{이미지}]–[Adjustments^{조정}]–[HDR Toning^{HDR 토닝}]을 실행합니다. [HDR Toning] 대화상자가 나타나면 해저 이미지가 좀 더 밝고 선명하게 보이도록, ❷이미지의 밝은 부분과 어두운 부분의 빛의 노출을 보정합니다. 그리고 ❸토닝 곡선을 이용해 전체적인 선명도를 보정한 후 ❹〈OK〉 버튼을 클릭합니다.

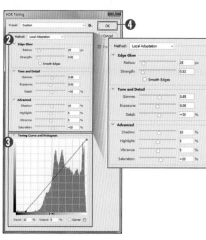

08 [File^{파일}]–[Save As^{다른 이름으로 저장}](Ctrl+Shift+S)를 실행하고 이름을 변경하여 'JPEG' 파일로 저장합니다.

번 툴을 이용한 입체 문자 만들기

POINT SKILL 번 툴, 레이어 스타일, 레이어 스타일 복제

HOW TO 번 툴로 문자 이미지의 가장자리를 어둡게 보정해 겹쳐보이도록 한 후, Drop Shadow를 적용해 그림자를 표현해보겠습니다.

Before Part10\10_004.psd

After Part10\10_004(완성).psd

01 ❶ [File^{파일}]−[Open^{열기}](Ctrl+O) 을 실행하고 Part10 폴더에서 '10_004. psd' 파일을 불러옵니다. ❷ 툴 패널에서 번 툴을 선택하고, ❸ 상단 옵션 바에서 브러시 목록을 클릭합니다.

02 ❶ 브러시 종류는 'Soft Round', ❷ 'Range=Highlights', ❸ 'Exposure= 20%', ❹ 'Protect Tones'는 체크합니다.

03 ❶레이어 패널에서 'L' 레이어를 선택합니다. ❷번 툴로 'O' 문자에 겹쳐진 'L' 문자의 가장자리를 클릭해 어둡게 보정합니다.

작업의 이해를 위한 **TIP** ▸ 문자 이미지가 겹쳐보이도록 자연스럽게 보정하려면 번 툴의 크기를 조절하면서 여러 번 클릭하여 보정해야 합니다.

단축키 **TIP** ▸ 번 툴의 크기 조절 : [［ ］, ］ ］

04 ❶레이어 패널에서 'O' 레이어를 선택합니다. ❷번 툴로 'V' 문자에 겹쳐진 'O' 문자의 가장자리를 클릭해 어둡게 보정합니다.

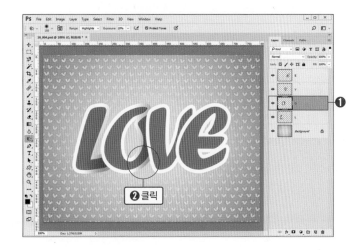

05 ❶레이어 패널에서 'V' 레이어를 선택합니다. ❷번 툴로 'E' 문자에 겹쳐진 'V' 문자의 가장자리를 클릭해 어둡게 보정합니다.

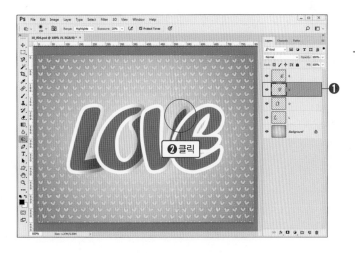

06 ❶레이어 패널에서 'E' 레이어를 선택하고 ❷어둡게 표현하려는 가장자리를 클릭해 어둡게 보정합니다.

완성도를 높이는 단계

07 문자 이미지가 입체적으로 보이도록 레이어 스타일을 적용해보겠습니다. ❶레이어 패널에서 'L' 레이어를 선택합니다. ❷레이어 패널 하단의 'Add a layer style'를 클릭하고 ❸'Drop Shadow그림자'를 선택합니다.

08 [Layer style] 대화상자가 나타나면 ❶'Structure' 옵션 영역에서 'Opacity =50%', 'Angle=180°', 'Distance= 12px', 'Spread=0%', 'Size=5px'로 설정한 후 ❷〈OK〉 버튼을 클릭합니다.

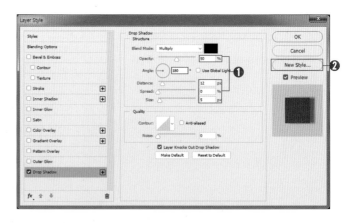

09 'L' 문자에 적용된 레이어 스타일을 복사해보겠습니다. ❶레이어 패널에서 'L' 레이어를 선택합니다. ❷마우스 오른쪽 버튼을 클릭한 후 ❸'Copy Layer Styles레이어 스타일 복사'를 선택합니다.

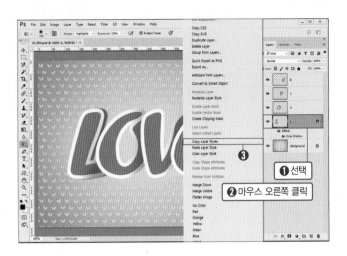

10 복사한 레이어 스타일을 나머지 문자에 똑같이 적용해보겠습니다. ❶Shift를 누른 채 레이어 패널에서 'O', 'V', 'E' 레이어를 클릭하여 다중 선택합니다. ❷마우스 오른쪽 버튼을 클릭한 후 ❸'Paste Layer Style레이어 스타일 붙여넣기'을 선택합니다.

단축키 TIP ▶ 레이어 다중 선택 : Shift+클릭

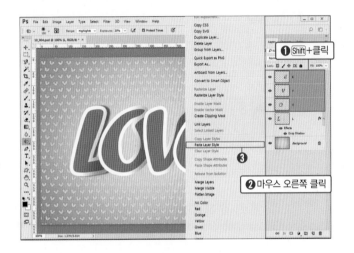

11 ❶Shift를 누른 채 문자 레이어를 클릭하여 다중 선택하고 ❷Ctrl+G를 눌러 그룹 레이어로 정리합니다.

단축키 TIP ▶ 그룹 레이어로 정리 : Ctrl+G

12 [File파일]-[Save저장]([Ctrl]+[S])를 실행하고 'PSD' 파일로 저장합니다.

이미지를 부드럽게 보정하기

⚒ 흐림 효과 툴

흐림 효과 툴은 이미지의 특정 부분을 흐리게 처리하여 부드럽게 보정할 때 사용합니다. 이미지 특정 부분의 초점을 날려 흐리게 처리하면 아웃포커싱 효과를 표현할 수 있습니다.

핵심 기능 **흐림 효과 툴의 옵션 살펴보기**

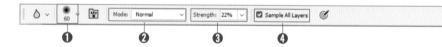

❶ **브러시 종류** : 사용할 브러시의 크기와 종류, 가장자리 부드럽기 등을 조절합니다.

❷ **Mode** : 흐림 효과 툴로 보정한 이미지를 배경 레이어와 합성합니다.

❸ **Strangth** : 보정하려는 강약을 조절합니다.

❹ **Sample All Layers** : 옵션 체크 시 레이어 전체에 배치된 이미지를 보정합니다.

흐림 효과 툴을 이용한 이미지 초점 조절

POINT SKILL 흐림 효과 툴, 번 툴, 스폰지 툴, 보정 : Photo Filter^{포토 필터} + Levels^{레벨}

⏳ 10 min

HOW TO 흐림 효과 툴로 자동차 이미지의 사이드 미러를 제외한 배경을 부드럽게 보정하여 초점을 조절해보겠습니다. 그리고 번 툴로 배경을 어둡게 보정하고, 스폰지 툴로 사이드 미러 이미지의 색상을 좀 더 선명하게 보정해보겠습니다.

Before   Part10\10_005.jpg   After   Part10\10_005(완성).jpg

01 ❶[File^{파일}]-[Open^{열기}](Ctrl+O)을 실행하고 Part10 폴더에서 '10_005.jpg' 파일을 불러옵니다. ❷툴 패널에서 흐림 효과 툴을 선택하고, ❸상단 옵션 바에서 브러시 목록을 클릭합니다.

02 ❶브러시 종류는 'Soft Round', ❷'Mode=Normal', 'Strength=100%', ❸'Sample All Layers'는 체크합니다.

255

03 흐림 효과 툴로 자동차 이미지의 사이드 미러를 제외한 배경을 드래그하여 부드럽게 보정합니다.

작업의 이해를 위한 **TIP** ▶ 자동차 이미지의 사이드 미러를 제외한 배경을 자연스럽게 보정하려면 흐림 효과 툴의 크기를 조절하면서 여러 번 드래그하여 보정해야 합니다.

단축키 **TIP** ▶ 흐림 효과 툴의 크기 조절 : [[ ], [ ]]
▶ 보정 이전 단계로 돌아가기 : [Ctrl]+[Alt]+[Z]

완성도를 높이는 단계

04 ❶툴 패널에서 번 툴을 선택합니다. 상단 옵션 바에서 ❷브러시 목록을 클릭하고 브러시 종류는 'Soft Round', ❸'Range=Midtones', 'Exposure =20%', 'Protect Tones'는 체크합니다. ❹자동차 이미지의 사이드 미러를 제외한 배경의 가장자리를 드래그하여 어둡게 보정합니다.

05 ❶툴 패널에서 스폰지 툴을 선택합니다. 상단 옵션 바에서 ❷브러시 목록을 클릭하고 브러시 종류는 'Soft Round', ❸'Mode=Saturate', 'Flow=50%', 'Vibrance'는 체크합니다. ❹자동차 이미지의 사이드 미러 내부를 드래그하여 색상을 선명하게 보정합니다.

06 ❶[Image^{이미지}]-[Adjustments^{조정}]-[Photo Filter^{포토 필터}]를 실행합니다. ❷[Photo Filter] 대화상자가 나타나면 'Filter'에서 원하는 분위기를 선택하고 ❸'Density'에서 선택한 분위기의 강도를 조절한 후 ❹〈OK〉 버튼을 클릭합니다.

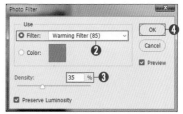

07 ❶[Image^{이미지}]-[Adjustments^{조정}]-[Levels^{레벨}]([Ctrl]+[L])를 실행합니다. ❷[Levels] 대화상자가 나타나면 자동차와 배경 이미지의 어두운 부분은 어둡게, 밝은 부분은 밝게 보정한 후 ❸〈OK〉 버튼을 클릭합니다.

08 [File^{파일}]-[Save As^{다른 이름으로 저장}]([Ctrl]+[Shift]+[S])를 실행하고 이름을 변경하여 'JPEG' 파일로 저장합니다.

흐림 효과 툴을 이용한 이미지 음영 표현

POINT SKILL 흐림 효과 툴, 블렌딩 모드, 이동 툴

HOW TO 캥거루 이미지를 레이어로 분리해 흐림 효과 툴로 부드럽게 보정한 후, 배경 레이어에 배치된 캥거루 이미지와 자연스럽게 합성해보겠습니다. 그리고 캔버스 이미지를 배치해서 붓으로 그린 듯한 분위기로 표현해보겠습니다.

Before Part10\10_006.jpg, 10_007.psd

After Part10\10_006(완성).psd

01 ❶[File 파일]-[Open 열기]([Ctrl]+[O])을 실행하고 Part10 폴더에서 '10_006.jpg' 파일을 불러옵니다. ❷툴 패널에서 흐림 효과 툴을 선택하고, ❸상단 옵션바에서 브러시 목록을 클릭합니다.

02 ❶브러시 종류는 'Soft Round', ❷'Mode=Normal', 'Strength=20%', ❸'Sample All Layers'는 체크합니다.

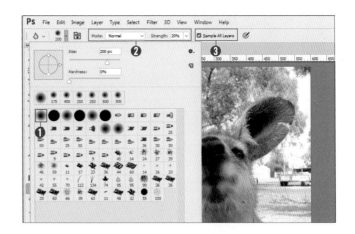

03 ❶레이어 패널에서 새 레이어를 생성하고 ❷생성된 레이어의 블렌딩 모드를 'Multiply'로 선택합니다. ❸흐림 효과 툴로 캥거루 이미지의 내부를 드래그해서 부드럽게 보정합니다. ❹같은 방법으로 레이어를 추가하고, ❺블렌딩 모드를 'Multiply'로 선택한 후 ❻흐림 효과 툴로 캥거루 이미지의 배경을 드래그합니다.

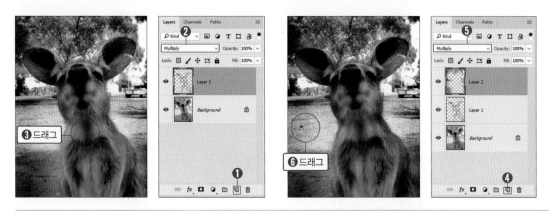

작업의 이해를 위한 **TIP** ▶ 캥거루 이미지를 음영으로 표현하기 위해 새 레이어를 생성하고 흐림 효과 툴로 보정하였습니다. 이때 레이어의 블렌딩 모드를 미리 지정하면, 합성되는 결과를 보며 보정할 수 있습니다.

▶ 흐림 효과 툴로 보정된 부분을 캥거루 이미지의 음영으로 표현하기 위해서 블렌딩 모드를 'Multiply'로 선택하였습니다.

04 ❶[File 파일]–[Open 열기]([Ctrl]+[O])을 실행하고 Part10 폴더에서 '10_007.psd' 파일을 불러옵니다. ❷툴 패널에서 이동 툴을 선택하고 ❸캔버스 이미지를 캥거루 이미지로 드래그하여 이동합니다.

05 최종 결과 이미지를 확인한 후 [File 파일]–[Save 저장]([Ctrl]+[S])를 실행하고 'PSD' 파일로 저장합니다.

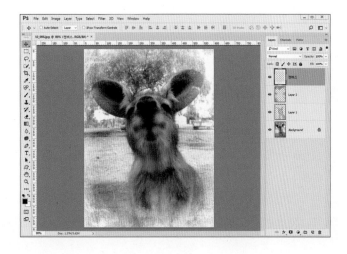

PART 11

이미지의 분위기를
바꿔보자 3

이미지를 독특하게 표현하는 필터

포토샵에서는 이미지에 독특한 효과를 적용하는 다양한 필터를 제공합니다. 이미지를 이루는 픽셀에 변화를 주어 그림으로 그린 듯한 효과를 주거나 초점에 변화를 주고, 형태를 변형할 수도 있습니다. 버전이 업그레이드되면서 이미지의 구도를 수정할 수 있는 필터가 추가되었고, 기존의 효과를 좀 더 세밀하게 적용할 수 있게 되었습니다. 이번 파트에서는 포토샵에 새롭게 추가된 필터와 자주 사용하는 필터에 대해 알아보겠습니다.

CHAPTER 1   렌즈 교정 프로파일과 원근 왜곡 조절하기

CHAPTER 2   렌즈 왜곡 교정과 비네팅 효과 조절하기

CHAPTER 3   원근감 교정하기

CHAPTER 4   손으로 그린 듯한 효과 표현하기

CHAPTER 5   이미지 컨트롤을 이용해 흐림 효과 조절하기

CHAPTER 6   이미지 픽셀을 변형하여 입자 표현하기

렌즈 교정 프로파일과
원근 왜곡 조절하기

🛠 Camera Raw 필터

잘못된 렌즈를 사용하거나 카메라 흔들림이 있는 경우 사진 원근이 기울어지거나 왜곡될 수 있습니다. [Filter^필터]-[Camera Raw Filter^{Camera Raw 필터}]에는 자동으로 원근을 수정할 수 있는 4가지 Upright 모드(자동, 레벨, 수직, 전체)와 안내 모드가 있습니다. Upright 모드나 안내 모드의 핀을 조절하면 이미지의 왜곡된 구도를 수정할 수 있습니다. 또한 보정 기능을 이용해 이미지를 보정할 수도 있습니다.

작업의 이해를 위한 **TIP** ▶ [Camera Raw Filter]는 Adobe Photoshop CC 버전부터 필터 메뉴에 추가되었습니다. Adobe Photoshop CS6 버전에서는 [Edit]-[Preference]-[File Handling]에서 설정을 변경하여 실행해야 합니다. 그리고 CMYK 모드에서는 활성화되지 않습니다.

핵심 기능

Camera Raw Filter 살펴보기

❶ 툴 패널 : 이미지를 확대하고 색상을 추출하거나 보정하는 툴이 모여 있습니다.

ⓐ **돋보기 툴 :** 이미지의 특정 부분을 확대하거나 축소시켜 볼 수 있습니다.

ⓑ **손 툴 :** 작업 창을 자유롭게 움직입니다.

ⓒ **스포이드 툴** : 이미지의 색상을 추출합니다.

ⓓ **색상 샘플러 툴** : 마우스를 클릭해서 이미지의 색상 정보를 확인합니다.

ⓔ **지정된 조정 툴** : 마우스를 드래그해서 이미지의 밝은 부분과 어두운 부분을 조절합니다.

ⓕ **변형 툴** : Upright 모드나 안내 모드의 핀을 조절해서 이미지 구도를 수정합니다.

ⓖ **별색 제거 툴** : 마우스를 드래그해서 이미지의 주변을 자동으로 합성합니다.

ⓗ **적목 현상 툴** : 빨갛게 찍힌 눈동자를 보정합니다.

ⓘ **조정 브러시 툴** : 마우스를 클릭해서 오른쪽 속성 패널의 색상, 대비, 명도, 선명도 등을 보정합니다.

ⓙ **그레쥬에이티드 필터** : 마우스를 드래그해서 오른쪽 속성 패널의 색상, 대비, 명도, 선명도 등을 보정합니다.

ⓚ **방사형 필터** : 마우스를 드래그해서 이미지 가장자리를 밝거나 어둡게 보정합니다.

❷ **속성 패널** : 툴 패널에서 선택한 툴의 보정 기능을 조절거나, 원근을 수정하는 ⓐ Upright 모드(자동, 레벨, 수직, 전체)와 ⓑ 안내 모드를 이용해서 이미지의 구도를 수정합니다.

따 라 하 기

기 본 예 제

5 min

Camera Raw Filter를 이용한 원근 왜곡 수정과 선명도 보정

POINT SKILL   필터 : Camera Raw Filter^Camera Raw 필터

HOW TO   Camera Raw Filter를 이용해 빌딩 이미지의 원근 왜곡을 수정하고, 빌딩 이미지가 좀 더 밝고 선명하게 보이도록 보정해보겠습니다.

Before   Part11\11_001.jpg

After   Part11\11_001(완성).jpg

01 [File^파일]–[Open^열기]((Ctrl)+(O))을 실행하고 Part11 폴더에서 '11_001.jpg' 파일을 불러옵니다.

02 ❶[Filter 필터]-[Camera Raw Filter Camera Raw 필터]((Ctrl)+(Shift)+(A))를 실행합니다. ❷툴 패널에서 변형 툴을 선택합니다. ❸속성 패널의 'Upright'에서 자동 모드를 클릭합니다.

作업의 이해를 위한 **TIP** ▶ 'Upright' 모드를 적용하고 슬라이더 식 변형 설정을 수동으로 조절하면 이미지의 구도를 세밀하게 수정할 수 있습니다.

03 구도를 수정하기 위한 기준선을 보기 위해 속성 패널에서 ❶'Grid'를 체크하고, ❷수직 항목을 조절해 이미지의 구도를 수정합니다.

04 구도를 수정하여 생긴 작업 창의 여백을 채우기 위해 비율 항목을 조절합니다.

05 ❶툴 패널에서 돋보기 툴을 선택합니다. 속성 패널에서 빌딩 이미지와 배경이 좀 더 밝고 선명하게 보이도록, ❷이미지의 밝은 부분과 어두운 부분의 빛의 노출을 보정한 후 ❸〈OK〉 버튼을 클릭합니다.

작업의 이해를 위한 **TIP** ▶ [Camera Raw Filter]에서 보정한 결과는 'Before/After'를 클릭해서 비교할 수 있습니다.

06 [File 파일]-[Save As 다른 이름으로 저장]([Ctrl]+[Shift]+[S])를 실행하고 이름을 변경하여 'JPEG' 파일로 저장합니다.

렌즈 왜곡 교정과 비네팅 효과 조절하기

 Lens Correction 필터

[Filter^{필터}]-[Lens Correction^{렌즈 교정}]를 실행하면 배럴, 핀쿠션 왜곡, 비네팅과 같은 일반적인 렌즈 결함을 수정할 수 있습니다. 배럴 왜곡은 이미지의 가장자리를 향해 바깥으로 불룩하게 휘어지게 하는 렌즈 결함이고, 핀쿠션 왜곡은 배럴 왜곡과 반대로 직선이 안쪽으로 휘어지게 하는 렌즈 결함입니다. 비네팅은 렌즈 주변의 밝기 감소로 인해 이미지의 가장자리가 어둡게 나타나는 결함입니다.

작업의 이해를 위한 **TIP** ▶ Lens Correction 필터는 CMYK 모드에서 활성화되지 않습니다.

핵심 기능

Lens Correction 필터 살펴보기

❶ **툴 패널** : 이미지의 왜곡을 수정하고 확대하는 툴이 모여 있습니다.

　ⓐ **왜곡 제거 툴** : 배럴과 핀쿠션 왜곡을 수정합니다.
　ⓑ **라인 툴** : 마우스를 드래그하면 드래그한 방향으로 이미지를 회전합니다.
　ⓒ **격자 이동 툴** : 격자를 움직입니다.
　ⓓ **손 툴** : 작업 창을 자유롭게 움직입니다.
　ⓔ **돋보기 툴** : 이미지의 특정 부분을 확대하거나 축소시켜 볼 수 있습니다.

❷ **속성 패널** : ⓐ 자동 교정과 ⓑ 사용자 정의 모드를 이용해서 이미지의 왜곡과 비네팅 효과를 수정합니다.

Lens Correction을 이용한 렌즈 왜곡 수정과 비네팅 효과 조절

POINT SKILL 필터 : Lens Correction ^{렌즈 교정}, 보정 : Exposure ^{노출}

HOW TO Lens Correction을 이용하여 자동차 시트 이미지의 배럴 왜곡을 수정하고, 비네팅 효과를 이용해 이미지의 가장자리를 어둡게 보정해보겠습니다. 그리고 빛의 노출값을 이용해 자동차 시트 이미지를 보정해보겠습니다.

Before	Part11\11_002.jpg

After	Part11\11_002(완성).jpg

01 [File ^{파일}]−[Open ^{열기}]([Ctrl]+[O])을 실행하고 Part11 폴더에서 '11_002.jpg' 파일을 불러옵니다.

02 ❶ [Filter ^{필터}]−[Lens Correction ^{렌즈 교정}]([Ctrl]+[Shift]+[R])을 실행합니다. ❷ 속성 패널의 사용자 정의 모드에서 ❸ 왜곡 제거 설정 항목을 조절해 이미지의 배럴 왜곡을 수정합니다.

작업의 이해를 위한 **TIP** ▶ 툴 패널의 왜곡 제거 툴을 이용하여 왜곡을 수정할 수도 있습니다. 배럴 왜곡을 수정하려면 이미지의 중심으로 드래그하고, 핀 쿠션 왜곡을 수정하려면 이미지의 바깥쪽으로 드래그합니다.

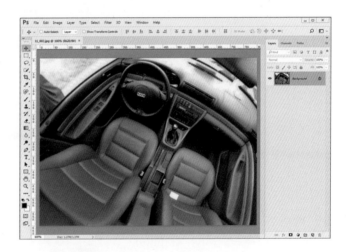

❶ 필터 실행

❸ 60

03 비네팅 효과를 적용하기 위해 ❶비네팅의 양과 ❷중간점 항목을 조절하고 ❸⟨OK⟩ 버튼을 클릭합니다.

04 ❶[Image 이미지]−[Adjustments 조정]−[Exposure 노출]를 실행합니다. ❷자동차 시트 이미지에 분포된 빛의 노출을 보정한 후 ❸⟨OK⟩ 버튼을 클릭합니다.

05 한 번 더 배럴 왜곡을 수정하고 비네팅 효과를 적용해보겠습니다. ❶[Filter 필터]−[Lens Correction 렌즈 교정]([Ctrl]+[Shift]+[R])을 실행합니다. ❷속성 패널의 사용자 정의 모드에서 ❸왜곡 제거 항목과 ❹비네팅의 양과 중간점 항목을 조절한 후 ❺⟨OK⟩ 버튼을 클릭합니다.

단축키 **TIP** ▶ 이 전 필터 반복 적용 :
− 포토샵 CC 2017 버전 : [Ctrl]+[Alt]+[F]
− 포토샵 CC 2017 이하 버전 : [Ctrl]+[F]

06 [File 파일]−[Save As 다른 이름으로 저장]([Ctrl]+[Shift]+[S])를 실행하고 이름을 변경하여 'JPEG' 파일로 저장합니다.

원근감 교정하기

⚒ Vanishing Point 필터

[Filter^{필터}]–[Vanishing Point^{소실점}]를 실행하면 건물 측면, 벽, 바닥 또는 사각형 객체의 소실점을 이용해 원근감을 유지한 채로 페인팅 및 복제 작업을 할 수 있습니다. 소실점을 따라서 원근감이 평면에 따라 조절되어 좀 더 사실적인 결과를 표현할 수 있습니다.

작업의 이해를 위한 **TIP** ▶ Vanishing Point 필터는 CMYK 모드에서 활성화되지 않습니다.

핵심 기능 | **Vanishing Point 필터 살펴보기**

❶ **툴 패널** : 이미지의 소실점을 이용해 원근감을 편집하는 툴이 모여 있습니다.

ⓐ **평면 편집 툴** : 평면을 선택하고 이동하거나 크기를 수정합니다.

ⓑ **평면 만들기 툴** : 마우스로 이미지의 소실점을 클릭하여 평면을 생성합니다.

ⓒ **선택 윤곽 툴** : 평면 만들기 툴로 생성된 평면을 드래그하여 선택 영역을 지정합니다.

ⓓ **도장 툴** : 평면 만들기 툴로 생성된 평면을 Alt 를 누른 채 클릭하여 이미지의 특정 부분을 복제합니다.

ⓔ **브러시 툴** : 마우스를 드래그하여 평면 만들기 툴로 생성된 평면을 채색합니다.

ⓕ **변형 툴** : 선택 윤곽 툴로 지정된 선택 영역을 이동하거나 크기를 수정합니다.

ⓖ **스포이드 툴** : 이미지의 색상을 추출합니다.

ⓗ **측정 툴** : 평면 만들기 툴로 생성된 평면을 드래그하여 소실점 사이의 거리와 각도를 측정합니다.

ⓘ **손 툴** : 작업 창을 자유롭게 움직입니다.

ⓙ **돋보기 툴** : 이미지의 특정 부분을 확대하거나 축소시켜 볼 수 있습니다.

❷ **속성 패널** : 원근감을 편집하는 툴을 이용해서 평면을 수정합니다.

따 라 하 기 기 본 예 제	**Vanishing Point를 이용한 이미지 원근 늘리기**

15 min

POINT SKILL 필터 : Vanishing Point^{소실점}, 이미지 복제, 보정 : HDR Toning^{HDR 토닝}, 복구 브러시 툴

HOW TO Vanishing Point를 이용해 빌딩 이미지의 원근감을 유지한 채 세로로 길게 늘려보겠습니다. 그리고 빛의 노출을 조절하여 빌딩 이미지를 보정해보겠습니다.

| Before | Part11\11_003.jpg | After | Part11\11_003(완성).jpg |

---

01 [File^{파일}]−[Open^{열기}]([Ctrl]+[O])을 실행하고 Part11 폴더에서 '11_003.jpg' 파일을 불러옵니다.

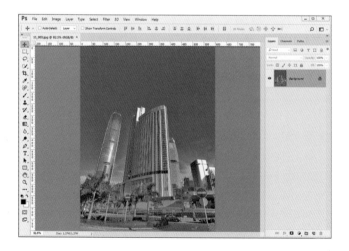

02 ❶[Filter^{필터}]–[Vanishing Point^소
^{실점}]([Ctrl]+[Alt]+[V])를 실행합니다. 빌딩
이미지를 세로로 길게 늘리기 위해 ❷툴
패널에서 평면 만들기 툴을 선택합니다.

03 빌딩 이미지의 소실점을 클릭해 평면을 생성합니다.

04 생성된 평면을 선택 영역으로 지정
하기 위해 ❶선택 윤곽 툴을 선택합니다.
❷평면을 드래그하여 선택 영역을 지정
합니다.

05 ❶ Alt + Shift 를 누른 채 상단으로 드래그해 지정된 선택 영역의 이미지를 복제합니다. ❷ Ctrl + D 를 눌러 선택 영역을 해지합니다.

단축키 **TIP** ▸ 이미지 복제 : Alt +드래그
▸ 일직선 방향으로 이동 : Shift +드래그
▸ 지정된 선택 영역 해지 : Ctrl + D

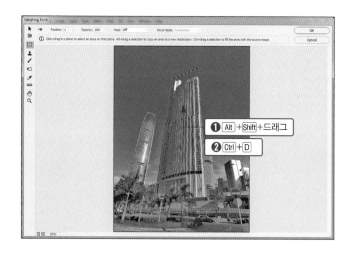

06 복제된 이미지의 경계선을 자연스럽게 수정해보겠습니다. ❶ Ctrl + Space 를 누른 채 드래그하여 작업 창을 확대합니다. ❷ 툴 패널에서 선택 윤곽 툴을 선택합니다. ❸ 속성 패널에서 'Feather=10'으로 입력하고 ❹ 이미지의 경계선 아랫부분을 따라 선택 영역을 지정합니다.

단축키 **TIP** ▸ 돋보기 툴 : Ctrl + Space +드래그

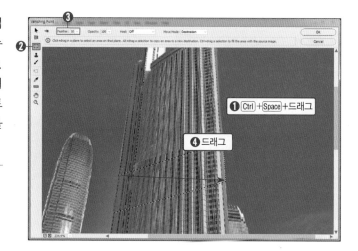

07 ❶ Alt + Shift 를 누른 채 상단으로 드래그해 지정된 선택 영역의 이미지를 복제합니다. ❷ Ctrl + D 를 눌러 선택 영역을 해지하고 ❸ 〈OK〉 버튼을 클릭합니다.

08 ❶[Image 이미지]-[Adjustments 조정]-[HDR Toning HDR 토닝]을 실행합니다. 빌딩 이미지와 배경이 좀 더 밝고 선명하게 보이도록 ❷이미지의 밝은 부분과 어두운 부분의 빛의 노출을 보정하고 ❸〈OK〉 버튼을 클릭합니다.

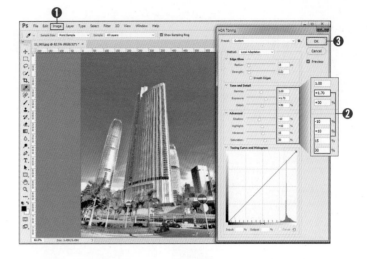

09 복제된 이미지의 경계선을 자연스럽게 수정해보겠습니다. ❶툴 패널에서 복구 브러시 툴을 선택합니다. ❷상단 옵션 바에서 브러시 목록을 클릭합니다. ❸브러시는 'Hardness=50%', 'Spacing=25%', 'Angle=0', 'Roundness=100%', ❹'Mode=Normal', ❺'Source=Sampled', ❻'Sample=Current Layer'로 선택합니다.

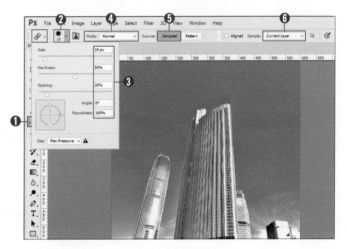

10 ❶Ctrl+Space를 누른 채 드래그하여 작업 창을 확대합니다. ❷Alt를 누른 채 하늘을 클릭한 후 ❸빌딩 이미지의 근방에 있는 하늘을 클릭합니다.

작업의 이해를 위한 **TIP** ▶ 복구 브러시 툴 사용 시 복제하려는 이미지의 크기에 맞춰 복구 브러시 툴의 크기를 조절해야 합니다.

단축키 **TIP** ▶ 복구 브러시 툴의 크기 조절 : ［, ］

11 [File 파일]-[Save As 다른 이름으로 저장]([Ctrl]+[Shift]+[S])를 실행하고 이름을 변경하여 'JPEG' 파일로 저장합니다.

Vanishing Point를 이용한 이미지 원근 맵핑

POINT SKILL 이미지 복제, Vanishing Point^{소실점}, 블렌딩 모드

HOW TO Vanishing Point를 이용해 큐브 이미지의 3면을 바다 이미지로 원근감을 살려 맵핑하고, 큐브 이미지와 바다 이미지를 자연스럽게 합성해보겠습니다.

Before Part11\11_004.jpg, 11_005.jpg

After Part11\11_004(완성).psd

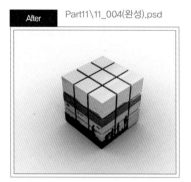

01 ❶[File^{파일}]−[Open^{열기}]([Ctrl]+[O])을 실행하고 Part11 폴더에서 '11_004.jpg' 파일을 불러옵니다. ❷[Ctrl]+[A]를 눌러 바다 이미지 전체를 선택 영역으로 지정합니다. ❸[Ctrl]+[C]를 눌러 선택 영역으로 지정된 이미지를 복사하고 ❹[Ctrl]+[W]를 눌러 작업 창을 닫습니다.

작업의 이해를 위한 **TIP** ▸ [Vanishing Point]를 이용하여 맵핑하기 위해서는 맵핑하려는 이미지를 먼저 복제해야 합니다.

단축키 **TIP** ▸ 작업 창 전체를 선택 영역으로 지정 : [Ctrl]+[A]
▸ 선택 영역으로 지정된 이미지 복사 : [Ctrl]+[C]
▸ 작업 창 닫기 : [Ctrl]+[W]

02 ❶[File파일]-[Open열기]([Ctrl]+[O])
을 실행하고 Part11 폴더에서 '11_005.
jpg' 파일을 불러옵니다. ❷복제한 이미
지를 배치하기 위해 레이어 패널에서 새
레이어를 생성합니다.

작업의 이해를 위한 **TIP** ▶ [Vanishing Point]를 이용하여
맵핑하기 위해서는 복제한 이미지가 배치될 레이어를 생
성해야 합니다.

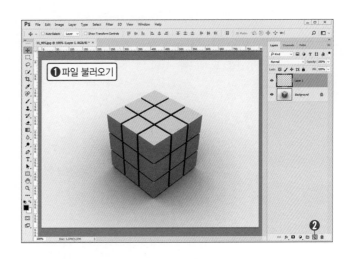

03 ❶[Filter필터]-[Vanishing Point소
실점]를 실행합니다. ❷[Ctrl]+[Space]를 누
른 채 드래그해 작업 창을 확대합니다.
❸툴 패널에서 평면 만들기 툴을 선택하
고 ❹큐브 이미지의 소실점을 클릭해 평
면을 생성합니다.

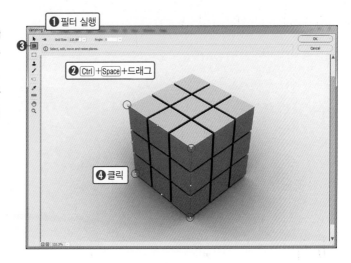

04 평면을 추가로 연결하기 위해 ❶생성된 평면의 가장자리 가운데 점을 [Ctrl]을 누르고 클릭한 채 ❷오른쪽으
로 드래그합니다.

작업의 이해를 위한 **TIP** ▶ 생성된 평면의 모서리에 마우스를 대고 점을 드래그하면 이미지에 맞춰 평면을 수정할 수 있습니다.

단축키 **TIP** ▶ 생성된 평면 추가로 연결 : 평면의 가장자리 가운데 점+[Ctrl]+드래그

05 생성된 평면을 선택 영역으로 지정하기 위해 ❶툴 패널에서 선택 윤곽 툴을 선택합니다. ❷평면을 드래그해 선택 영역을 지정합니다.

06 Ctrl+V를 눌러 앞에서 복사한 이미지를 붙여 넣습니다.

07 ❶툴 패널에서 선택 윤곽 툴을 선택합니다. ❷배치한 바다 이미지를 선택 영역으로 드래그하여 배치한 후 ❸⟨OK⟩ 버튼을 클릭합니다.

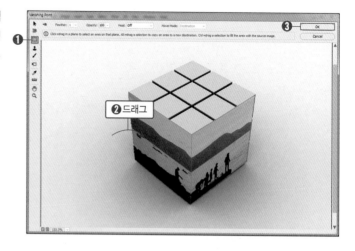

08 바다 이미지가 큐브 이미지와 자
연스럽게 합성되도록 블렌딩 모드를
'Overlay'로 선택합니다.

09 복제한 이미지를 배치하기 위해 레
이어 패널에서 새 레이어를 생성합니다.

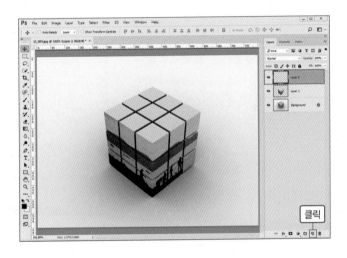

10 ❶[Filter필터]-[Vanishing Point소
실점]를 실행합니다. ❷ Ctrl+Space를 누
른 채 드래그하여 작업 창을 확대합니다.
❸툴 패널에서 평면 만들기 툴을 선택하
고 ❹큐브 이미지의 소실점을 클릭해 평
면을 생성합니다.

11 생성된 평면을 선택 영역으로 지정하기 위해 **①**툴 패널에서 선택 윤곽 툴을 선택합니다. **②**평면을 드래그하여 선택 영역을 지정합니다.

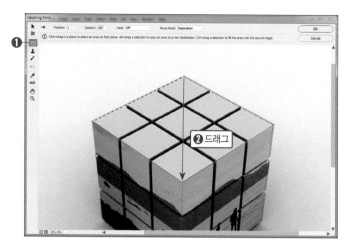

12 **①**Ctrl+V를 눌러 앞에서 복사한 이미지를 배치합니다. **②**툴 패널에서 선택 윤곽 툴을 선택합니다. **③**배치한 바다 이미지를 선택 영역으로 드래그하여 배치한 후 **④**〈OK〉 버튼을 클릭합니다.

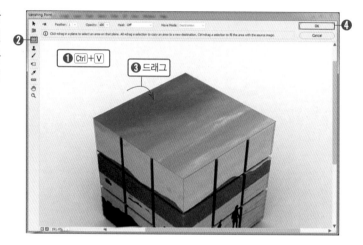

13 바다 이미지가 큐브 이미지와 자연스럽게 합성되도록 블렌딩 모드를 'Overlay'로 선택합니다.

14 [File^{파일}]−[Save^{저장}](Ctrl+S)를 실행하고 'PSD' 파일로 저장합니다.

손으로 그린 듯한 효과 표현하기

✂ Artistic 필터

[Filter^{필터}]–[Artistic^{예술 효과}]을 실행하면 이미지를 손으로 그린 듯한 느낌으로 표현할 수 있습니다. Artistic은 [Filter^{필터}]–[Filter Gallery^{필터 갤러리}]에서 여러 가지의 효과를 한꺼번에 적용하고 결과를 미리 볼 수 있으며, 적용된 효과의 옵션을 수정하거나, 적용된 순서를 변경할 수도 있습니다. [Edit^{편집}]–[Preferences^{환경 설정}]– [Plug-ins^{플러그인}]을 실행하고 'Show all Filter Gallery groups and names' 옵션을 체크하면 [Filter]의 모든 항목을 메뉴에서 확인할 수 있습니다.

작업의 이해를 위한 **TIP** ▶ Artistic 필터는 CMYK 모드에서 활성화되지 않습니다.

핵심 기능 **Artistic 필터 살펴보기**

❶효과 모음

❷효과 옵션

❸효과 목록

PART

11

이미지의 분위기를 바꿔보자 3

---

❶ **효과 모음** : Filter Gallery에서 적용할 수 있는 효과를 살펴볼 수 있습니다.

ⓐ **Color Pencil** : 색연필로 그린 느낌으로 표현합니다.

ⓑ **Cutout** : 이미지의 색상 변화를 뚜렷하게 표시하여 색종이를 오려 붙인 느낌으로 표현합니다.

ⓒ **Dry Brush** : 붓으로 그린 느낌으로 표현합니다.

ⓓ **Film Grain** : 이미지에 입자를 표시하여 오래된 사진 느낌으로 표현합니다.

ⓔ **Fresco** : 이미지의 가장자리를 검은색 테두리로 표시하여 붓으로 그린 느낌으로 표현합니다.

279

ⓕ Neon Glow : 이미지를 네온 효과로 표현합니다.

ⓖ Paint Daubs : 이미지에 페인트 붓으로 덧칠한 느낌으로 표현합니다.

ⓗ Palette Knife : 잉크가 번진 느낌으로 표현합니다.

ⓘ Plastic Wrap : 이미지에 랩을 씌운 것처럼 번들거리는 느낌으로 표현합니다.

ⓙ Poster Edge : 이미지의 가장자리를 검은색 테두리로 표시하여 포스터 느낌으로 표현합니다.

ⓚ Rough Pastels : 거친 파스텔로 그린 느낌으로 표현합니다.

ⓛ Smudge Stick : 수채화를 그린 느낌으로 표현합니다.

ⓜ Sponge : 젖은 스펀지로 문지른 느낌으로 표현합니다.

ⓝ Underpainting : 이미지에 질감을 합성한 것처럼 표현합니다.

ⓞ Water Color : 이미지의 가장자리를 검은색 테두리로 표시하여 수채화 느낌으로 표현합니다.

❷ **효과 옵션** : 적용하려는 효과의 옵션을 조절합니다.

❸ **효과 목록** : 적용된 효과가 목록으로 나열됩니다. 새로운 효과를 추가하거나, 적용된 효과를 삭제할 수 있고, 적용된 효과의 순서를 변경할 수도 있습니다.

따라하기
기본 예제

Dry Brush, Paint Daubs를 이용한 그림 효과 표현

15 min

POINT SKILL 필터 : Dry Brush ^{드라이 브러시} + Paint Daubs ^{페인트 바르기} + Find Edges ^{가장자리 찾기}, 이미지 복제, 보정 : Desaturate ^{채도 감소}, 이동 툴, 블렌딩 모드

HOW TO Dry Brush, Paint Daubs를 이용해 기린 이미지를 손으로 그린 듯한 분위기로 표현한 후, 캔버스 이미지와 자연스럽게 합성해보겠습니다.

Before Part11\11_006.jpg, 11_007.jpg

After Part11\11_006(완성).psd

01 [File 파일]-[Open 열기]([Ctrl]+[O])을 실행하고 Part11 폴더에서 '11_006.jpg' 파일을 불러옵니다.

02 ❶[Filter 필터]-[Artistic 예술 효과]-[Dry Brush 드라이 브러시]를 실행합니다. ❷효과 옵션에서 브러시 크기와 디테일, 텍스쳐를 조절합니다.

❶ 필터 실행

03 새로운 효과를 적용하기 위해 ❶효과 목록에서 새 효과 레이어를 생성하고 ❷효과 모음에서 [Paint Daubs 페인트 바르기]를 선택합니다. ❸효과 옵션에서 브러시 크기와 선명도를 조절한 후 ❹⟨OK⟩ 버튼을 클릭합니다.

04 테두리 효과를 적용하기 위해 ❶ Ctrl + J 를 눌러 기린 이미지를 하나 더 복제합니다. 그리고 ❷ [Image^{이미지}]– [Adjustments^{조정}]–[Desaturate^{채도 감소}] (Ctrl + Shift + U)를 실행해 흑백으로 보정합니다.

작업의 이해를 위한 **TIP** ▶ 기린 이미지를 검은색의 테두리로 표현하기 위해 기린 이미지를 하나 더 복제하고 흑백으로 보정하였습니다.

단축키 **TIP** ▶ 선택된 레이어 복제 : Ctrl + J

05 [Filter^{필터}]–[Stylize^{스타일화}]–[Find Edges^{가장자리 찾기}]를 실행합니다.

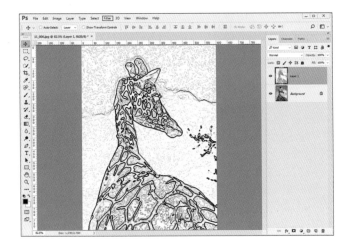

06 테두리가 기린 이미지와 자연스럽게 합성되도록 ❶블렌딩 모드를 'Multiply'로 선택하고, ❷'Opacity'를 '70%'로 조절해 테두리의 불투명도를 조절합니다.

07 ❶ [File^{파일}]-[Open^{열기}]([Ctrl]+[O]) 을 실행하고 Part11 폴더에서 '11_007. jpg' 파일을 불러옵니다. ❷ 툴 패널에서 이동 툴을 선택하고 ❸ 캔버스 이미지를 기린 이미지로 드래그하여 이동합니다.

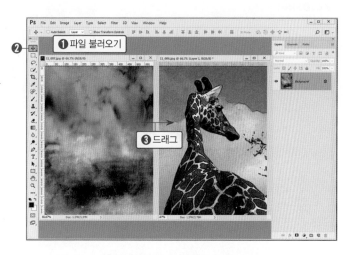

08 캔버스가 기린 이미지와 자연스럽게 합성되도록 블렌딩 모드를 'Overlay'로 선택합니다.

09 캔버스의 질감을 좀 더 강조하기 위해서 ❶ [Ctrl]+[J]를 눌러 캔버스 이미지를 하나 더 복제합니다. ❷ 레이어 패널의 'Opacity'를 '60%'로 조절해 캔버스의 불투명도를 조절합니다.

10 [File^{파일}]-[Save^{저장}]([Ctrl]+[S])를 실행하고 'PSD' 파일로 저장합니다.

이미지 컨트롤을 이용해
흐림 효과 조절하기

✖ Blur Gallery

[Filter^{필터}]–[Blur Gallery^{흐림 효과 갤러리}]를 실행하면 이미지 컨트롤을 이용해 다양한 영역과 방향을 설정하여 흐림 효과를 적용할 수 있습니다. 흐림 효과가 적용된 경계선은 주변 배경과 자연스럽게 보이도록 표현할 수 있습니다.

핵심기능 **Blur Gallery 필터 살펴보기**

❶ **효과 모음** : Blur Gallery에서 적용할 수 있는 흐림 효과를 선택하고 흐림 효과 크기를 조절합니다.

ⓐ **Field Blur** : 이미지에 여러 개의 핀을 추가하고 핀들 사이의 흐림 효과를 그러데이션처럼 자연스럽게 연결해서 표현합니다.

ⓑ **Iris Blur** : 이미지에 여러 개의 핀을 추가하고 흐림 효과의 크기를 각각 조절해서 다중 초점을 표현합니다.

ⓒ **Tilt-Shift** : 선명하게 보이는 영역을 선택하고 기울기 가장자리가 점점 흐리게 보이도록 표현합니다. 기울기는 회전해서 흐림 효과의 방향을 설정할 수 있습니다.

ⓓ **Path Blur** : 이미지에 흐림 효과의 경로를 지정하고, 경로를 따라서 흐림 효과를 표현합니다. 경로를 곡선으로 만들어 흐림 효과의 모양을 설정할 수 있습니다.

ⓔ **Spin Blur** : 이미지에 추가한 핀을 중심으로 이미지가 회전되는 효과를 표현합니다.

❷ **효과 옵션** : 적용하려는 흐림 효과의 옵션을 조절합니다.

Iris Blur를 이용한 다중 초점 표현

POINT SKILL 필터 : Iris Blur^{조리개 흐림 효과}

HOW TO Iris Blur를 이용해 가로등 이미지의 조명과 창문에 흐림 효과를 적용하여 다중 초점을 표현해보겠습니다.

Before	Part11\11_008.jpg	After	Part11\11_008(완성).jpg

01 [File^{파일}]-[Open^{열기}]([Ctrl]+[O])을 실행하고 Part11 폴더에서 '11_008.jpg' 파일을 불러옵니다.

02 ❶[Filter^{필터}]-[Blur Gallery^{흐림 효과} 갤러리]-[Iris Blur^{조리개 흐림 효과}]를 실행합니다. ❷ 가로등 이미지의 조명에 흐림 효과 핀을 드래그하여 배치합니다.

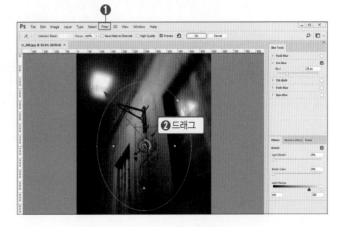

❷드래그

03 이미지에 배치된 흐림 효과 핀으로 흐림 효과의 범위를 조절합니다.

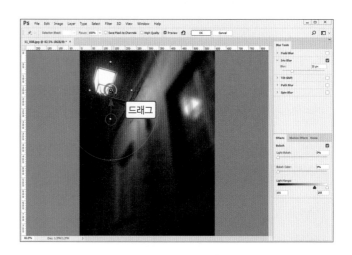

04 가로등 이미지의 창문에 흐림 효과 핀을 추가합니다.

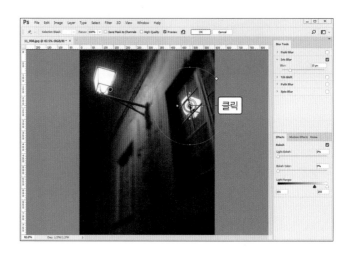

05 ❶흐림 효과의 범위를 조절한 후 ❷〈OK〉 버튼을 클릭합니다.

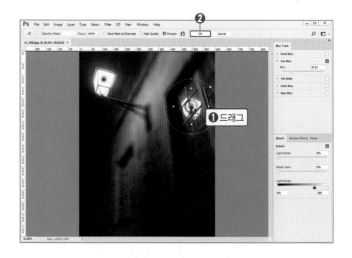

06 [File^{파일}]−[Save As^{다른 이름으로 저장}]([Ctrl]+[Shift]+[S])를 실행하고 이름을 변경하여 'JPEG' 파일을 저장합니다.

Path Blur를 이용한 움직임 표현

POINT SKILL 필터 : Path Blur^{경로 흐림 효과}, 보정 : Exposure^{노출}

HOW TO Path Blur를 이용해 기차 이미지의 속도감을 표현한 후, 빛의 노출값을 조절해 기차 이미지를 보정해보겠습니다.

Before Part11\11_009.jpg

After Part11\11_009(완성).jpg

01 [File^{파일}]−[Open^{열기}]([Ctrl]+[O])을 실행하고 Part11 폴더에서 '11_009.jpg' 파일을 불러옵니다.

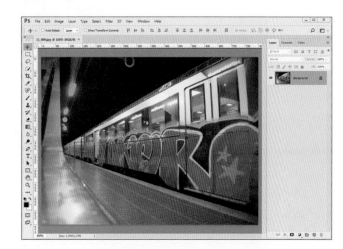

02 [Filter^{필터}]−[Blur Gallery^{흐림 효과 갤러리}]−[Path Blur^{경로 흐림 효과}]를 실행합니다.

03 기차가 앞으로 달려보이도록 흐림
효과 핀의 앞, 뒤 방향을 변경합니다.

04 속도의 범위를 넓게 적용하기 위해
마우스를 길게 드래그합니다.

05 ❶속도의 시작점을 클릭하고 ❷효과 옵션에서 속도 항목을 조절합니다.

06 ❶속도의 끝점을 클릭하고 ❷효과 옵션에서 속도 항목을 조절합니다.

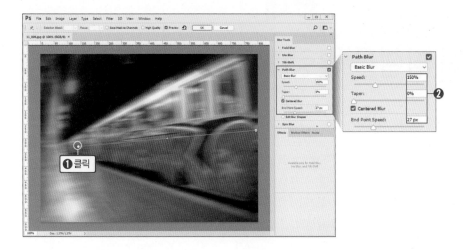

완성도를 높이는 단계

07 ❶[Image 이미지]–[Adjustments 조정]–[Exposure 노출]를 실행합니다. ❷기차 이미지에 분포된 빛의 노출을 보정한 후 ❸〈OK〉 버튼을 클릭합니다.

08 [File 파일]–[Save As 다른 이름으로 저장]([Ctrl]+[Shift]+[S])를 실행하고 이름을 변경하여 'JPEG' 파일로 저장합니다.

이미지 픽셀을 변형하여 입자 표현하기

✂ Sketch 필터

[Filter^{필터}]-[Sketch^{스케치 효과}]를 실행하면 이미지를 이루고 있는 픽셀을 다양한 형태로 변형해서 표현할 수 있습니다. Sketch는 [Filter^{필터}]-[Filter Gallery^{필터 갤러리}]에서 툴 패널의 전경색과 배경색을 이용하여 여러 가지의 효과를 한꺼번에 적용하고 결과를 미리 볼 수 있습니다. 적용된 효과의 옵션을 수정하거나, 적용된 순서를 변경할 수도 있습니다.

작업의 이해를 위한 **TIP** ▸ Sketch 필터는 CMYK 모드에서 활성화되지 않습니다.

핵심 기능 | **Sketch 필터 살펴보기**

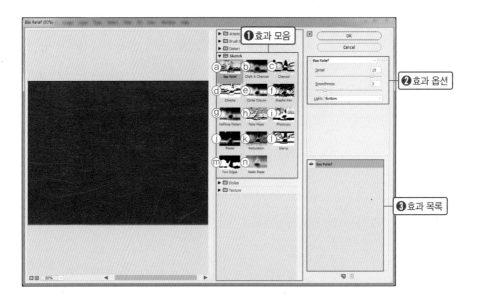

❶ **효과 모음** : Filter Gallery에서 적용할 수 있는 효과를 살펴볼 수 있습니다.

ⓐ **Bas Relief** : 이미지의 어두운 영역은 전경색으로, 밝은 영역은 배경색으로 표시하여 입체적으로 표현합니다.

ⓑ **Chalk & Charcoal** : 분필과 검은 목탄으로 그린 느낌으로 표현합니다.

ⓒ **Charcoal** : 목탄으로 그린 느낌으로 표현합니다.

ⓓ **Chrome** : 크롬 표면처럼 흑백 금속 효과로 표현합니다.

ⓔ **Conte Crayon** : 크레용으로 그린 느낌으로 표현합니다.

ⓕ **Graphic Pen** : 가는 펜으로 그린 느낌으로 표현합니다.

ⓖ **Halftone Pattern** : 이미지를 하프톤 망점으로 표현합니다.

ⓗ Note Paper : 이미지에 엠보싱 효과를 적용해서 표현합니다.

ⓘ Photocopy : 이미지의 어두운 영역은 테두리처럼, 중간과 밝은 영역은 넓게 하나의 면으로 표현합니다.

ⓙ Plaster : 석고로 이미지의 주형을 뜬 것처럼 표현합니다.

ⓚ Reticulation : 이미지를 점을 찍어낸 망사처럼 표현합니다.

ⓛ Stamp : 도장으로 찍은 느낌으로 표현합니다.

ⓜ Torn Edges : 고 대비를 이루는 이미지에 적용해서 찢어진 종이처럼 표현합니다.

ⓝ Water Paper : 종이에 물감이 흐르는 것처럼 표현합니다.

❷ **효과 옵션** : 적용하려는 효과의 옵션을 조절합니다.

❸ **효과 목록** : 적용된 효과가 목록으로 나열됩니다. 새로운 효과를 추가하거나, 적용된 효과를 삭제할 수 있고, 적용된 효과의 순서를 변경할 수도 있습니다.

따라 하 기
기 본 예 제

15 min

Halftone Pattern을 이용한 망점 표현

POINT SKILL   필터 : Halftone Pattern^{하프톤 패턴}, 블렌딩 모드, 이미지 복제, 보정 : Brightness/Contrast^{명도/대비}

HOW TO   Halftone Pattern을 이용해 자동차 이미지를 흑백의 망점으로 표현한 후, 낡은 질감의 배경과 자연스럽게 합성해보겠습니다.

Before   Part11\11_010.jpg, 11_011.jpg   After   Part11\11_010(완성).psd

01   ❶[File ^{파일}]–[Open ^{열기}]((Ctrl)+(O))
을 실행하고 Part11 폴더에서 '11_010.
jpg', '11_011.jpg' 파일을 불러옵니다.
❷툴 패널에서 이동 툴을 선택하고 ❸자
동차 이미지를 낡은 질감의 배경 이미지
로 드래그하여 이동합니다.

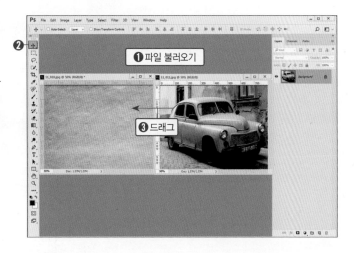

02 자동차 이미지가 낡은 질감의 배경 이미지와 자연스럽게 합성되도록 블렌딩 모드를 'Multiply'로 선택합니다.

03 망점 효과를 적용하기 위해 ❶Ctrl+ J를 눌러 자동차 이미지를 하나 더 복제 합니다. ❷툴 패널의 전경색과 배경색을 검은색과 흰색으로 지정합니다.

단축키 **TIP** ▸ 선택된 레이어 복제 : Ctrl+J

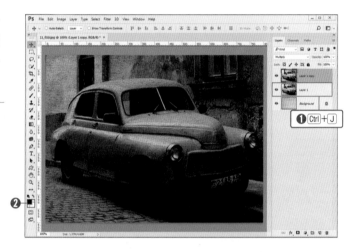

04 ❶[Filter 필터]-[Sketch 스케치 효 과]-[Halftone Pattern 하프톤 패턴]를 실 행합니다. ❷효과 옵션에서 'Pattern Type=Dot'로 선택하고, 망점의 크기와 대비를 조절한 후 ❸〈OK〉 버튼을 클릭 합니다.

작업의 이해를 위한 **TIP** ▸ [Halftone Pattern]은 전경색과 배경색을 이용해 망점의 색상을 표현합니다. 망점을 흑백 으로 표현하기 위해 효과를 적용하기 전에, 전경색과 배경 색을 검은색과 흰색으로 지정하였습니다.

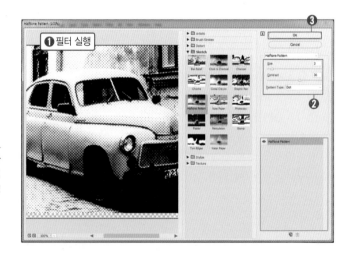

05 망점을 좀 더 강조하기 위해 ❶Ctrl
+J를 눌러 자동차 이미지를 하나 더 복
제합니다. ❷레이어 패널의 'Opacity'를
'70%'로 조절해 망점의 불투명도를 조절
합니다.

06 낡은 질감을 좀 더 강조하기 위해
레이어 패널에서 ❶낡은 질감의 배경
레이어를 선택하고 Ctrl+J를 눌러 낡
은 질감 이미지를 하나 더 복제합니다.
❷Ctrl+]을 눌러 복제한 레이어를 레
이어 패널의 맨 상위에 배치되도록 레이
어 순서를 변경합니다. ❸자동차 이미지
와 자연스럽게 합성되도록 블렌딩 모드를
'Softlight'로 선택합니다.

단축키 **TIP** ▶ 레이어 순서 변경 : Ctrl+[,]

07 ❶[Image 이미지]-[Adjustments
조정]-[Brightness/Contrast 명도/대비]를
실행합니다. ❷낡은 질감 이미지의 명도
와 대비를 보정한 후 ❸〈OK〉 버튼을 클
릭합니다.

08 [File 파일]-[Save 저장](Ctrl+S)를 실행하고 'PSD' 파일로 저장합니다.

PART

11

이미지의 분위기를 바꿔보자 3

PART 12

포토샵의 합성, 레이어를 꼼꼼하게 짚어보자

레이어 마스크 & 클리핑 마스크 & 보정 레이어

포토샵에서 여러 개의 이미지를 작업 창에 배치하여 하나의 이미지로 보이도록 작업하려면 과정도 복잡하고 많은 시간이 소요됩니다. 레이어를 이용하여 작업 단계 및 이미지 보정 기능을 각각의 레이어로 만들고 관리하면 레이어를 수정할 수 있어 효율적으로 작업을 진행할 수 있습니다. 또한 마스크를 이용하면 이미지를 훼손하지 않고 원하는 부분만 보이게 설정할 수 있습니다. 이번 파트에서는 포토샵 합성의 기본이 되는 레이어 마스크와 클리핑 마스크에 대해 알아보고, 이미지의 원본을 유지한 채 보정할 수 있는 보정 레이어에 대해 알아보겠습니다.

CHAPTER 1 채색을 통해 원하는 부분만 보이게 설정하기

CHAPTER 2 레이어의 상하관계로 원하는 부분만 보이게 설정하기

CHAPTER 3 이미지 원본은 유지한 채 보정하기

채색을 통해 원하는 부분만
보이게 설정하기

⚒ 레이어 마스크

포토샵에서 마스크는 이미지를 훼손하지 않고 원하는 부분만 보이도록 설정하는 기능입니다. 레이어 마스크를 이용해 합성한 이미지는 언제든지 수정이 가능합니다. 레이어 패널에서 상위 레이어를 선택하고 'Add layer mask'를 클릭하면 레이어 마스크가 생성됩니다. 레이어 마스크에 검은색을 채색하면 원하는 부분만 보이도록 설정할 수 있고, 흰색을 채색하면 검은색으로 채색된 부분을 수정할 수 있습니다.

핵심 기능 | 레이어 마스크 사용 방법 살펴보기

소스 경로 : Part12\12_레이어 마스크.psd

01 서로 다른 이미지를 레이어에 배치합니다.

02 ❶레이어 패널에서 상위에 배치된 낙서 이미지 레이어를 선택합니다. ❷레이어 패널 하단의 'Add layer mask'를 클릭합니다.

03 낙서 이미지의 특정 부분을 가려 보겠습니다. ❶툴 패널에서 브러시 툴을 선택하고, ❷상단 옵션 바에서 브러시 목록을 클릭합니다. ❸브러시 종류는 'Hard Round', ❹'Mode=Normal', 'Opacity=100%', 'Flow=100%'로 선택합니다.

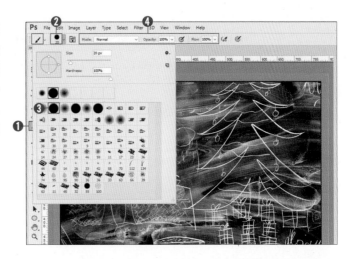

04 ❶전경색을 검은색으로 지정합니다. ❷레이어 패널의 레이어 마스크에 브러시 툴로 전경색을 채색합니다.

작업의 이해를 위한 **TIP** ▶ 상위에 배치된 낙서 이미지의 레이어 마스크에 검은색을 채색하면 검은색으로 채색한 부분은 낙서 이미지가 보이지 않고 아래 레이어의 이미지가 보여집니다.

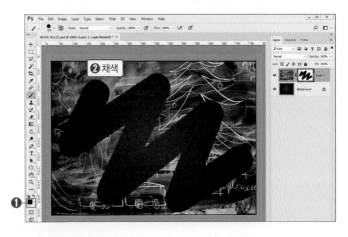

05 ❶전경색을 흰색으로 지정합니다. ❷레이어 패널의 레이어 마스크에 브러시 툴로 전경색을 채색합니다.

작업의 이해를 위한 **TIP** ▶ 검은색으로 채색한 레이어 마스크에 흰색을 채색하면 검은색으로 채색한 부분을 수정할 수 있습니다.

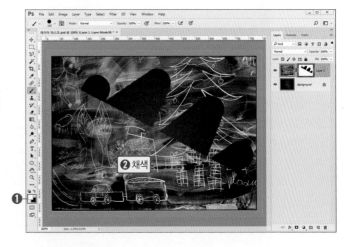

06 레이어 마스크를 선택한 후 마우스 오른쪽 버튼을 클릭하여 'Delete Layer Mask레이어 마스크 삭제'를 선택하면 레이어 마스크를 삭제할 수 있습니다.

따라하기
기본예제

레이어 마스크를 이용한 풍경 이미지 합성

15 min

POINT SKILL 이동 툴, 레이어 마스크, 블렌딩 모드, 보정 : Shadow/Highlights^{어두운 영역/밝은 영역} + Color Balance^{색상 균형} + Brightness/Contrast^{명도/대비}

HOW TO 바다 이미지를 배경으로 하늘 이미지와 바닷가의 돌 이미지를 레이어 마스크를 이용하여 자연스럽게 합성해보겠습니다.

Before Part12\12_001.jpg, 12_002.jpg, 12_003.jpg

After Part12\12_001(완성).psd

01 ❶[File^{파일}]−[Open^{열기}](Ctrl+O)을 실행하고 Part12 폴더에서 '12_001.jpg', '12_002.jpg' 파일을 불러옵니다. ❷툴 패널에서 이동 툴을 선택하고 ❸하늘 이미지를 바다 이미지로 드래그하여 이동합니다.

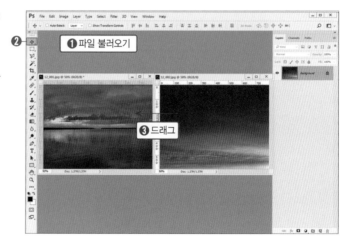

02 하늘 이미지의 경계선을 자연스럽게 합성해보겠습니다. ❶레이어 패널에서 'Add layer mask'를 클릭하여 레이어 마스크를 추가합니다. ❷툴 패널에서 그레이디언트 툴을 선택하고 ❸상단 옵션 바에서 그레이디언트 편집기를 클릭합니다.

03 [Gradient Editor] 대화상자가 나타나면 ❶ 'Presets' 목록에서 'Black, White'를 선택하고 ❷ 〈OK〉 버튼을 클릭합니다.

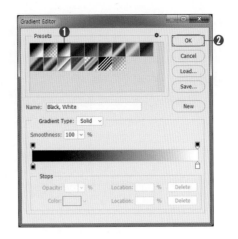

04 그레이디언트 툴 상단 옵션 바에서 ❶ 그레이디언트 종류는 '선형', ❷ 'Mode =Normal', 'Opacity=100%', ❸ 'Reverse'는 체크 해지하고, 'Dither'와 'Transparency'는 체크합니다. 레이어 마스크가 선택된 상태에서 ❹ Shift 를 누른 채 마우스를 드래그합니다.

작업의 이해를 위한 **TIP** ▶ 하늘 이미지의 경계선을 자연스럽게 합성하려면 검은색이 아래 방향, 흰색이 위 방향에 채색되어야 합니다. 따라서 그레이디언트 툴을 아래에서 위 방향으로 드래그하여 레이어 마스크에 채색하였습니다. 이때, 그레이디언트 툴의 드래그 영역에 따라서 하늘 이미지의 경계선이 가려지는 정도가 달라집니다.

완성도를 높이는 단계

05 하늘 이미지와 바다 이미지가 자연스럽게 합성되도록 블렌딩 모드를 'Overlay'로 선택합니다.

06 ❶ [File 파일]-[Open 열기]([Ctrl]+[O])을 실행하고 Part12 폴더에서 '12_003.jpg' 파일을 불러옵니다. ❷툴 패널에서 이동 툴을 선택하고 ❸바닷가의 돌 이미지를 바다 이미지로 드래그하여 이동합니다.

07 바닷가의 돌 이미지의 경계선을 자연스럽게 합성해보겠습니다. 먼저 바닷가의 돌 이미지를 아래로 드래그하여 위치를 이동합니다.

08 ❶ 레이어 패널에서 'Add layer mask'를 클릭합니다. ❷툴 패널에서 그레이디언트 툴을 선택하고 ❸[Shift]를 누른 채 마우스를 드래그합니다. ❹바닷가의 돌 이미지와 바다 이미지가 자연스럽게 합성되도록 블렌딩 모드를 'Overlay'로 설정합니다.

작업의 이해를 위한 **TIP** ▶ 바닷가의 돌 이미지의 경계선을 자연스럽게 가리려면 검은색이 위 방향, 흰색이 아래 방향에 채색되어야 합니다. 따라서 그레이디언트 툴을 위에서 아래 방향으로 드래그하여 레이어 마스크에 채색하였습니다.

09 바다 이미지를 보정해보겠습니다.
❶레이어 패널에서 'Background' 레이어를 선택하고 ❷ [Image 이미지]–[Adjustments 조정]–[Shadow/Highlights 어두운 영역/밝은 영역]를 실행합니다.
❸어두운 부분과 밝은 부분의 빛의 노출과 톤 분포를 보정한 후 ❹〈OK〉 버튼을 클릭합니다.

10 하늘 이미지를 보정해보겠습니다.
❶레이어 패널에서 하늘 이미지 레이어를 선택하고 ❷ [Image 이미지]–[Adjustments 조정]–[Color Balance 색상 균형](Ctrl +B)를 실행합니다. ❸'Tone Balance' 항목에서 'Midtones'을 선택하고 ❹분홍색의 반대색인 초록색을 추가해 보색 관계로 보정합니다. 그 밖에 하늘색을 추가한 후 ❺〈OK〉 버튼을 클릭합니다.

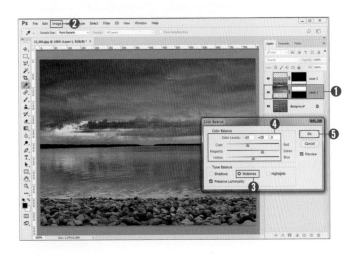

11 바닷가의 돌 이미지를 보정해보겠습니다. ❶레이어 패널에서 바닷가의 돌 이미지 레이어를 선택하고 ❷ [Image 이미지]–[Adjustments 조정]–[Brightness/Contrast 명도/대비]을 실행합니다. ❸명도와 대비를 보정한 후 ❹〈OK〉 버튼을 클릭합니다.

12 [File 파일]–[Save 저장](Ctrl+S)를 실행하고 'PSD' 파일로 저장합니다.

레이어 마스크를 이용한 눈동자 이미지 합성

POINT SKILL 이동 툴, 블렌딩 모드, 선택 툴, 필터 : Spherize^{구형화} + Gaussian Blur^{가우시안 흐림 효과}, 레이어 마스크, 브러시 툴, 레이어 채색

HOW TO 눈동자 이미지의 동공에 맞춰 야경 이미지를 레이어 마스크를 이용하여 자연스럽게 합성해보겠습니다.

Before Part12\12_004.jpg, 12_005.jpg

After Part12\12_004(완성).psd

01 ❶[File^{파일}]-[Open^{열기}]([Ctrl]+[O]) 을 실행하고 Part12 폴더에서 '12_004. jpg', '12_005.jpg' 파일을 불러옵니다. ❷툴 패널에서 이동 툴을 선택하고 ❸야 경 이미지를 눈동자 이미지로 드래그하여 이동합니다.

02 ❶[Ctrl]+[T]를 누른 후 ❷바운딩 박 스의 모서리에 마우스를 대고 [Alt]+[Shift] 를 누른 채 크기를 축소합니다. ❸크기가 조절되면 [Enter]를 누릅니다.

작업의 이해를 위한 TIP ▶ [Alt]를 누르면 바운딩 박스의 가 운데를 기준으로, [Shift]를 누르면 이미지의 가로, 세로 비 율을 맞춰 조절할 수 있습니다.

단축키 TIP ▶ 이미지 크기 조절 : [Ctrl]+[T]

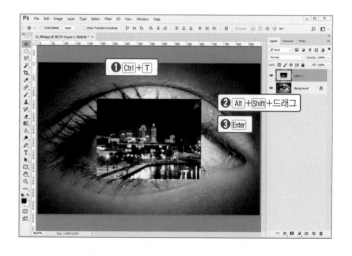

03 ❶야경 이미지와 눈동자 이미지가 자연스럽게 합성되도록 블렌딩 모드를 'Overlay'로 선택합니다. ❷툴 패널에서 이동 툴을 선택하고 ❸위치를 수정합니다.

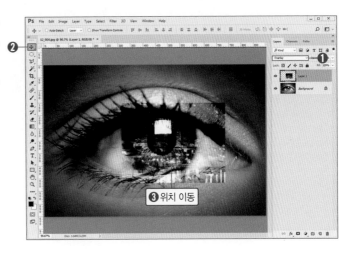

04 눈동자 이미지의 형태에 맞춰 야경 이미지를 볼록하게 변형해보겠습니다. ❶툴 패널에서 원형 선택 툴을 선택하고 ❷상단 옵션 바에서 'New selection', 'Feather=0px', 'Anti-alias'는 체크하고, 'Style=Normal'로 선택합니다. ❸눈동자 가운데에 마우스를 대고 Alt + Shift 를 누른 채 드래그하여 선택 영역을 지정합니다.

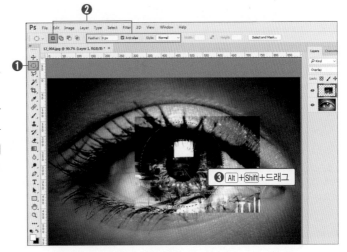

05 ❶[Filter 필터]-[Distort 왜곡]-[Spherize 구형화]를 실행합니다. ❷왜곡 정도를 조절한 후 ❸〈OK〉 버튼을 클릭합니다.

작업의 이해를 위한 **TIP** ▶ [Spherize]는 선택 영역으로 지정된 이미지를 원형으로 볼록하게 변형할 때 사용하는 필터입니다.

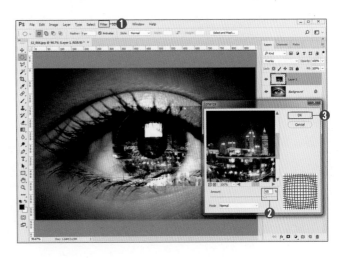

06 선택 영역으로 지정된 부분만 보이도록 자연스럽게 합성해보겠습니다. 레이어 패널에서 'Add layer mask'를 클릭해 레이어 마스크를 추가합니다.

작업의 이해를 위한 **TIP** ▶ 이미지에 선택 영역을 지정하고 레이어 마스크를 생성하면 선택 영역으로 지정된 부분만 보이도록 설정할 수 있습니다.

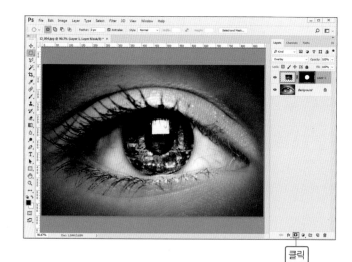

클릭

완성도를 높이는 단계

07 눈동자 이미지의 경계선이 부드럽게 보이도록 필터를 적용해보겠습니다. ❶레이어 패널에서 눈동자 이미지의 레이어 마스크를 선택하고 ❷[Filter 필터]–[Blur 흐림 효과]–[Gaussian Blur 가우시안 흐림 효과]를 실행합니다. ❸부드럽기를 조절한 후 ❹〈OK〉 버튼을 클릭합니다.

작업의 이해를 위한 **TIP** ▶ 눈동자 이미지의 레이어 마스크 영역을 부드럽게 수정해야 하므로, 레이어 패널에서 눈동자 이미지의 레이어 마스크를 선택합니다.

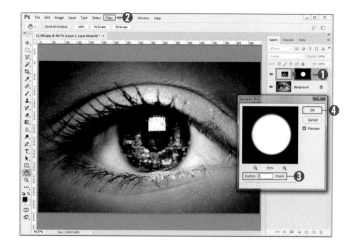

08 눈동자에 합성된 야경 이미지가 밝아 보이도록 빛을 표현해보겠습니다. ❶툴 패널에서 브러시 툴을 선택합니다. ❷상단 옵션 바에서 브러시 목록을 클릭하고 ❸브러시 종류는 'Soft Round', ❹'Mode=Normal', 'Opacity=100%', 'Flow=100%'로 선택합니다.

09 ❶레이어 패널에서 새 레이어를 생성하고 ❷전경색을 흰색으로 지정합니다. ❸브러시 툴로 야경 이미지 주변을 채색합니다.

단축키 **TIP** ▸ 브러시 툴의 크기 조절 : ［ ］, ［ ］
▸ 채색 이전 단계로 돌아가기 : Ctrl + Alt + Z

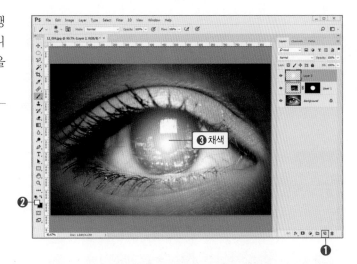

10 채색된 색상이 야경 이미지와 자연스럽게 합성되도록 ❶블렌딩 모드를 'Overlay'로 선택하고 ❷'Opacity'를 '75%'로 조절합니다.

11 [File파일]–[Save저장](Ctrl + S)를 실행하고 'PSD' 파일로 저장합니다.

레이어 마스크를 이용한 이미지 반사광 만들기

POINT SKILL 이미지 복제, 이미지 변형 : Flip Vertical^{세로로 뒤집기} + Perspective^{원근}, 필터 : Gaussian Blur ^{가우시안 흐림 효과} + Motion Blur^{모션 흐림 효과}, 레이어 마스크, 브러시 툴, 레이어 채색, 블렌딩 모드

HOW TO 카메라 이미지가 지면에 비춰보이도록 반사광을 만들고 레이어 마스크로 자연스럽게 합성한 후, 브러시 툴로 카메라의 그림자를 만들고 렌즈 주변을 흰색으로 부드럽게 채색해보겠습니다.

Before　Part12\12_006.psd

After　Part12\12_006(완성).psd

01 ❶[File^{파일}]−[Open^{열기}]([Ctrl]+[O])을 실행하고 Part12 폴더에서 '12_006.psd' 파일을 불러옵니다. 카메라 이미지의 반사광을 만들어보겠습니다. ❷레이어 패널에서 카메라 이미지 레이어를 선택하고 ❸[Ctrl]+[J]를 눌러 카메라 이미지를 하나 더 복제합니다.

단축키 **TIP** ▸ 선택된 레이어 복제 : [Ctrl]+[J]

02 카메라 이미지의 하단에 맞춰 복제한 이미지를 상하 대칭이 되도록 반전시켜보겠습니다. ❶[Ctrl]+[T]를 누르고 ❷이미지의 중심 축을 카메라 하단으로 드래그해 이동합니다.

작업의 이해를 위한 **TIP** ▸ 이미지를 대칭으로 반전할 때 [Ctrl]+[T]를 누르고 이미지의 중심 축을 드래그해 변경하면, 변경된 중심 축을 기준으로 반전할 수 있습니다.

단축키 **TIP** ▸ 이미지 변형 : [Ctrl]+[T]

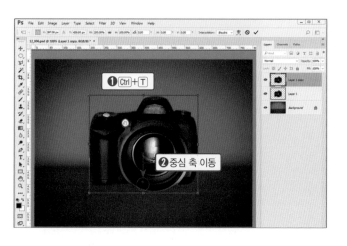

03 ❶바운딩 박스에서 마우스 오른쪽 버튼을 클릭하여 ❷'Flip Vertical세로로 뒤집기'을 선택합니다. ❸이미지가 반전되면 Enter를 누릅니다.

04 ❶Ctrl+[을 눌러 카메라의 반사광이 카메라 이미지 레이어 아래에 배치되도록 레이어 순서를 변경합니다. 카메라의 반사광이 부드럽게 보이도록 필터를 적용해보겠습니다. ❷[Filter필터]-[Blur흐림 효과]-[Gaussian Blur가우시안 흐림 효과]를 실행하고 ❸부드럽기를 조절한 후 ❹〈OK〉 버튼을 클릭합니다.

단축키 **TIP** ▶ 레이어 순서 변경 : Ctrl+[,]

05 카메라 반사광의 경계선을 자연스럽게 표현해보겠습니다. ❶레이어 패널에서 'Add layer mask'를 클릭합니다. ❷툴 패널에서 그레이디언트 툴을 선택하고 ❸상단 옵션 바에서 그레이디언트 편집기를 클릭합니다.

06 [Gradient Editor] 대화상자가 나
타나면 ❶ 'Presets' 목록에서 'Black,
White'를 선택하고 ❷〈OK〉 버튼을 클릭
합니다.

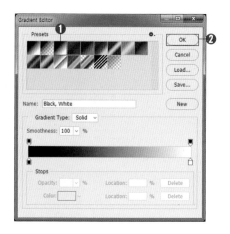

07 그레이디언트 툴 상단 옵션 바
에서 ❶ 그레이디언트 종류는 '선형',
❷ 'Mode=Normal', 'Opacity=100%',
❸ 'Reverse'는 체크 해지하고, 'Dither'
와 'Transparency'는 체크합니다. ❹ 레
이어 패널의 레이어 마스크가 선택된 상태
에서 Shift 를 누른 채 드래그합니다.

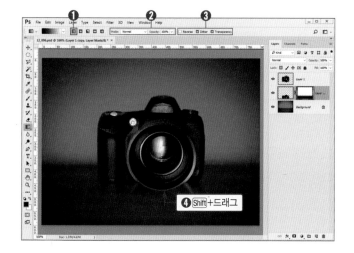

작업의 이해를 위한 **TIP** ▶ 카메라 반사광의 경계선을 자연
스럽게 가리려면 검은색이 아래 방향, 흰색이 위 방향에 채
색되어야 합니다. 따라서 그레이디언트 툴을 아래에서 위
방향으로 드래그하였습니다.

완성도를 높이는 단계

08 카메라 이미지에 그림자를 만들어
보겠습니다. ❶ 툴 패널에서 브러시 툴
을 선택합니다. 상단 옵션 바에서 ❷ 브
러시 목록을 클릭하고 ❸ 브러시 종류
는 'Soft Round', ❹ 'Mode=Normal',
'Opacity=100%', 'Flow=100%'로 선택
합니다.

09 ❶레이어 패널에서 새 레이어를 생성하고 ❷전경색을 검은색으로 지정합니다. ❸브러시 툴로 Shift를 누른 채 카메라 이미지 하단을 채색합니다.

단축키 **TIP** ▶ 브러시 툴의 크기 조절 : [ⅼ], []
▶ 채색 이전 단계로 돌아가기 : Ctrl + Alt + Z

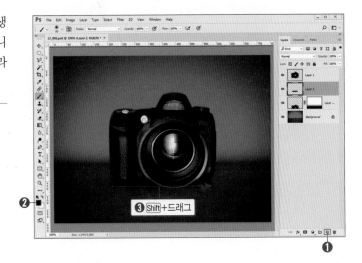

10 그림자에 흐림 효과를 적용하기 위해 ❶[Filter필터]−[Blur흐림 효과]−[Motion Blur모션 흐림 효과]를 실행합니다. ❷옵션값을 조절한 후 ❸⟨OK⟩ 버튼을 클릭합니다.

11 카메라 이미지의 구도에 맞춰 그림자를 원근으로 변형시켜 보겠습니다. ❶Ctrl + T를 누르고 ❷바운딩 박스에서 마우스 오른쪽 버튼을 클릭하여 ❸'Perspective원근'를 선택합니다.

12 ❶카메라에 맞춰 그림자를 변형한
후 ❷ Enter를 누릅니다.

단축키 TIP ▶ 'Perspective'는 Ctrl+T를 누르고
Ctrl+Alt+Shift를 누른 채 바운딩 박스의 모서리를 드래
그하여 사용할 수 있습니다.

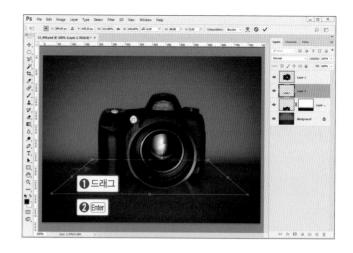

13 카메라의 그림자가 좀 더 선명하게
보이도록 ❶레이어 패널에서 그림자 레
이어를 선택하고 ❷ Ctrl+J를 눌러 그림
자를 하나 더 복제합니다. ❸ Ctrl+T를
누르고 ❹ Alt를 누른 채 크기를 축소한
후 ❺ Enter를 누릅니다.

작업의 이해를 위한 TIP ▶ Alt를 누르면 바운딩 박스의 가
운데를 기준으로 조절할 수 있습니다.

단축키 TIP ▶ 이미지 크기 조절 : Ctrl+T

14 카메라의 렌즈가 밝아 보이도록
브러시 툴로 채색해보겠습니다. ❶ 툴
패널에서 브러시 툴을 선택합니다. ❷상
단 옵션 바에서 브러시 목록을 클릭
하고 ❸브러시 종류는 'Soft Round',
❹'Mode=Normal', 'Opacity=100%',
'Flow=100%'로 선택합니다.

15 ❶ 전경색을 흰색으로 지정합니다.
❷ 레이어 패널에서 새 레이어를 생성하
고 ❸ 브러시 툴로 카메라 렌즈 주변을 채
색합니다.

작업의 이해를 위한 **TIP** ▶ 브러시 툴로 채색한 부분이 보이
려면, 채색한 레이어가 레이어 패널의 맨 상위에 배치되
어야 합니다.

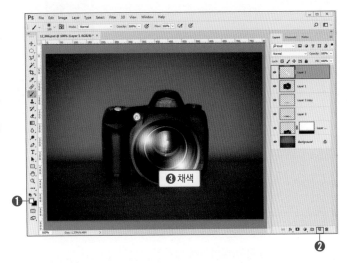

16 채색된 색상이 카메라의 렌즈 주변
과 자연스럽게 합성되도록 ❶ 블렌딩 모
드를 'Overlay'로 선택하고, ❷ 'Opacity'
를 '70%'로 조절합니다.

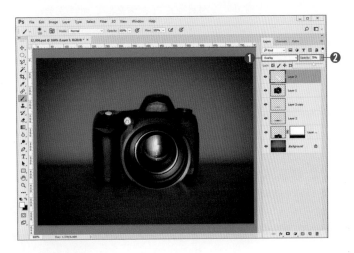

17 ❶ Shift 를 누른 채 카메라와 그림자,
반사광 레이어를 클릭하여 다중 선택한
후 ❷ Ctrl + G 를 눌러 그룹 레이어로 정
리합니다.

단축키 **TIP** ▶ 레이어 다중 선택 : Shift +레이어 클릭
▶ 그룹 레이어로 정리 : Ctrl + G

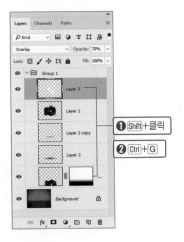

❶ Shift +클릭

❷ Ctrl + G

18 [File파일]−[Save저장](Ctrl + S)를 실행하고 'PSD' 파일로 저장합니다.

레이어의 상하관계로
원하는 부분만 보이게 설정하기

✎ 클리핑 마스크

클리핑 마스크는 하위 레이어에 배치된 형태만큼 상위 레이어의 이미지가 보이도록 설정할 수 있습니다. 레이어 패널에서 상위 레이어를 선택하고 마우스 오른쪽 버튼을 클릭하여 'Create Clipping Mask'를 선택하면 클리핑 마스크가 적용됩니다. 클리핑 마스크가 적용된 이미지는 위치, 크기 등을 수정할 수 있습니다.

핵심기능 **클리핑 마스크 사용 방법 살펴보기**

소스 경로 : Part12\클리핑 마스크.jpg, 야경.jpg

01 ❶툴 패널에서 사각형 툴을 선택합니다. ❷상단 옵션 바에서 'Shape', ❸'Fill'을 클릭해 색상을 지정하고, ❹'Stroke'를 클릭해 '색상 없음'으로, ❺연산은 'New Layer'로 선택합니다.

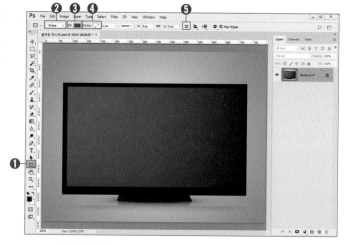

02 TV 이미지의 화면에 맞춰 드래그하여 사각형 객체를 생성합니다.

작업의 이해를 위한 **TIP** ▶ 클리핑 마스크는 원하는 부분만 이미지가 보이도록 형태 레이어를 생성해야 합니다. TV 이미지의 화면에 맞춰 사각형 툴로 객체를 생성하였습니다.

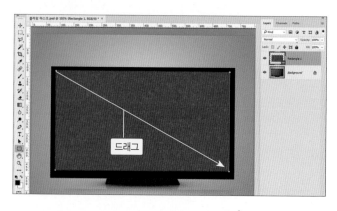

03 클리핑 마스크를 적용할 이미지를 사각형 객체 레이어 위에 배치합니다. ❶레이어 패널에서 상위에 배치된 야경 이미지 레이어를 선택하고 ❷마우스 오른쪽 버튼을 클릭하여 ❸'Create Clipping Mask^{클릭핑 마스크 만들기}'를 선택합니다.

작업의 이해를 위한 **TIP** ▶ 클리핑 마스크는 하위에 형태 레이어, 상위에 이미지 레이어를 배치해야 합니다.

단축키 **TIP** ▶ 상위에 배치된 레이어를 선택하고 단축키 Ctrl + Alt + G를 누르거나, Alt 를 누른 채 레이어 패널에서 상위 레이어와 하위 레이어 사이를 클릭하면 클리핑 마스크를 적용할 수 있습니다.

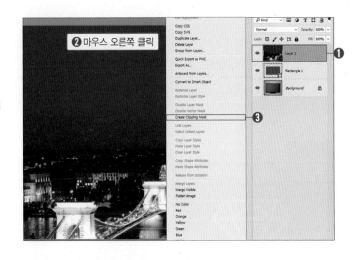

04 ❶툴 패널에서 이동 툴을 선택합니다. ❷클리핑 마스크가 적용된 야경 이미지를 드래그하여 원하는 위치로 조절합니다.

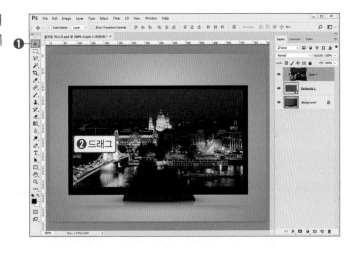

05 ❶레이어 패널에서 상위에 배치된 야경 이미지 레이어를 선택하고 ❷마우스 오른쪽 버튼을 클릭하여 ❸'Release Clipping Mask^{클릭핑 마스크 해제}'를 선택하면 적용된 클리핑 마스크를 해지할 수 있습니다.

단축키 **TIP** ▶ 클리핑 마스크를 해지할 때는 클리핑 마스크를 적용할 때와 동일한 방법으로 Ctrl + Alt + G를 누르거나, 단축키 Alt 를 누른 채 레이어 패널에서 상위 레이어와 하위 레이어 사이를 클릭합니다.

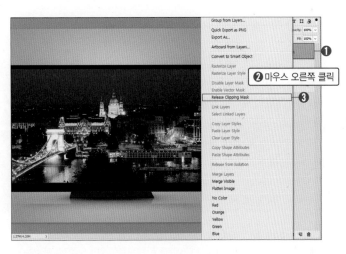

클리핑 마스크를 이용한 다이아몬드 이미지 합성

POINT SKILL 선택 툴, 이미지 복제, 이동 툴, 클리핑 마스크, 크기 조절

HOW TO 다이아 이미지의 내부에 우주 이미지가 보이도록 클리핑 마스크를 적용해보겠습니다. 그리고 클리핑 마스크가 적용된 우주 이미지의 크기를 조절해보겠습니다.

Before   Part12\12_007.jpg, 12_008.jpg

 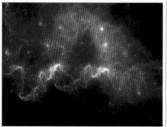

After   Part12\12_007(완성).psd

01 [File 파일]−[Open 열기]([Ctrl]+[O])을 실행하고 Part12 폴더에서 '12_007.jpg' 파일을 불러옵니다.

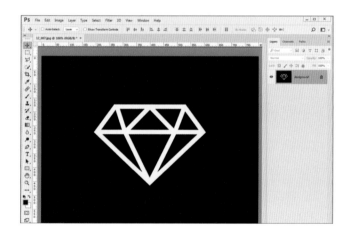

02 ❶ 툴 패널에서 자동 선택 툴을 선택하고, ❷ 상단 옵션 바에서 'Add to selection', ❸ 'Tolerance=32', ❹ 'Anti−alias', 'Contiguous'는 체크 합니다. ❺ 다이아 이미지의 내부를 각각 클릭해서 선택 영역으로 지정합니다. ❻ [Ctrl]+[J]를 눌러 선택 영역을 새 레이어로 복제합니다.

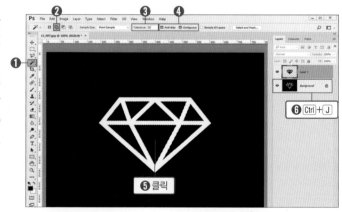

작업의 이해를 위한 TIP ▶ 자동 선택 툴은 이미지의 색상으로 선택 영역을 지정할 때 사용합니다. 이때, 'Contiguous' 옵션을 체크하고 다이아 이미지의 검은색 부분을 클릭하면, 다이아 이미지의 내부를 클릭한 부분만 선택 영역으로 지정할 수 있습니다. 그리고 선택 모드를 'Add to selection'으로 선택하면 지정된 선택 영역에 새로운 선택 영역을 추가할 수 있습니다.

03 ❶[File 파일]-[Open 열기]([Ctrl]+[O])
을 실행하고 Part12 폴더에서 '12_008.
jpg' 파일을 불러옵니다. ❷툴 패널에서
이동 툴을 선택하고 ❸우주 이미지를 다
이아 이미지로 드래그하여 이동합니다.

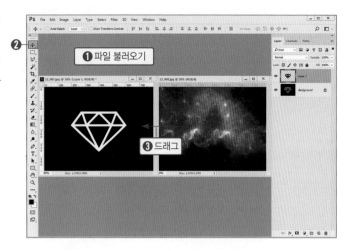

04 ❶레이어 패널에서 상위에 배
치된 우주 이미지 레이어를 선택하고
❷[Ctrl]+[Alt]+[G]를 눌러 클리핑 마스크를
적용합니다.

단축키 **TIP** ▶ 클리핑 마스크 적용 : [Ctrl]+[Alt]+[G]

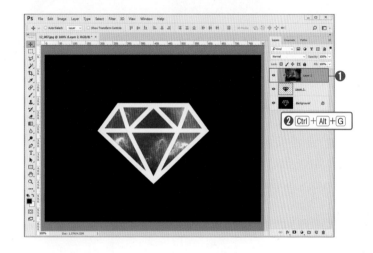

05 ❶툴 패널에서 이동 툴을 선택하고
❷클리핑 마스크가 적용된 우주 이미지
를 드래그해서 원하는 위치로 조절합니
다. ❸[Ctrl]+[T]를 누르고 ❹바운딩 박스
의 모서리에 마우스를 대고 [Alt]+[Shift]를
누른 채 드래그하여 크기를 축소합니다.
크기가 조절된 이미지는 ❺[Enter]를 눌러
변형을 완료합니다.

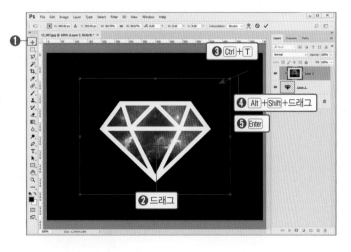

06 [File 파일]-[Save 저장]([Ctrl]+[S])를 실행하고 'PSD' 파일로 저장합니다.

클리핑 마스크를 이용한 돋보기 효과 만들기

POINT SKILL 이동 툴, 크기 조절, 도형 툴, 클리핑 마스크, 레이어 스타일, 필터 : Gaussian Blur ^{가우시안 흐림 효과}, 보정 : Brightness/Contrast ^{명도/대비}

HOW TO 돋보기 이미지의 내부에 악보 이미지가 보이도록 클리핑 마스크를 적용해보겠습니다. 그리고 돋보기로 악보 이미지가 확대되어 선명하고 크게 보이도록 크기를 조절하고 필터를 적용해보겠습니다.

Before Part12\12_009.jpg, 12_010.png

After Part12\12_009(완성).psd

01 악보 이미지를 배치할 작업 창을 생성하겠습니다. [File ^{파일}]-[New ^{새로 만들기}] (Ctrl + N)를 실행하고 ❶ 'Width=800Pixels', 'Height=600Pixels', 'Resolution=72Pixels/Inch', 'Color Mode=RGB Color' 'Background Contents=White'로 선택한 후 ❷ 〈Create〉 버튼을 클릭합니다.

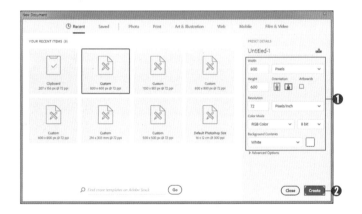

02 [File ^{파일}]-[Open ^{열기}] (Ctrl + O)을 실행하고 Part12 폴더에서 '12_009.jpg', '12_010.png' 파일을 불러옵니다.

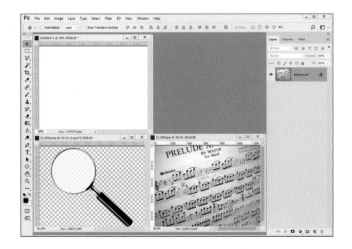

03 ❶툴 패널에서 이동 툴을 선택하고
❷악보 이미지를 생성한 작업 창으로 드
래그한 후 ❸Ctrl+T를 눌러 ❹크기를
축소하고 Enter를 누릅니다. ❺돋보기 이
미지도 작업 창으로 드래그하여 이동합
니다.

04 ❶툴 패널에서 원형 툴을 선택합니
다. 상단 옵션 바에서 ❷'Shape', 'Fill'은
'색상 지정', 'Stroke'은 '색상 없음', ❸연
산은 'New Layer'로 선택합니다. ❹돋보
기 이미지의 렌즈에 맞춰 원형 객체를 생
성합니다.

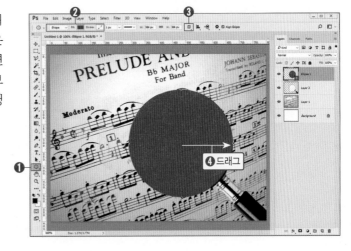

05 생성된 객체의 형태를 수정해보겠습
니다. ❶툴 패널에서 직접 선택 툴을 선
택하고, ❷수정하려는 객체의 포인트를
드래그하여 선택합니다. ❸포인트와 핸
들을 이용해서 패스를 수정합니다.

작업의 이해를 위한 **TIP** ▶ 도형 툴로 생성한 객체의 형태를
수정할 때는 직접 선택 툴로 객체의 포인트를 드래그하여
선택한 후 수정합니다.

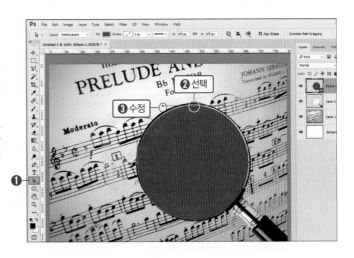

06 ❶[File파일]-[Open열기]([Ctrl]+[O])을 실행하고 Part12 폴더에서 '12_009. jpg' 파일을 불러옵니다. ❷툴 패널에서 이동 툴을 선택하고 악보 이미지를 작업 창으로 드래그하여 이동합니다.

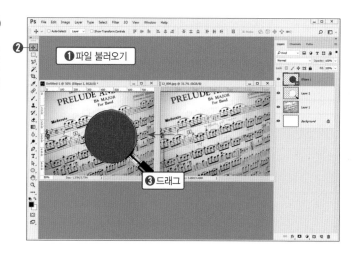

07 ❶레이어 패널에서 상위에 배치된 악보 이미지 레이어를 선택하고 ❷[Ctrl]+[Alt]+[G]를 눌러 클리핑 마스크를 적용합니다.

단축키 **TIP** ▶ 클리핑 마스크 적용 : [Ctrl]+[Alt]+[G]

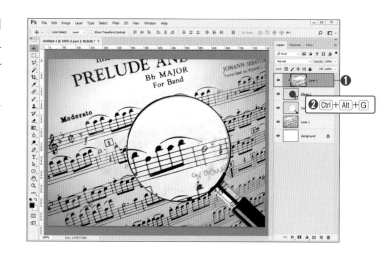

08 ❶툴 패널에서 이동 툴을 선택하고 ❷클리핑 마스크가 적용된 악보 이미지를 드래그하여 원하는 위치로 조절합니다.

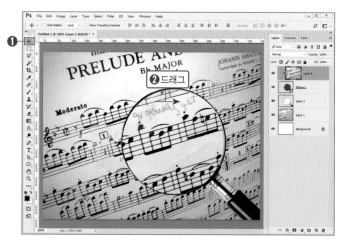

09 클리핑 마스크가 적용된 악보 이미지가 돋보기의 테두리 안으로 들어가 보이도록 레이어 스타일을 적용해보겠습니다. ❶레이어 패널에서 원형 객체 레이어를 선택합니다. ❷레이어 패널 하단의 'Add a layer style'을 클릭한 후 ❸'Inner Shadow^{내부 그림자}'를 선택합니다.

10 [Layer Style] 대화상자가 나타나면 'Structure' 영역에서 ❶'Opacity=75%', ❷'Angle=120', ❸'Distance=8px', 'Spread=0%', 'Size=15px'로 조절하고 ❹〈OK〉 버튼을 클릭합니다.

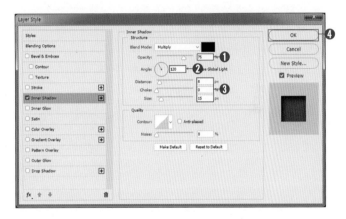

11 돋보기 이미지가 악보 이미지 위에 배치되어 보이도록 레이어 스타일을 적용해보겠습니다. ❶레이어 패널에서 돋보기 이미지 레이어를 선택합니다. ❷레이어 패널 하단의 'Add a layer style'을 클릭한 후 ❸'Drop Shadow^{그림자}'를 선택합니다.

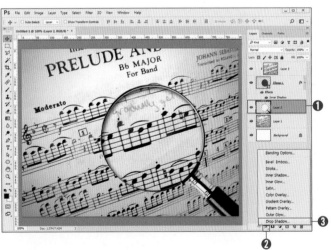

12 [Layer Style] 대화상자가 나타나면 'Structure' 영역에서 ❶'Opacity=75%', ❷'Angle=120', ❸'Distance=10px', 'Spread=0%', 'Size=15px'로 조절한 후 ❹⟨OK⟩ 버튼을 클릭합니다.

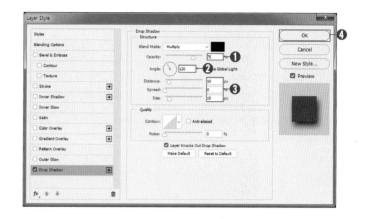

13 악보 이미지의 초점이 흐려보이도록 필터를 적용해보겠습니다. ❶ 레이어 패널에서 악보 이미지 레이어를 선택합니다. ❷[Filter 필터]-[Blur 흐림 효과]-[Gaussian Blur 가우시안 흐림 효과]를 실행하고 ❸부드럽기를 조절한 후 ❹⟨OK⟩ 버튼을 클릭합니다.

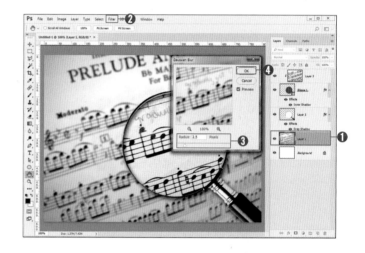

14 클리핑 마스크가 적용된 악보 이미지가 좀 더 선명하게 보이도록 보정해보겠습니다. ❶ 레이어 패널에서 클리핑 마스크가 적용된 악보 이미지 레이어를 선택합니다. ❷[Image 이미지]-[Adjustments 조정]-[Brightness/Contrast 명도/대비]를 실행합니다. ❸명도와 대비를 보정한 후 ❹⟨OK⟩ 버튼을 클릭합니다.

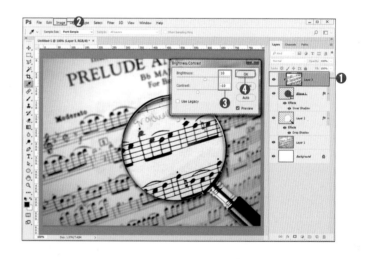

15 Shift를 누른 채 돋보기 이미지와 원형 객체, 악보 이미지 레이어를 클릭해 다중 선택하고, Ctrl+G를 눌러 그룹 레이어로 정리합니다. [File 파일]-[Save 저장](Ctrl+S)를 실행하고 'PSD' 파일로 저장합니다.

CHAPTER
3

이미지 원본은 유지한 채 보정하기

✄ Adjustments 레이어

보정 레이어는 [Image^{이미지}]-[Adjustments^{조정}] 메뉴의 보정 기능을 레이어에 그대로 사용할 수 있는 특수 레이어입니다. 보정 레이어는 보정 결과가 레이어 패널에 남아 있어 원본을 유지한 채 언제든지 수정이 가능합니다. 보정 결과는 블렌딩 모드나, 레이어 마스크, 클리핑 마스크를 이용해 자연스럽게 합성할 수 있습니다.

핵심기능 보정 레이어 사용 방법 살펴보기

01 ❶레이어 패널에서 'Create new fill or adjustment layer'를 클릭하고 ❷'Vibrance^{활기}'를 선택합니다. 'Vibrance' 속성 패널에서 ❸'Vibrance'와 'Saturation'을 보정합니다.

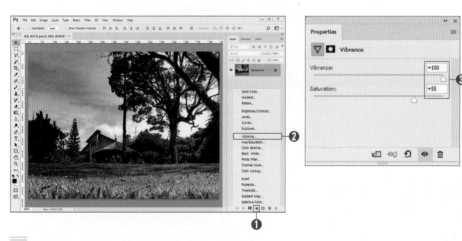

02 ❶레이어 패널에 생성된 보정 레이어를 더블클릭하면 ❷보정 결과를 수정할 수 있습니다.

보정 레이어를 이용한 눈 쌓인 배경 이미지 보정

POINT SKILL 보정 레이어 : Hue/Saturation^{색조/채도} + Vibrance^{활기} + Brightness/Contrast^{명도/대비}, 블렌딩 모드

HOW TO 보정 레이어를 이용해 설경 이미지에 좀 더 많은 눈이 쌓인 것처럼 보정한 후 배경 이미지와 자연스럽게 합성해보겠습니다.

Before Part12\12_011.jpg

After Part12\12_011(완성).psd

01 [File^{파일}]-[Open^{열기}]([Ctrl]+[O])을 실행하고 Part12 폴더에서 '12_011.jpg' 파일을 불러옵니다.

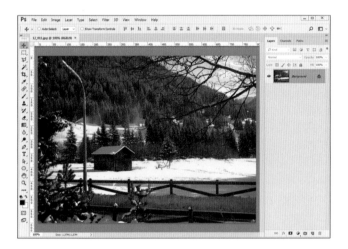

02 ❶레이어 패널에서 'Create new fill or adjustment layer'를 클릭하고 ❷'Hue/Saturation^{색조/채도}'을 선택합니다. ❸'Hue/Saturation' 속성 패널에서 밝기를 보정합니다.

03 보정 레이어의 결과가 설정 이미지
와 자연스럽게 합성되도록 블렌딩 모드를
'Overlay'로 선택합니다.

완성도를 높이는 단계

04 ❶레이어 패널에서 'Create new
fill or adjustment layer'를 클릭하
고 ❷'Vibrance 활기'를 선택합니다.
❸'Vibrance' 속성 패널에서 활기와 채
도를 보정합니다. ❹보정 레이어의 블렌
딩 모드를 'Screen'으로 선택하여 자연스
럽게 합성합니다.

작업의 이해를 위한 TIP ▶ 블렌딩 모드 'Screen'은 상위에
배치된 이미지의 명도를 하위에 배치된 이미지에 밝게 합
성합니다. 따라서 채도를 높여 보정한 보정 레이어가 설정
이미지에 밝게 합성되었습니다.

05 ❶레이어 패널에서 'Create new
fill or adjustment layer'를 클릭하고
❷'Brightness/Contrast 명도/대비'를 선택
합니다. ❸'Brightness/Contrast' 속성
패널에서 명도와 대비를 보정합니다.

06 [File 파일]-[Save 저장]([Ctrl]+[S])를 실행하고 'PSD' 파일로 저장합니다.

보정 레이어와 클리핑 마스크를 이용한 여러 개의 이미지 보정

POINT SKILL 보정 레이어 : Hue/Saturation ^{색조/채도}, 클리핑 마스크

10 min

HOW TO 보정 레이어를 이용해 그룹 레이어로 정리된 여러 개의 이미지를 한꺼번에 보정해보겠습니다. 그리고 보정 레이어에서 보정한 결과가 원하는 이미지에만 보정되도록 클리핑 마스크를 적용해보겠습니다.

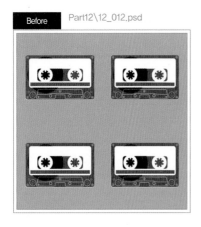

Before Part12\12_012.psd

After Part12\12_012(완성).psd

01 [File ^{파일}]−[Open ^{열기}]([Ctrl]+[O])을 실행하고 Part12 폴더에서 '12_012. psd' 파일을 불러옵니다.

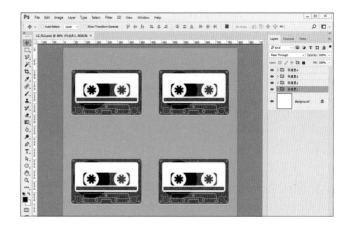

02 ❶레이어 패널에서 '카세트2' 그룹 레이어를 선택합니다. ❷'Create new fill or adjustment layer'를 클릭하고 ❸'Hue/Saturation ^{색조/채도}'을 선택합니다. ❹'Hue/Saturation' 속성 패널에서 색상과 채도를 보정합니다.

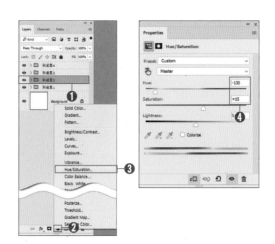

03 클리핑 마스크를 적용하기 위해 레이어 패널에서 '카세트2' 그룹 레이어 상위에 배치된 'Hue/Saturation' 보정 레이어를 선택합니다.

04 Ctrl + Alt + G 를 눌러 클리핑 마스크를 적용합니다.

작업의 이해를 위한 **TIP** ▶ 보정 레이어는 하위에 배치된 여러 개의 레이어를 한꺼번에 보정합니다. 원하는 레이어에만 보정 레이어를 적용하려면 클리핑 마스크를 활용합니다. 여기에서는 '카세트2' 그룹 레이어에만 'Hue/Saturation' 보정 레이어가 적용되도록 클리핑 마스크를 적용하였습니다.

▶ Adobe Photoshop CS6 버전부터 클리핑 마스크를 그룹 레이어에 적용할 수 있습니다. Adobe Photoshop CS6 이하 버전은 그룹 레이어 안에 배치된 개별 레이어를 선택하고 각각 보정해야 합니다.

05 동일한 방법으로 ❶ '카세트3' 그룹 레이어 위에 ❷ 'Hue/Saturation' 보정 레이어를 추가하고 ❸ 색상과 채도를 보정합니다. ❹ 보정 레이어를 선택하고 Ctrl + Alt + G 를 눌러 클리핑 마스크를 적용합니다.

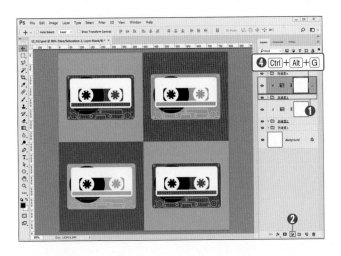

06 동일한 방법으로 ❶'카세트4' 그룹 레이어 위에 ❷'Hue/Saturation' 보정 레이어를 추가하고 ❸색상과 채도를 보정합니다. ❹보정 레이어를 선택하고 [Ctrl]+[Alt]+[G]를 눌러 클리핑 마스크를 적용합니다.

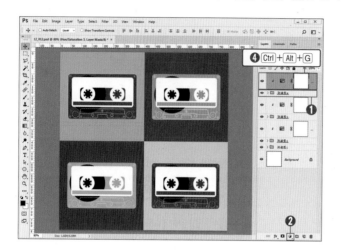

07 [File^{파일}]−[Save^{저장}]([Ctrl]+[S])를 실행하고 'PSD' 파일로 저장합니다.

따라하기 응용예제

레이어 마스크를 이용한 속도감 합성과 보정 레이어를 이용한 선명도 보정

20 min

POINT SKILL 이미지 복제, 필터 : Radial Blur^{동작 흐림 효과} + Add Noise^{노이즈 추가}, 레이어 마스크, 보정 레이어 : Color Blance^{색상 균형} + Hue/Saturation^{색조/채도} + Solid Color^{단색}, 브러시 툴, 레이어 채색, 블렌딩 모드

HOW TO Radial Blur와 Add Noise를 이용해 도로 이미지의 속도감을 표현하고, 레이어 마스크와 보정 레이어를 이용해 자연스럽게 합성해보겠습니다.

Before　Part12\12_013.jpg

After　Part12\12_013(완성).psd

01 ❶[File^{파일}]-[Open^{열기}]([Ctrl]+[O])을 실행하고 Part12 폴더에서 '12_013.jpg' 파일을 불러옵니다. ❷도로 이미지에 속도감을 표현하기 위해 [Ctrl]+[J]를 눌러 도로 이미지를 하나 더 복제합니다.

단축키 **TIP** ▶ 선택된 레이어 복제 : [Ctrl]+[J]

❶파일 불러오기

❷[Ctrl]+[J]

02 ❶[Filter^{필터}]-[Blur^{흐림 효과}]-[Radial Blur^{방사형 흐림 효과}]를 실행합니다. [Radial Blur] 대화상자가 나타나면 ❷'Amount'에서 흐림 효과 양을 조절하고, ❸'Blur Method'에서 흐림 효과 방법을 선택한 후 ❹기준점을 변경하고 ❺〈OK〉 버튼을 클릭합니다.

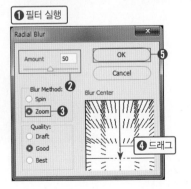

❶필터 실행

❹드래그

작업의 이해를 위한 **TIP** ▶ [Radial Blur]는 기준점을 중심으로 이미지가 회전하거나 빨려 들어가는 듯한 효과를 표현할 때 적용하는 필터입니다.

PART

12

포토샵의 합성, 레이어를
깔끔하게 집어보자

03 도로 이미지의 자동차에 적용된 속도감을 가려보겠습니다. ❶레이어 패널에서 'Add layer mask'를 클릭합니다. ❷툴 패널에서 브러시 툴을 선택하고, 상단 옵션 바에서 ❸브러시 목록을 클릭하여 ❹브러시 종류는 'Soft Round', ❺'Mode=Normal', 'Opacity=100%', 'Flow=100%'로 선택합니다.

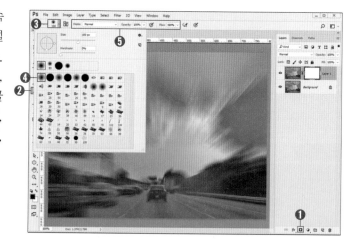

04 ❶전경색을 검은색으로 지정하고, ❷자동차 부분을 드래그하여 채색합니다.

작업의 이해를 위한 **TIP** ▶ 상위에 배치된 속도감이 적용된 도로 이미지의 레이어 마스크에 검은색을 채색하였습니다. 검은색으로 채색한 부분은 속도감이 적용된 부분이 보이지 않습니다.

단축키 **TIP** ▶ 브러시 툴의 크기 조절 : [［], [］]
▶ 채색 이전 단계로 돌아가기 : Ctrl + Alt + Z

완성도를 높이는 단계

05 도로 이미지에 속도감을 표현하는 효과를 좀 더 강하게 적용해보겠습니다. ❶레이어 패널에서 새 레이어를 생성하고 ❷전경색을 검은색으로 지정합니다. ❸Alt + Delete를 눌러 전경색을 채웁니다.

단축키 **TIP** ▶ 전경색 채우기 : Alt + Delete
▶ 배경색 채우기 : Ctrl + Delete

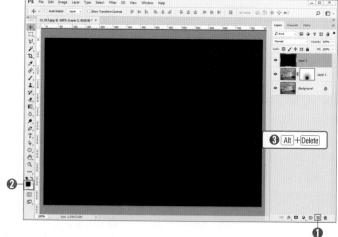

06 ❶[Filter ^{필터}]–[Noise ^{노이즈}]–[Add Noise ^{노이즈 추가}]를 실행합니다. [Add Noise] 대화상자가 나타나면 ❷'Amount'에서 입자 양을 조절하고, ❸입자 분포를 'Gaussian'으로 변경한 후 ❹'Monochromatic'를 체크하고 ❺〈OK〉 버튼을 클릭합니다.

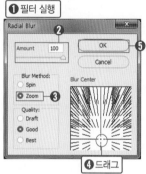

작업의 이해를 위한 **TIP** ▶ [Add Noise]는 이미지에 노이즈를 추가하는 필터입니다. 노이즈를 흑백으로 추가할 때는 'Monochromatic'을 체크합니다.

07 레이어에 추가된 입자에 속도감을 표현하기 위해 ❶[Filter ^{필터}]–[Blur ^{흐림 효과}]–[Radial Blur ^{방사형 흐림 효과}]를 실행합니다. [Radial Blur] 대화상자가 나타나면 ❷'Amount'에서 흐림 효과 양을 조절하고, ❸'Blur Method'에서 흐림 효과 방법을 선택한 후 ❹기준점을 변경하고 ❺〈OK〉 버튼을 클릭합니다.

08 레이어에 생성된 입자의 속도감을 좀 더 매끄럽게 표현하기 위해 Ctrl+Alt+F를 여러 번 눌러 이전에 적용한 필터를 반복 적용합니다.

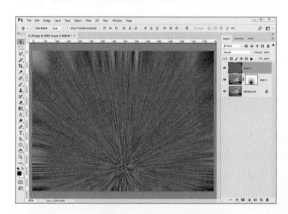

단축키 **TIP** ▶ 이전 필터 반복 적용 : 포토샵 CC 2017 버전 (Ctrl+Alt+F), 포토샵 CC 2017 이하 버전 (Ctrl+F)

09 레이어에 생성된 입자의 속도감이 도로 이미지와 자연스럽게 합성되도록 블렌딩 모드를 'Soft Light'로 설정합니다.

10 레이어에 생성된 입자의 속도감을 가려보겠습니다. ❶레이어 패널에서 'Add layer mask'를 클릭하고 ❷툴 패널에서 브러시 툴을 선택합니다. ❸상단 옵션 바에서 브러시 목록을 클릭하고 ❹브러시 종류는 'Soft Round', ❺ 'Mode=Normal', 'Opacity=100%', 'Flow=100%'로 선택합니다.

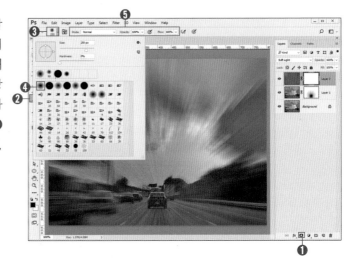

11 ❶ 전경색이 검은색인 상태에서 ❷브러시 툴로 가리고 싶은 부분을 채색합니다.

작업의 이해를 위한 **TIP** ▶ 상위에 배치된 입자의 속도감 레이어 마스크에 검은색을 채색하였습니다. 검은색으로 채색한 부분은 입자의 속도감이 적용된 부분이 보이지 않습니다.

12 도로 이미지와 속도감이 표현된 레이어들을 한꺼번에 보정해보겠습니다. ❶레이어 패널에서 'Create new fill or adjustment layer'를 클릭하고 ❷'Color Balance^{색상 균형}'를 선택합니다. 'Color Balance' 속성 패널에서 ❸'Tone' 항목을 'Midtones'로 선택하고 ❹노란색의 반대색인 파란색을 추가해 보색 관계로 보정합니다. ❺'Shadows' 부분은 파란색을 추가하고 ❻'Highlights' 부분을 노란색을 추가합니다.

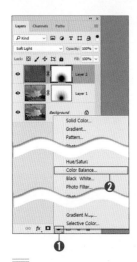   

13 ❶레이어 패널에서 'Create new fill or adjustment layer'를 클릭하고 ❷'Hue/Saturation^{색조/채도}'을 선택합니다. ❸'Colorize' 옵션을 체크하고 ❹색상과 채도를 보정합니다.

14 'Hue/Saturation' 보정 레이어가 도로 이미지와 자연스럽게 합성되도록 블렌딩 모드를 'Overlay'으로 설정합니다.

15 ❶레이어 패널에서 'Create new fill or adjustment layer'를 클릭하고 ❷'Solid Color^{단색}'을 선택합니다. ❸색상을 검은색으로 지정하고 ❹⟨OK⟩ 버튼을 클릭합니다.

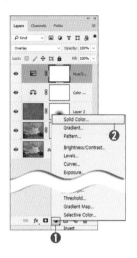
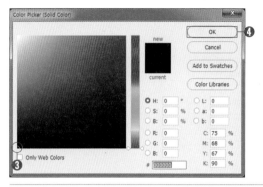

작업의 이해를 위한 **TIP** ▶ 'Solid Color'는 단색을 채우는 보정 레이어입니다.

16 'Solid Color' 보정 레이어의 검은 색을 가려보겠습니다. ❶툴 패널에서 브 러시 툴을 선택합니다. 상단 옵션 바에서 ❷브러시 목록을 클릭하고 ❸브러시 종 류는 'Soft Round', ❹'Mode=Normal', 'Opacity=100%', 'Flow=100%'로 선택 합니다.

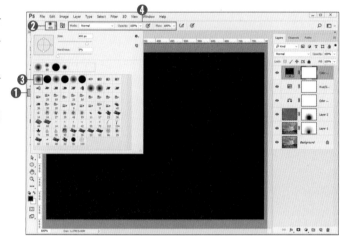

17 ❶전경색이 검은색으로 지정된 상 태에서 ❷레이어 패널의 레이어 마스크 에 브러시 툴로 전경색을 채색합니다.

작업의 이해를 위한 **TIP** ▶ 상위에 배치된 'Solid Color' 보 정 레이어의 마스크에 검은색을 채색하였습니다. 검은색 으로 채색한 부분은 보이지 않습니다.

18 도로 이미지의 자동차가 밝게 보이도록 빛을 표현해보겠습니다. ❶툴 패널에서 브러시 툴을 선택합니다. 상단 옵션 바에서 ❷브러시 목록을 클릭하고 ❸브러시 종류는 'Soft Round', ❹'Mode=Normal', 'Opacity=100%', 'Flow=100%'로 선택합니다.

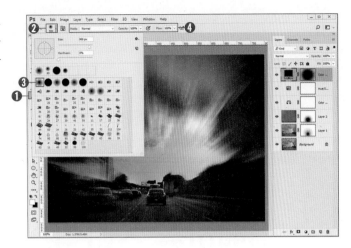

19 ❶레이어 패널에서 새 레이어를 생성하고, ❷전경색을 흰색으로 지정합니다. ❸브러시 툴로 도로 이미지의 자동차 주변을 채색합니다.

20 채색된 색상이 도로 이미지의 자동차와 자연스럽게 합성되도록 블렌딩 모드를 'Overlay'로 선택합니다.

21 [File^{파일}]–[Save^{저장}]([Ctrl]+[S])를 실행하고 'PSD' 파일로 저장합니다.

PART 13

원하는 스타일의
문자를 입력하자

문자 입력과 다양한 표현 방법

그래픽 작업에서 문자는 중요한 요소 중 하나입니다. 문자는 작업 목적에 맞게 적절한 글꼴을 사용해야 합니다. 포토샵에서 문자를 입력하면 레이어 패널에 문자 레이어가 생성되어 문자를 수정하거나 효과를 다양하게 적용할 수 있습니다. 문자의 형태를 변형하거나 합성하고 레이어 스타일을 이용해 다채롭게 표현하는 방법을 알아봅니다. 또한 Adobe Photoshop CC 버전에서 추가된 Typekit 기능을 이용하여 글꼴을 포토샵에 추가하여 사용하는 방법도 알아보겠습니다.

CHAPTER 1   문자 입력하고 편집하기

CHAPTER 2   텍스트 뒤틀기 기능을 이용한 편집

CHAPTER 3   Typekit를 이용한 글꼴 추가와 문자를 꾸미는 다양한 방법

문자 입력하고 편집하기

✂ 문자 툴, 문자 패널

문자 툴은 문자를 입력할 때 사용합니다. 문자는 가로, 세로 방향뿐만 아니라 패스를 따라 흐르게도 입력할 수 있습니다. 입력된 문자는 레이어를 통해 수정할 수 있고, 문자의 세부 옵션인 글꼴, 크기, 자간, 행간 등은 문자 패널에서 조절하여 편집할 수 있습니다.

핵심기능 문자 툴의 종류 살펴보기

· **수평 문자 툴([T])** : 가로 방향의 문자를 입력할 때 사용합니다.
· **세로 문자 툴([IT])** : 세로 방향의 문자를 입력할 때 사용합니다.
· **세로 문자 마스크 툴([IT])** : 세로 방향의 선택 영역으로 문자를 입력할 때 사용합니다.
· **수평 문자 마스크 툴([T])** : 가로 방향의 선택 영역으로 문자를 입력할 때 사용합니다.

▲ 수평 문자 툴

▲ 세로 문자 툴

▲ 세로 문자 마스크 툴

▲ 수평 문자 마스크 툴

핵심기능 문자 패널의 옵션 살펴보기

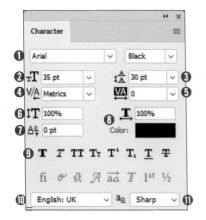

① **글꼴 :** 글꼴을 선택합니다.

② **글꼴 크기 :** 글꼴 크기를 조절합니다.

**BBAJANGI's
PHOTOSHOP**

▲ 같은 크기인 경우

**BBAJANGI's
PHOTOSHOP**

▲ 크기를 조절한 경우

단축키 TIP ▸ 문자를 드래그하여 선택하고 Ctrl + Shift + 〈 , 〉 를 누르면 문자 크기를 조절할 수 있습니다.

③ **행간 조절 :** 문장 사이의 줄 간격을 조절합니다.

**BBAJANGI's
PHOTOSHOP**

▲ 행간이 Auto인 경우

▲ 행간을 조절한 경우

단축키 TIP ▸ 문자를 드래그하여 선택하고 Alt + ↑ , ↓ 를 누르면 행간을 조절할 수 있습니다.

④ **커닝 조절 :** 단어 사이에 커서를 클릭하고, 글자 사이 간격을 조절합니다.

**BBAJANGI's
PHOTOSHOP**

▲ 커닝이 '0'인 경우

**BBAJANGI's
PHOTOSHOP**

▲ 커닝을 조절한 경우

단축키 TIP ▸ 문자를 드래그하여 선택하고 Alt + Shift + ← , → 를 누르면 커닝을 조절할 수 있습니다.

⑤ **자간 조절 :** 단어 사이 간격을 조절합니다.

**BBAJANGI's
PHOTOSHOP**

▲ 자간이 '0'인 경우

▲ 자간을 조절한 경우

단축키 TIP ▸ 문자를 드래그하여 선택하고 Alt + ← , → 를 누르면 자간을 조절할 수 있습니다.

❻ 장평 조절 : 문자의 세로 가로 길이를 조절합니다.

▲ 장평이 100%인 경우　　　　　　　▲ 가로 장평을 조절한 경우

❼ 기준선 이동 : 단어 사이의 줄 간격을 조절합니다.

▲ 기준선 '0'인 경우　　　　　　　▲ 기준선을 조절한 경우

❽ 색상 : 문자의 색상을 선택합니다.

▲ 검은색 문자인 경우　　　　　　　▲ 문자 색상을 변경한 경우

❾ 스타일 : 문자의 두께, 기울기, 대문자, 소문자, 위 첨자, 밑줄, 취소선 등을 선택합니다.

▲ 스타일을 선택하지 않은 경우　　　　　　　▲ 밑줄 스타일을 선택한 경우

❿ 언어 : 언어를 선택합니다.

⓫ 글꼴 경계선 : 문자 가장자리의 매끄럽기를 선택합니다.

▲ 경계선이 'None'인 경우　　　　　　　▲ 경계선이 'Sharp'인 경우

문자 패널을 이용한 문자의 자간, 행간 수정

POINT SKILL 문자 툴, 문자 편집, 도형 툴, 이동 툴

10 min

HOW TO 문자 툴로 문자를 입력하고, 문자 패널을 이용해 입력된 문자를 편집해보겠습니다. 완성도를 높이기 위해 도형 툴로 프레임 형태의 객체를 만들어 문자를 감싸는 박스를 만들어보겠습니다.

| Before | Part13\13_001.jpg | After | Part13\13_001(완성).psd |

01 ❶[File 파일]–[Open 열기]([Ctrl]+[O])을 실행하고 Part13 폴더에서 '13_001.jpg' 파일을 불러옵니다. ❷툴 패널에서 문자 툴을 선택합니다. 상단 옵션 바의 ❸글꼴 목록에서 글꼴을 선택하고 ❹글꼴 크기는 '40pt', ❺글꼴 경계선은 'Sharp', ❻문장 정렬 방식은 'Left align text', ❼글꼴 색상은 흰색으로 선택합니다.

작업의 이해를 위한 **TIP** ▶ 작업에 사용할 글꼴은 컴퓨터에 설치된 글꼴 중 선택할 수 있습니다.

02 ❶작업 창에 문자 툴을 클릭하고 ❷'Let the sea set you free'를 입력합니다.

작업의 이해를 위한 **TIP** ▶ 입력한 문자는 툴 패널에서 이동 툴을 선택하고 문자를 드래그하여 위치를 수정할 수 있습니다.

▶ 문자 입력을 완료하려면 [Ctrl]+[Enter]를 누릅니다.

03 입력한 문자를 편집해보겠습니다. 문자 툴로 입력한 문자 사이를 클릭하고 [Enter]를 눌러 줄 바꿈을 합니다.

04 ❶레이어 패널에서 문자 레이어 아이콘을 더블클릭합니다. ❷상단 옵션 바에서 글꼴 크기를 수정하고 ❸문장 정렬 방식을 'Center text'로 변경합니다.

작업의 이해를 위한 **TIP** ▶ 입력된 문자를 수정하려면 레이어 패널에서 문자 레이어 아이콘을 더블클릭해 문자를 드래그 선택해야 합니다.

단축키 **TIP** ▶ 문자 크기 조절 : [Ctrl]+[Shift]+[<], [>]

05 상단 옵션 바에서 ❶'Toggle the Character and Paragraph panels'를 클릭하여 문자 패널을 불러온 후 ❷행간과 ❸자간을 조절합니다.

단축키 **TIP** ▶ 행간 조절 : [Alt]+[↑], [↓]

▶ 자간 조절 : [Alt]+[←], [→]

06 ❶툴 패널에서 사각형 툴을 선택합니다. ❷상단 옵션 바에서 'Shape'를 선택하고, ❸'Fill'을 클릭해 색상은 '없음'으로, ❹'Stroke'를 클릭해 색상은 '흰색', 두께는 '10px'로 지정하고, ❺ 연산은 'New Layer'로 선택합니다.

─────

작업의 이해를 위한 **TIP** ▶ 'Shape'의 'Stroke' 옵션은 Adobe Photoshop CS6 버전부터 추가되었습니다. 이하 버전에서는 사각형 객체의 연산을 이용해서 생성해야 합니다.

07 입력된 문자에 맞춰 사각형 객체를 생성합니다.

08 문자와 사각형 객체를 정렬하기 위해 ❶Shift를 누른 채 문자와 사각형 객체 레이어를 클릭하여 다중 선택합니다. ❷툴 패널에서 이동 툴을 선택하고 ❸상단 옵션 바에서 'Align vertical centers', 'Align horizontal centers'를 클릭합니다.

─────

작업의 이해를 위한 **TIP** ▶ 여러 개의 레이어를 정렬할 때는 Shift를 누른 채 해당 레이어들을 다중 선택하고, 이동 툴 상단 옵션 바에서 정렬 옵션을 클릭합니다.

09 문자와 사각형 객체 레이어가 다중 선택된 상태에서 Ctrl+G를 눌러 그룹 레이어로 정리합니다. [File^{파일}]–[Save^{저장}](Ctrl+S)를 실행하고 'PSD' 파일로 저장합니다.

따라하기 기본 예제

패스를 따라 문자를 입력하는 Type Path

POINT SKILL 펜 툴, 문자 툴, 문자 편집, 보정 : Vibrance^{활기}

15 min

HOW TO 펜 툴로 이미지를 따라 패스를 생성하고, 패스를 따라서 흐르는 문자를 입력해보겠습니다.

Before Part13\13_002.jpg

After Part13\13_002(완성).psd

---

01 ❶[File ^{파일}]-[Open ^{열기}]([Ctrl]+[O])
을 실행하고 Part13 폴더에서 '13_002.
jpg' 파일을 불러옵니다. ❷ 툴 패널에
서 문자 툴을 선택합니다. 상단 옵션 바
의 ❸ 글꼴 목록에서 글꼴을 선택하고
❹ 글꼴 크기는 '30pt', ❺ 글꼴 경계선
은 'Sharp', 문장 정렬 방식은 'Left align
text', 글꼴 색상은 검은색으로 설정합니다.

작업의 이해를 위한 **TIP** ▸ 패스를 따라서 문자를 입력하는
Type Path를 사용하기 위해서는 문장 정렬 방식을 'Left
align text'로 선택해야 합니다.

02 ❶[Window ^창]-[Paths ^{패스}]를 실
행해 패스 패널을 열고, ❷'Path 1' 패
스를 선택합니다. ❸ 문자 툴로 패스를
클릭하고 ❹'To love deeply in one
direction makes us more loving in
all others.'를 입력합니다.

작업의 이해를 위한 **TIP** ▸ 펜 툴로 패스를 직접 생성해야
하지만, 본 예제에서는 이미지에 미리 생성된 패스를 사
용하였습니다.

03 입력한 문자를 편집해보겠습니다.
❶레이어 패널에서 문자 레이어 아이콘
을 더블클릭합니다. ❷상단 옵션 바에서
글꼴 크기를 변경합니다.

작업의 이해를 위한 **TIP** ▸ 입력된 문자를 수정할 때는 레이
어 패널에서 문자 레이어 아이콘을 더블클릭하거나, 문자
를 드래그하여 선택해야 합니다.

단축키 **TIP** ▸ 문자 크기 조절 : Ctrl+Shift+<+>

04 ❶툴 패널에서 직접 선택 툴을 선택
합니다. ❷입력된 문장의 시작 부분에 마
우스를 대고 ❸드래그하여 문장의 위치
를 수정합니다.

작업의 이해를 위한 **TIP** ▸ 글꼴 종류에 따라서 본 예제처럼
자연스럽지 않고 단어 사이 간격이 겹쳐 보이게 입력될
수도 있습니다. 이때는 문자 툴로 겹쳐 보이는 단어 사이
를 클릭하고 Space 를 눌러 띄어쓰기로 수정합니다.

05 배경 이미지를 보정해보겠습니다.
❶레이어 패널에서 배경 레이어를 선택
하고 ❷[Image이미지]-[Adjustments조
정]-[Vibrance활기]를 실행합니다. ❸활
기와 채도를 보정한 후 ❹〈OK〉 버튼을
클릭합니다.

작업의 이해를 위한 **TIP** ▸ 선택한 이미지 레이어 하나를 간
단하게 보정할 때는 일반적으로 보정 메뉴를 사용합니다.

06 [File파일]-[Save저장](Ctrl+S)를 실행하고 'PSD' 파일로 저장합니다.

텍스트 뒤틀기 기능을 이용한 편집

✂ [Warp Text] 대화상자

문자 툴로 입력한 문자는 텍스트 뒤틀기 기능을 이용해 다양한 형태로 변형할 수 있습니다. 메뉴에서 [Type^문 ^자]−[Warp Text^{텍스트 뒤틀기}]를 실행하거나, 문자 툴 상단 옵션 바에서 'Create waped text'를 클릭하여 나타나는 [Warp Text] 대화상자에서 텍스트의 변형 스타일을 선택하고, 구부리기, 왜곡 등의 옵션을 조정하여 원하는 형태로 변형합니다.

핵심 기능

[Warp Text] 대화상자 살펴보기

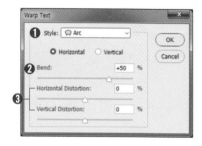

❶ **Style** : 텍스트 뒤틀기의 스타일과 변형 방향을 가로, 세로로 선택할 수 있습니다.

▲ Arc(부채꼴)   ▲ Arc Lower(아래 부채꼴)   ▲ Arc Upper(위 부채꼴)

▲ Arch(아치)   ▲ Bulge(돌출)   ▲ Shell Lower(아래가 넓은 조개)

▲ Shell Upper(위가 넓은 조개) ▲ Flag(깃발) ▲ Wave(파형)

▲ Fish(물고기) ▲ Rise(상승) ▲ Fisheye(어안)

▲ Inflate(부풀리기) ▲ Squeeze(양쪽 누르기) ▲ Twist(비틀기)

❷ **Bend** : 선택한 텍스트 뒤틀기의 구부리기 정도를 조절할 수 있습니다.

▲ 구부리기 +50인 경우 ▲ 구부리기 −50인 경우

❸ **Distortion** : 선택한 텍스트 뒤틀기의 왜곡 정도를 가로, 세로로 조절할 수 있습니다.

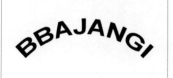

▲ 왜곡을 조절하지 않은 경우 ▲ 가로 왜곡을 조절한 경우

텍스트 뒤틀기 기능을 이용한 문자 형태 변형

10 min

POINT SKILL 문자 툴, 텍스트 뒤틀기

HOW TO 텍스트 뒤틀기 기능을 이용해 문자 형태를 다양하게 변형해보겠습니다.

Before Part13\13_003.psd

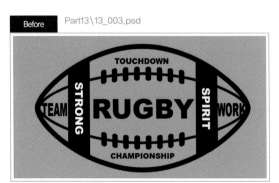

After Part13\13_003(완성).psd

01 ❶[File 파일]-[Open 열기]((Ctrl)+(O))을 실행하고 Part13 폴더에서 '13_003.psd' 파일을 불러옵니다. ❷레이어 패널에서 'RUGBY' 문자 레이어를 선택합니다.

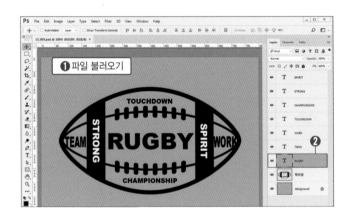

02 ❶레이어 패널에서 'RUGBY' 문자 레이어 아이콘을 더블클릭합니다. ❷상단 옵션 바에서 '텍스트 뒤틀기' 아이콘을 클릭합니다. [Warp Text] 대화상자가 나타나면 ❸'Style'을 'Bulge 돌출', ❹변형 방향을 'Horizontal', ❺'Bend =40%', ❻'Horizontal Distortion=0%', 'Vertical Distortion=0%'로 선택하고 ❼⟨OK⟩ 버튼을 클릭합니다.

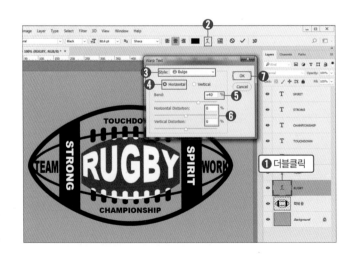

작업의 이해를 위한 **TIP** ▸ 입력된 문자를 수정할 때는 레이어 패널에서 문자 레이어 아이콘을 더블클릭하거나, 문자를 드래그하여 선택해야 합니다.

단축키 **TIP** ▸ 문자 크기 조절 : (Ctrl)+(Shift)+(⟨)+(⟩)

03 ❶ 레이어 패널에서 'TEAM' 문자 레이어 아이콘을 더블클릭합니다. ❷ 상단 옵션 바에서 '텍스트 뒤틀기' 아이콘을 클릭합니다. [Warp Text] 대화상자가 나타나면 ❸ 'Style'을 'Rise상승', ❹ 변형 방향을 'Horizontal', ❺ 'Bend=0%', ❻ 'Horizontal Distortion=30%', 'Vertical Distortion=0%'로 선택하고 ❼ 〈OK〉 버튼을 클릭합니다.

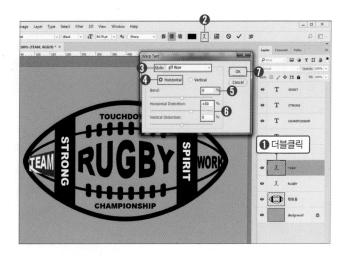

04 ❶ 레이어 패널에서 'WORK' 문자 레이어 아이콘을 더블클릭합니다. ❷ 상단 옵션 바에서 '텍스트 뒤틀기' 아이콘을 클릭합니다. [Warp Text] 대화상자가 나타나면 ❸ 'Style'을 'Rise상승', ❹ 변형 방향을 'Horizontal', ❺ 'Bend=0%', ❻ 'Horizontal Distortion=−30%', 'Vertical Distortion=0%'로 선택하고 ❼ 〈OK〉 버튼을 클릭합니다.

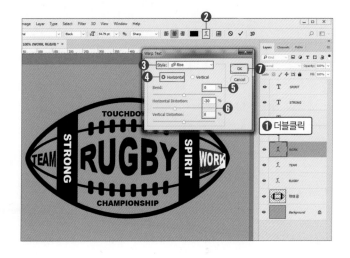

05 ❶ 레이어 패널에서 'TOUCH DOWN' 문자 레이어 아이콘을 더블클릭합니다. ❷ 상단 옵션 바에서 '텍스트 뒤틀기' 아이콘을 클릭합니다. [Warp Text] 대화상자가 나타나면 ❸ Style'을 'Arc Upper 위 부채꼴', ❹ 변형 방향을 'Horizontal', ❺ 'Bend=30%', ❻ 'Horizontal Distortion=0%', 'Vertical Distortion=0%'로 선택하고 ❼ 〈OK〉 버튼을 클릭합니다.

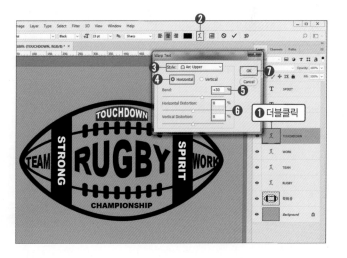

06 ❶ 레이어 패널에서 'CHAMPION SHIP' 문자 레이어 아이콘을 더블클릭합니다. ❷ 상단 옵션 바에서 '텍스트 뒤틀기' 아이콘을 클릭합니다. [Warp Text] 대화상자가 나타나면 ❸ 'Style'을 'Arc Lower 아래 부채꼴', ❹ 변형 방향을 'Horizontal', ❺ 'Bend=30%', ❻ 'Horizontal Distortion=0%', 'Vertical Distortion=0%'로 선택하고 ❼ 〈OK〉 버튼을 클릭합니다.

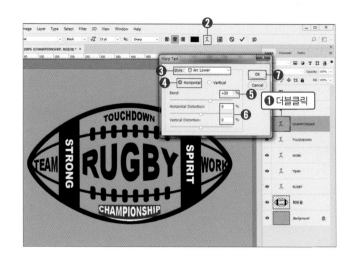

07 ❶ 레이어 패널에서 'STRONG' 문자 레이어 아이콘을 더블클릭합니다. ❷ 상단 옵션 바에서 '문자 패널' 아이콘을 클릭하여 문자 패널을 열고 ❸ 하위 목록 메뉴를 클릭해 ❹ 'Standard Vertical Roman Alignment 로마자 표준 세로 정렬'를 선택합니다.

작업의 이해를 위한 **TIP** ▶ 세로 문자 툴로 입력한 문자의 방향을 변경하려면 문자 패널의 하위 목록 메뉴에서 'Standard Vertical Roman Alignment'를 선택해야 합니다.

08 ❶ 레이어 패널에서 'SPIRIT' 문자 레이어 아이콘을 더블클릭합니다. ❷ 문자 패널에서 하위 목록 메뉴를 클릭해 ❸ 'Standard Vertical Roman Alignment 로마자 표준 세로 정렬'를 선택합니다.

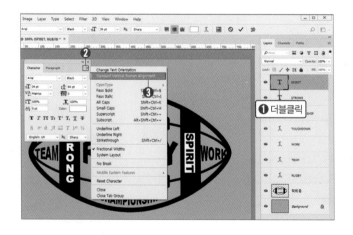

09 Shift를 누른 채 문자 레이어를 클릭하여 다중 선택하고, Ctrl+G를 눌러 그룹 레이어로 정리합니다. [File 파일]–[Save 저장](Ctrl + S)를 실행하고 'PSD' 파일로 저장합니다.

Typekit를 이용한 글꼴 추가와
문자를 꾸미는 다양한 방법

⚒ Typekit 글꼴 추가

Typekit은 데스크 탑 애플리케이션 및 웹에서 사용되는 글꼴을 라이브러리에 액세스할 수 있는 구독 서비스입니다. Typekit에서 글꼴을 추가하고 Creative Cloud를 사용하여 해당 글꼴을 데스크 탑에 동기화하거나 웹에서 사용합니다. Typekit은 Adobe Photoshop CC 버전부터 사용할 수 있습니다. CC 이하 버전에서는 웹에서 글꼴을 직접 다운받아서 컴퓨터에 설치해야 합니다. 글꼴을 동기화하려면 Creative Cloud 데스크 탑 애플리케이션을 컴퓨터에 설치해야 합니다. 애플리케이션이 설치되어 있지 않으면 다운로드하여 설치합니다.

핵심기능 **Typekit를 이용한 글꼴 추가 및 동기화 방법 살펴보기**

01 Creative Cloud 데스크 탑 애플리케이션이 설치되지 않았다면, ❶http://www.adobe.com/kr에 접속하고 ❷ 어도비 계정으로 로그인합니다. ❸'데스크탑 다운로드'를 클릭합니다.

02 'Creative Cloud'의 〈다운로드〉 버튼을 클릭합니다.

03 ❶'Creative Cloud 관련 나의 기술 수준'을 선택하고 ❷〈계속〉 버튼을 클릭합니다.

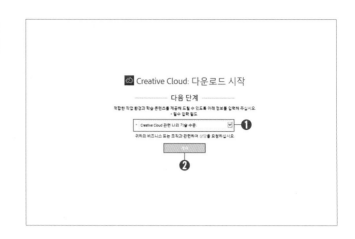

04 하단에 설치 바가 활성화되면 〈실행〉 버튼을 클릭합니다. Creative Cloud 데스크 탑 애플리케이션을 컴퓨터에 설치합니다.

05 Creative Cloud 데스크 탑 애플리케이션을 실행하고 ❶[에셋]-[글꼴]을 클릭합니다. ❷〈Typekit 글꼴 검색〉 버튼을 클릭합니다.

작업의 이해를 위한 **TIP** ▶ 포토샵 메뉴에서 [Type]-[Add Fonts from Typekit]를 실행할 수도 있습니다.

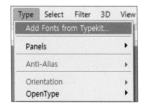

06 브라우저 창이 열리면 Typekit.
com에 Adobe 계정으로 로그인합니다.

07 글꼴을 검색하고 원하는 글꼴을 필
터링할 수 있습니다. 특정 글꼴의 사용 가
능 여부가 글꼴 카드에 표시됩니다.

08 원하는 글꼴을 선택하고 〈SYNC〉
버튼을 클릭합니다.

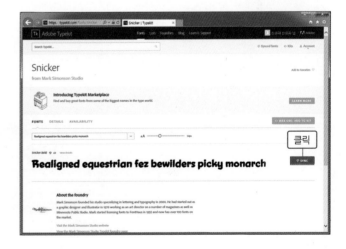

09 Creative Cloud 데스크 탑 애플리 케이션을 엽니다. ❶[에셋]-[글꼴]을 실 행하고 ❷〈Typekit 글꼴 동기화〉 버튼 을 클릭합니다.

10 동기화된 글꼴을 사용해보겠습니 다. ❶문자 패널에서 글꼴 목록을 클릭합 니다. ❷'Show fonts from Typekit'을 클릭하여 동기화된 글꼴을 선택합니다.

작업의 이해를 위한 TIP ▶ Microsoft Word 등 일부 데스 크 탑 애플리케이션은 새로운 글꼴이 동기화된 후에 다시 시작해야 합니다.

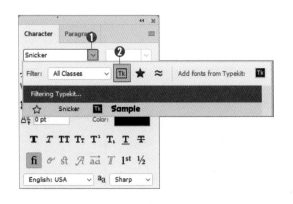

11 ❶툴 패널에서 문자 툴을 선택하고 ❷작업 창을 클릭하여 동기화된 글꼴로 문자를 입력합니다.

따라하기 기본예제	레이어 스타일을 이용한 패턴 문자 만들기

⏳ 10 min

POINT SKILL 문자 툴, 레이어 스타일, 이미지 복제, 이동 툴, 회전

HOW TO Typekit로 글꼴을 추가하고, 레이어 스타일을 이용해 문자에 테두리와 패턴을 적용하여 다채롭게 표현해보겠습니다.

Before Part13\13_004.jpg

After Part13\13_004(완성).psd

01 [File 파일]-[Open 열기]([Ctrl]+[O])을 실행하고 Part13 폴더에서 '13_004.jpg' 파일을 불러옵니다.

02 ❶툴 패널에서 문자 툴을 선택합니다. ❷상단 옵션 바의 글꼴 목록에서 'Show fonts from Typekit'을 클릭해 Typekit로 동기화된 글꼴을 선택합니다. ❸글꼴 크기는 '130pt', ❹글꼴 경계선은 'Sharp', 문장 정렬 방식은 'Left align text', 글꼴 색상은 연두색으로 지정합니다.

작업의 이해를 위한 **TIP** ▶ 본 예제는 'Snicker' 글꼴을 동기화하였습니다.

353

03 ❶작업 창에 문자 툴을 클릭하고 ❷'SURPRISE'를 입력합니다.

작업의 이해를 위한 **TIP** ▶ 입력한 문자는 툴 패널에서 이동 툴을 선택하고 문자를 드래그하여 위치를 수정할 수 있습니다.

04 입력한 문자를 변형해보겠습니다. ❶레이어 패널에서 'SURPRISE' 문자 레이어 아이콘을 더블클릭합니다. ❷상단 옵션 바에서 '텍스트 뒤틀기' 아이콘을 클릭합니다. [Warp Text] 대화상자가 나타나면 ❸'Style'을 'Bulge돌출', ❹변형 방향을 'Horizontal', ❺'Bend=20%', ❻ 'Horizontal Distortion=0%', 'Vertical Distortion=0%'로 선택하고 ❼〈OK〉 버튼을 클릭합니다.

05 문자에 테두리를 추가하기 위해 레이어 스타일을 적용해보겠습니다. ❶문자 레이어 아이콘을 클릭해 문자의 드래그 선택을 해지합니다. ❷레이어 패널에서 'Add a layer style'을 클릭하고 ❸'Stroke획'를 선택합니다.

작업의 이해를 위한 **TIP** ▶ 문자의 드래그 선택을 해지할 때는 레이어 패널에서 문자 레이어 아이콘을 클릭합니다.

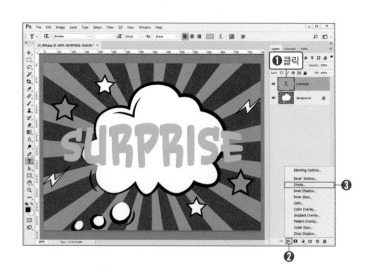

06 [Layer Style] 대화상자가 나타나면 ❶'Size=7px', ❷'Position=Outside', ❸'Fill Type=Color, 검은색'으로 설정하고 ❹〈OK〉 버튼을 클릭합니다.

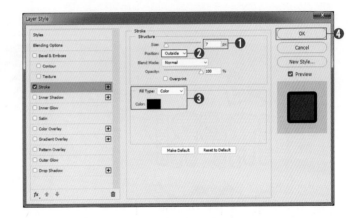

07 문자에 패턴을 추가하기 위해 레이어 스타일을 적용해보겠습니다. ❶ Ctrl+J를 눌러 문자 레이어를 하나 더 복제합니다. ❷ 레이어 패널에서 'Add a layer style'을 클릭하고 ❸'Pattern Overlay^{패턴 오버레이}'를 선택합니다.

단축키 **TIP** ▶ 선택된 레이어 복제 : Ctrl+J

08 [Layer Style] 대화상자가 나타나면 ❶'Pattern'을 'Horizontal Line 1'으로 선택하고, ❷'Scale=260%'로 설정한 후 ❸〈OK〉 버튼을 클릭합니다.

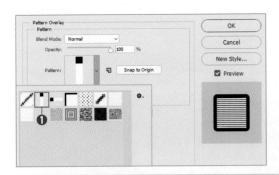

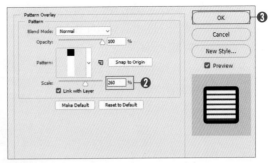

작업의 이해를 위한 **TIP** ▶ 'Horizontal Line 1' 패턴은 Adobe Photoshop CC 버전에서 사용할 수 있습니다. Adobe Photoshop CC 이하 버전에서는 가로 줄무늬 패턴을 직접 제작하여 등록한 후 사용합니다.

09 Ctrl+[을 눌러 패턴이 표현된 문자 레이어가 아래에 배치되도록 레이어 순서를 변경합니다.

단축키 **TIP** ▶ 레이어 순서 변경 : Ctrl+[,]

10 ❶툴 패널에서 이동 툴을 선택하고
❷→를 눌러 패턴 문자 레이어를 오른쪽
으로 이동합니다.

11 문자를 회전해보겠습니다. ❶Shift를
누른 채 두 개의 문자 레이어를 클릭하여
다중 선택합니다. ❷Ctrl+T를 누르고
❸바운딩 박스의 모서리에 마우스를 대
고 회전한 후 ❹Enter를 누릅니다.

12 두 개의 문자 레이어가 다중 선택된 상태에서 Ctrl+G를 눌러 그룹 레이어로 정리합니다. [File파일]–
[Save저장](Ctrl+S)를 실행하고 'PSD' 파일로 저장합니다.

레이어 스타일을 이용한 초콜릿 문자 만들기

POINT SKILL 문자 툴, 사용자 정의 모양 툴, 레이어 스타일, 클리핑 마스크, 레이어 스타일 복제

HOW TO Typekit로 글꼴을 추가하고, 레이어 스타일을 이용해 문자를 글로시하게 표현해보겠습니다. 그리고 사용자 정의 모양 툴을 이용해 물방울 객체를 만들고 문자에서 흘러내린 듯 표현해보겠습니다.

Before Part13\13_005.jpg

After Part13\13_005(완성).psd

---

01 [File 파일]−[Open 열기]((Ctrl)+(O))을 실행하고 Part13 폴더에서 '13_005.jpg' 파일을 불러옵니다.

---

02 ❶툴 패널에서 문자 툴을 선택합니다. ❷상단 옵션 바의 글꼴 목록에서 'Show fonts from Typekit'을 클릭해서 Typekit로 동기화된 글꼴을 선택합니다. ❸글꼴 크기는 '130pt', 글꼴 경계선은 'Sharp', 문장 정렬 방식은 'Left align text', 글꼴 색상은 갈색으로 선택합니다.

작업의 이해를 위한 **TIP** ▶ 본 예제는 'Barricada Pro' 글꼴을 동기화하였습니다.

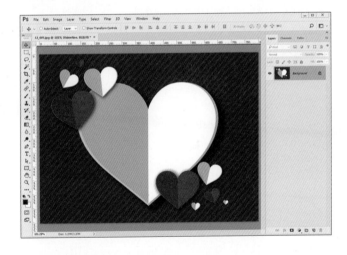
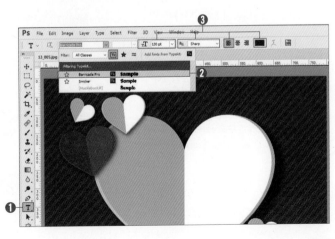

03 ❶작업 창에 문자 툴을 클릭하고 ❷'Valentine'을 입력합니다.

작업의 이해를 위한 **TIP** ▶ 입력한 문자는 툴 패널에서 이동 툴을 선택하고 문자를 드래그하여 위치를 수정할 수 있습니다.

04 문자 레이어를 객체 레이어로 변환해보겠습니다. [Type문자]-[Convert to Shape모양으로 변환]를 실행합니다.

작업의 이해를 위한 **TIP** ▶ 문자에 물방울이 흘러내려져 보이도록 표현하기 위해서 문자 레이어를 객체 레이어로 변환하였습니다. 객체 레이어로 변환하기 위해서는 문자 패널의 스타일 항목이 선택되지 않아야 합니다.

05 ❶툴 패널에서 사용자 정의 모양 툴을 선택합니다. ❷상단 옵션 바에서 'Shape', 'Fill'을 클릭해 색상은 갈색, 'Stroke'를 클릭해 색상은 '없음'으로, ❸연산은 'Combine Shapes'로 선택합니다. ❹셰이프 목록에서 물방울 셰이프를 선택합니다.

작업의 이해를 위한 **TIP** ▶ 문자 객체의 레이어에 더해서 물방울 객체를 생성하기 위해 연산을 'Combine Shapes'로 선택하였습니다.

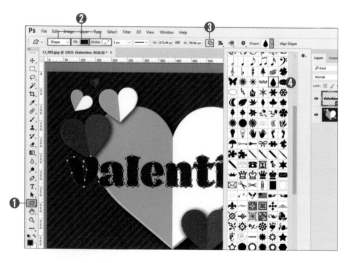

06 문자에 맞춰 물방울 객체를 여러 개 생성합니다.

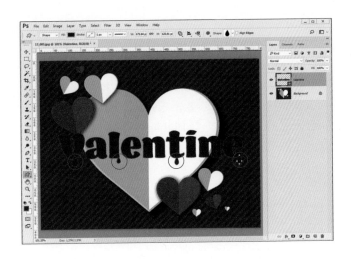

07 생성된 객체의 크기를 수정해보겠습니다. ❶툴 패널에서 패스 선택 툴을 선택합니다. ❷수정하려는 객체를 클릭하고 ❸Ctrl+T를 눌러 크기를 조절한 후 ❹Enter를 누릅니다.

작업의 이해를 위한 **TIP** ▶ 사용자 정의 모양 툴로 생성한 객체의 크기 및 위치를 수정할 때는 패스 선택 툴로 객체를 클릭하여 선택한 후 작업합니다.

단축키 **TIP** ▶ 이미지 크기 조절 : Ctrl+T

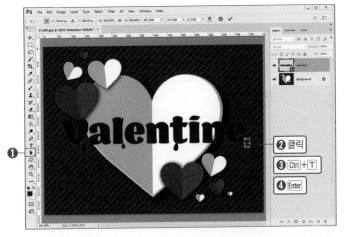

08 ❶레이어 패널에서 'Add a layer style'을 클릭하고 ❷'Bevel Emboss경사와 엠보스'를 선택합니다.

09 문자가 입체적으로 보이도록 레이어 스타일을 적용해보겠습니다. 'Bevel & Emboss'의 'Structure' 옵션 영역에서 ❶'Depth=240%', ❷'Size=8px'로 조절합니다. 'Shading' 옵션 영역에서 ❸'Angle=120°, 60°', ❹'Highlight Modes'의 'Opacity=80%', 'Shadow Modes'의 'Opacity=19%'로 조절합니다.

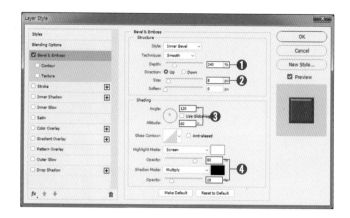

10 문자에 두께감을 주기 위해 레이어 스타일을 적용해보겠습니다. ❶'Drop Shadow그림자'를 선택하고, 'Structure' 옵션 영역에서 ❷'Opacity=75%', ❸'Angle=120°', ❹'Distance=5px', 'Spread=0%', 'Size=5px'로 조절한 후 ❺〈OK〉 버튼을 클릭합니다.

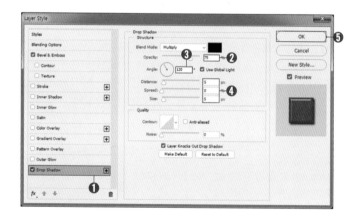

완성도를 높이는 단계

11 ❶ 툴 패널에서 올가미 툴을 선택합니다. ❷상단 옵션 바에서 'New selection', 'Feather=0px', 'Anti-alias'는 체크하고 ❸문자 상단을 따라서 선택 영역을 지정합니다.

작업의 이해를 위한 **TIP** ▸ 올가미 툴은 마우스를 드래그하여 불규칙한 형태의 선택 영역을 지정할 때 사용합니다.

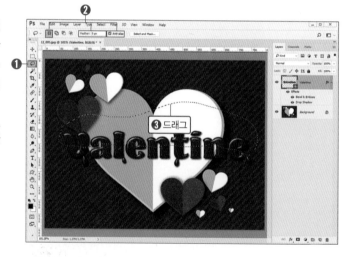

12 ❶전경색을 문자 상단에 채색할 색
상으로 지정하고 ❷레이어 패널에서 새
레이어를 생성합니다. ❸ Alt + Delete 를 눌
러 전경색을 채웁니다. ❹ Ctrl + D 를 눌
러 선택 영역을 해지합니다.

단축키 **TIP** ▶ 전경색 채우기 : Alt + Delete
▶ 배경색 채우기 : Ctrl + Delete
▶ 선택 영역 해지 : Ctrl + D

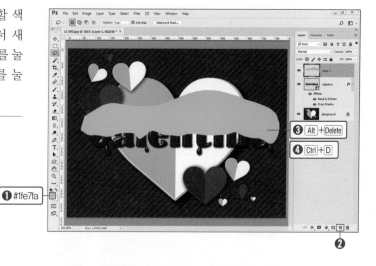

❶ #1fe7fa

13 ❶레이어 패널에서 상위에 배치
된 채색한 레이어를 선택하고 ❷ Ctrl +
Alt + G 를 눌러 클리핑 마스크를 적용합
니다.

단축키 **TIP** ▶ 클리핑 마스크 적용 : Ctrl + Alt + G

14 문자 객체 레이어에 적용된 레이어
스타일을 복제해보겠습니다. ❶레이어
패널에서 문자 객체 레이어의 'Bevel &
Emboss' 항목을 ❷ Alt 를 누른 채 채색
한 레이어로 드래그하여 레이어 스타일을
복제합니다.

작업의 이해를 위한 **TIP** ▶ 레이어 스타일의 특정 항목을 복
제할 때 Alt 를 누른 채 해당 레이어로 드래그합니다.

PART

13
원하는 스타일의 문자를
입력하자

15 Shift 를 누른 채 문자와 채색한 레이어를 클릭하여 다중 선택하고, Ctrl + G 를 눌러 그룹 레이어로 정리합니
다. [File^{파일}]−[Save^{저장}](Ctrl + S)를 실행하고 'PSD' 파일로 저장합니다.

클리핑 마스크를 이용한 이미지 문자 만들기

POINT SKILL 문자 툴, 이동 툴, 이미지 복제, 클리핑 마스크, 보정 : Brightness/Contrast^{명도/대비}, 브러시 툴, 레이어 채색,
블렌딩 모드

HOW TO Typekit로 글꼴을 추가하고, 문자에 이미지가 보이도록 클리핑 마스크를 적용해보겠습니다.

Before Part13\13_006.jpg

After Part13\13_006(완성).psd

01 [File^{파일}]−[Open^{열기}]([Ctrl]+[O])을
실행하고 Part13 폴더에서 '13_006.jpg'
파일을 불러옵니다.

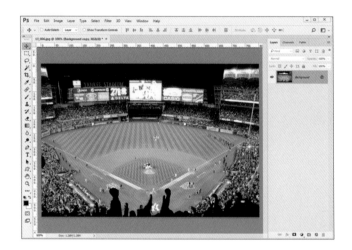

02 ❶ 툴 패널에서 문자 툴을 선택합
니다. ❷ 상단 옵션 바의 글꼴 목록에
서 'Show fonts from Typekit'을 클릭
해 Typekit로 동기화된 글꼴을 선택합니
다. ❸ 글꼴 크기는 '80pt', 글꼴 경계선은
'Sharp', 문장 정렬 방식은 'Left align text',
글꼴 색상은 검은색으로 선택합니다.

작업의 이해를 위한 **TIP** ▶ 본 예제는 'Almaq Refined'
글꼴을 동기화하였습니다.

03 ❶ 작업 창에 문자 툴을 클릭하고
❷ 'It ain't over till it's over'를 입력합
니다.

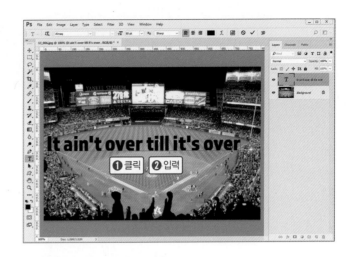

04 배경 이미지와 문자를 정렬해보겠
습니다. ❶ Shift 를 누른 채 야구장 이미지
와 문자 레이어를 클릭하여 다중 선택합
니다. ❷ 툴 패널에서 이동 툴을 선택하
고 ❸ 상단 옵션 바에서 'Align vertical
centers'와 'Align horizontal centers'
를 클릭합니다.

작업의 이해를 위한 **TIP** ▶ 여러 개의 레이어를 정렬할 때는
Shift 를 누른 채 해당 레이어들을 클릭하여 다중 선택한
후 이동 툴 상단 옵션 바에서 정렬 옵션을 클릭합니다.

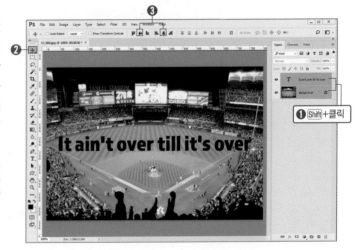

05 야구장 이미지를 문자에 클리핑 마
스크로 적용해보겠습니다. ❶ 레이어 패
널에서 야구장 이미지 레이어를 선택하고
❷ Ctrl + J 를 눌러 하나 더 복제합니다.
❸ Ctrl +] 을 눌러 복제한 야구장 이미지
가 문자 레이어 위에 배치되도록 레이어
순서를 변경합니다.

단축키 **TIP** ▶ 선택된 레이어 복제 : Ctrl + J
▶ 레이어 순서 변경 : Ctrl + [,]

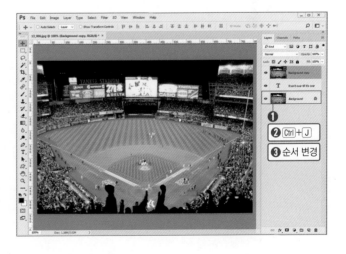

06 ❶ 레이어 패널에서 상위에 배치된 야구장 이미지 레이어를 선택하고 ❷Ctrl+Alt+G를 눌러 클리핑 마스크를 적용합니다.

단축키 TIP ▸ 클리핑 마스크 적용 : Ctrl+Alt+G

07 클리핑 마스크가 적용된 문자가 보이도록 배경 레이어로 배치된 야구장 이미지를 어둡게 보정해보겠습니다. ❶레이어 패널에서 배경 레이어를 선택합니다. ❷[Image이미지]–[Adjustments조정]–[Brightness/Contrast명도/대비]를 실행한 후 ❸명도와 대비를 보정하고 ❹⟨OK⟩ 버튼을 클릭합니다.

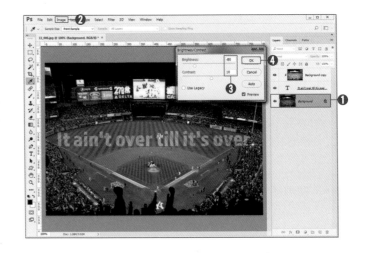

완성도를 높이는 단계

08 클리핑 마스크가 적용된 문자를 밝게 보정해보겠습니다. ❶레이어 패널에서 클리핑 마스크로 적용된 야구장 이미지 레이어를 선택합니다. ❷[Image이미지]–[Adjustments조정]–[Brightness/Contrast명도/대비]를 실행한 후 ❸명도와 대비를 보정하고 ❹⟨OK⟩ 버튼을 클릭합니다.

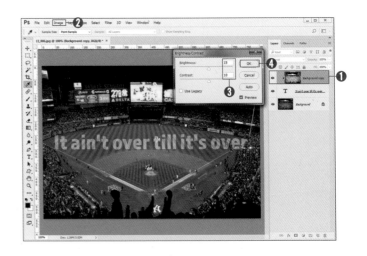

09 관중석을 환하게 표현해보겠습니다. ❶툴 패널에서 브러시 툴을 선택합니다. ❷상단 옵션 바에서 브러시 목록을 클릭하고, ❸브러시 종류는 'Soft Round', ❹'Mode=Normal', 'Opacity=100%', 'Flow=100%'로 선택합니다.

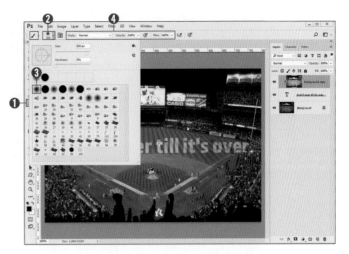

10 ❶전경색 흰색으로 지정하고 ❷레이어 패널에서 새 레이어를 생성합니다. ❸브러시 툴로 관중석 주변을 채색합니다.

단축키 TIP ▶ 브러시 툴의 크기 조절 : [［], [］]
▶ 채색 이전 단계로 돌아가기 : [Ctrl]+[Alt]+[Z]

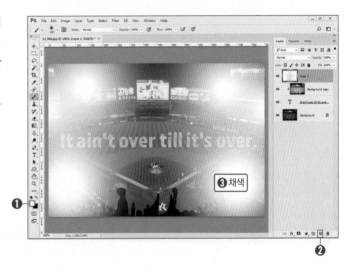

11 채색된 색상이 관중석과 자연스럽게 합성되도록 블렌딩 모드를 'Overlay'로 선택합니다.

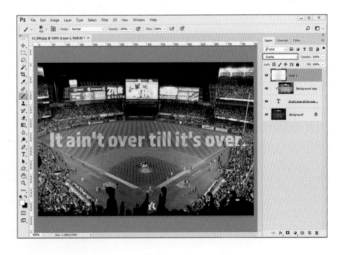

12 [Shift]를 누른 채 문자와 채색한 레이어를 클릭하여 다중 선택하고, [Ctrl]+[G]를 눌러 그룹 레이어로 정리합니다. [File파일]–[Save저장]([Ctrl]+[S])를 실행하고 'PSD' 파일로 저장합니다.

레이어 마스크를 이용한 도장 문자 만들기

POINT SKILL 이미지 복제, 보정 : Desaturate^{채도 감소} + Levels^{레벨}+ 브러시 제작/등록, 문자 툴, 브러시 툴, 레이어 마스크

HOW TO Typekit로 글꼴을 추가하고, 길 이미지를 브러시로 등록해 문자가 길에 찍혀보이도록 레이어 마스크로 자연스럽게 합성해보겠습니다.

Before Part13\13_007.jpg

After Part13\13_007(완성).psd

01 ❶[File^{파일}]−[Open^{열기}]([Ctrl]+[O]) 을 실행하고 Part13 폴더에서 '13_007. jpg' 파일을 불러옵니다. 길 이미지를 브러시로 등록해서 사용해보겠습니다. ❷레이어 패널에서 [Ctrl]+[J]를 눌러 길 이미지 레이어를 하나 더 복제합니다.

단축키 **TIP** ▶ 선택된 레이어 복제 : [Ctrl]+[J]

02 길 이미지를 흑백으로 보정해보겠습니다. ❶복제한 길 이미지 레이어를 선택하고 ❷[Image^{이미지}]−[Adjustments^{조정}]−[Desaturate^{채도 감소}]([Ctrl]+[Shift]+[U]) 를 실행해 흑백으로 보정합니다.

작업의 이해를 위한 **TIP** ▶ 브러시로 등록하려는 이미지는 그레이스케일의 이미지로 만들어야 합니다.

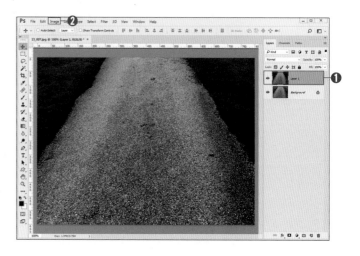

03 길 이미지가 좀 더 선명해보이도록 보정해보겠습니다. ❶[Image 이미지]−[Adjustments 조정]−[Levels 레벨]([Ctrl]+[L])를 실행한 후 ❷밝은 부분은 밝게, 어두운 부분은 어둡게 보정하고 ❸〈OK〉 버튼을 클릭합니다.

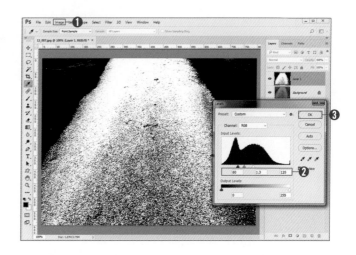

04 보정한 길 이미지를 브러시로 등록해보겠습니다. ❶[Edit 편집]−[Define Brush Preset 브러시 사전 정의]을 실행한 후 ❷〈OK〉 버튼을 클릭합니다.

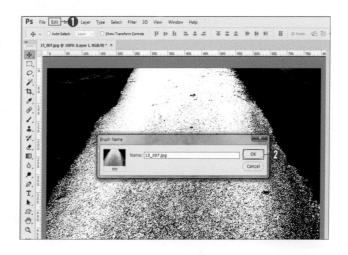

05 ❶브러시로 등록한 길 이미지 레이어의 눈 아이콘을 클릭해 레이어를 숨깁니다. ❷툴 패널에서 문자 툴을 선택하고 ❸상단 옵션 바의 글꼴 목록에서 'Show fonts from Typekit'을 클릭해서 Typekit로 동기화된 글꼴을 선택합니다. ❹글꼴 크기는 '400pt', 글꼴 경계선은 'Sharp', 문장 정렬 방식은 'Left align text', 글꼴 색상은 흰색으로 선택합니다.

작업의 이해를 위한 **TIP** ▶ 본 예제는 'Almaq Refined' 글꼴을 동기화하였습니다.

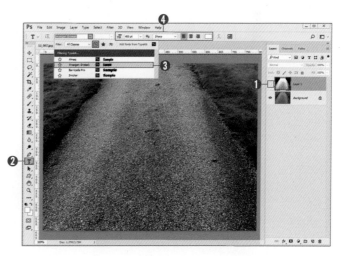

06 ❶작업 창에 문자 툴을 클릭하고 ❷'Road'를 입력합니다.

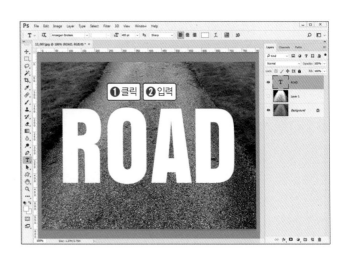

07 문자를 변형하기 위해 문자 레이어를 이미지 레이어로 변환해보겠습니다. ❶[Type^{문자}]−[Rasterize Type Layer^{문자 레이어 래스터화}]를 실행합니다. ❷Ctrl+T를 누른 후 ❸마우스 오른쪽 버튼을 클릭하여 ❹'Perspective^{원근}'를 선택합니다.

작업의 이해를 위한 **TIP** ▶ 문자를 원근으로 변형시키기 위해 문자 레이어를 이미지 레이어로 변환하였습니다.

단축키 **TIP** ▶ Perspective : Ctrl+T → Ctrl+Alt+Shift+드래그

08 ❶길 모양에 맞춰 문자를 변형한 후 ❷Enter를 누릅니다.

09 길 이미지의 질감이 문자에 묻어 나도록 자연스럽게 표현해보겠습니다. ❶레이어 패널에서 'Add layer mask'를 클릭하여 레이어 마스크를 추가합니다. ❷툴 패널에서 브러시 툴을 선택합니다.

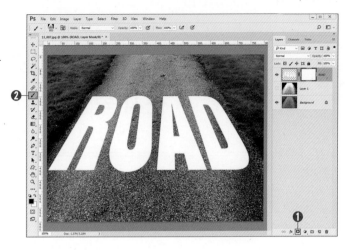

10 상단 옵션 바에서 ❶브러시 목록 을 클릭하고 ❷브러시로 등록한 길 브러 시를 선택합니다. ❸'Mode=Normal', 'Opacity=100%', 'Flow=100%'로 선택 합니다.

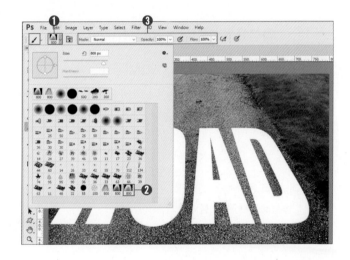

11 ❶전경색을 검은색으로 지정하고, ❷길 이미지에 맞춰 채색합니다.

작업의 이해를 위한 **TIP** ▶ 레이어 패널에서 레이어 마스크 가 선택되어 있어야 합니다.

단축키 **TIP** ▶ 브러시 툴의 형태 보기 : CapsLock
▶ 채색 이전 단계로 돌아가기 : Ctrl + Alt + Z

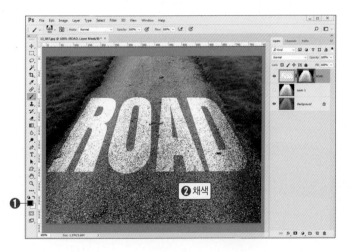

12 [File 파일]−[Save 저장](Ctrl + S)를 실행하고 'PSD' 파일로 저장합니다.

문자를 자유롭게 다루기 위한
문자 속성 변환하기

포토샵에서 문자를 입력하면 레이어 패널에 문자 레이어가 생성됩니다. 문자 레이어는 작업 목적에 따라서 여러 가지 속성으로 변환할 수 있습니다. 문자 레이어의 속성을 변환할 때는 [Type문자] 메뉴에서 옵션을 선택하거나, 레이어 패널의 문자 레이어에서 마우스 오른쪽 버튼을 클릭하여 옵션을 선택합니다.

》 이미지 속성으로 변환하는 Rasterize Type

브러시 툴이나 그레이디언트 툴을 이용하여 채색을 하거나, 색상 보정 또는 필터 적용 등의 작업은 이미지 속성의 레이어에서만 가능합니다. 따라서 문자에 다양한 기능을 적용하려면 문자 레이어를 이미지 레이어로 변환해야 합니다. Adobe Photoshop CC 버전의 Typekit으로 동기화하거나 웹에서 다운받은 글꼴을 사용한 경우에도 최종 파일을 이미지 레이어로 변환해야 다른 컴퓨터에서 작업한 파일을 열었을 때 글꼴이 유실되는 위험을 막을 수 있습니다.

❶ 툴 패널에서 문자 툴을 선택하고 문자를 입력합니다. Ctrl+J를 눌러 문자 레이어를 하나 더 복제합니다.

❷ [Type문자]-[Rasterize Type문자 레이어 래스터화]을 실행합니다. 복제된 레이어가 이미지 레이어로 변환된 것을 확인할 수 있습니다.

───

작업의 이해를 위한 **TIP** ▶ 문자 레이어를 이미지 레이어로 변환하면 추후에 글꼴과 크기 및 오타 수정을 할 수 없습니다. 따라서 이미지 레이어로 변환하기 전에 문자 레이어를 하나 더 복제해두는 것이 안전합니다.

≫ 패스 속성으로 변환하는 Create Work Path

문자 레이어를 패스로 변환하면 선택 영역으로 지정할 수 있고, 패스를 따라 'Stroke Path' 기능을 적용할 수 있습니다. 문자 레이어를 패스로 변환하려면 문자 패널의 스타일 항목이 선택되지 않아야 합니다. 생성된 패스는 패스 패널에서 확인할 수 있습니다.

❶ 툴 패널에서 문자 툴을 선택하고 문자를 입력합니다. [Window창]-[Character문자]를 실행하고 문자 패널의 스타일 항목에서 아무것도 선택하지 않습니다.

❷ [Type문자]-[Create Work Path작업 패스 만들기]를 실행합니다. 패스로 변환된 문자는 패스 패널에서 확인할 수 있습니다.

≫ 객체 속성으로 변환하는 Convert to Shape

문자 레이어를 객체 레이어로 변환하면 패스 선택 툴을 이용하여 다양한 모양으로 변형할 수 있습니다. 문자 레이어를 객체 레이어로 변환하려면 문자 패널의 스타일 항목이 선택되지 않아야 합니다. 변환된 객체 레이어는 레이어 패널에서 사용할 수 있습니다.

❶ 툴 패널에서 문자 툴을 선택하고 문자를 입력합니다. [Window창]-[Character문자]를 실행하고 문자 패널의 스타일 항목에서 아무것도 선택하지 않습니다. Ctrl+J를 눌러 문자 레이어를 하나 더 복제합니다.

❷ [Type문자]-[Convert to Shape모양으로 변환]를 실행합니다. 복제된 레이어가 객체 레이어로 변환된 것을 확인할 수 있습니다.

작업의 이해를 위한 **TIP** ▶ 문자 레이어를 객체 레이어로 변환하면 추후에 글꼴과 크기 및 오타 수정을 할 수 없습니다. 따라서 레이어로 변환하기 전에 문자 레이어를 하나 더 복제해두는 것이 안전합니다.

PART 14

포토샵의 작업 시간을
단축하자

액션

포토샵에서는 작업 단계를 기록하여 한번에 실행할 수 있는 액션 기능을 제공합니다. 사진의 크기를 동일하게 조절하거나, 문자를 동일한 위치에 배치하고, 워터마크를 넣는 등 규칙적인 레이아웃의 작업을 반복적으로 실행해야 할 경우 액션을 이용하면 작업 시간을 단축할 수 있습니다. 이번 파트에서는 액션 패널을 이용하여 액션을 만들고 실행하는 방법에 대해 알아보겠습니다.

CHAPTER 1 액션을 이용해 반복 작업 실행하기

액션을 이용해 반복 작업 실행하기

✂ 액션 패널

액션은 작업 단계를 기록해 같은 작업을 반복할 때 사용하는 기능입니다. [Window창]-[Actions액션]를 실행하여 나타나는 액션 패널에서 작업 단계를 기록한 후 다른 파일에서 재생하면 기록된 작업을 한번에 실행할 수 있습니다.

핵심 기능 | **액션 패널 살펴보기**

❶ **Toggle item on/off**항목 켜기/끄기 : 액션을 실행할 때 적용 여부를 설정합니다. 옵션을 체크하면 해당 항목이 적용되고, 체크를 해지하면 해당 항목이 적용되지 않습니다.

❷ **Toggle dialog on/off**대화상자 켜기/끄기 : 액션을 실행할 때 적용 단계의 옵션을 변경할 수 있습니다. 액션을 만들 때 옵션을 체크하면 액션을 실행할 때 적용 단계의 옵션 창이 활성화되어 옵션을 변경할 수 있습니다.

❸ **목록 펼침** : 액션 세트의 작업 단계 목록을 나열하거나 닫습니다.

❹ **액션 세트** : 액션 세트를 그룹으로 관리합니다.

❺ **액션 목록** : 액션에 저장된 작업 단계를 확인할 수 있습니다.

❻ **Stop playing/recording**실행/기록 정지 : 작업 단계의 기록을 정지하거나, 액션 실행을 정지합니다.

❼ **Begin recording**기록 시작 : 액션에 작업 단계의 기록을 녹화합니다.

❽ **Play selection**선택 영역 재생 : 액션에 저장된 작업 단계를 실행합니다.

❾ **Create new set**새 세트 만들기 : 액션의 작업 단계를 세트로 관리할 수 있도록 그룹을 생성합니다.

❿ **Create new action**새 액션 만들기 : 새로운 액션을 실행할 수 있는 단계를 생성합니다.

⓫ **Delete**삭제 : 액션 세트나 목록을 삭제합니다.

액션을 이용한 여러 장의 이미지 크기 조절과 문자 입력하기

POINT SKILL 액션, 이미지 크기 조절, 문자 툴, 선택 툴, 레이어 채색, 캔버스 크기, 이동 툴, 문자 편집

HOW TO 이미지의 크기를 조절하고 문자를 입력한 작업 단계를 액션에 저장해보겠습니다. 그리고 다른 여러 장의 이미지에 저장된 액션을 실행해 반복되는 작업 단계를 적용하고, 액션을 통해 편집한 이미지들을 하나의 작업 창에 배치해보겠습니다.

Before Part14\14_001.jpg, 14_002.jpg, 14_003.jpg, 14_004.jpg, 14_005.jpg, 14_006.jpg

After Part14\14_001(완성).psd

01 [File 파일]-[Open 열기](Ctrl+O)을
실행하고 Part14 폴더에서 '14_001.jpg'
파일을 불러옵니다.

02 ❶[Window 창]-[Actions 액션]를
실행합니다. ❷액션 패널에서 'Create
new set'을 클릭합니다. [New Set] 대
화상자가 나타나면 ❸'Name'에 '이미지
사이즈-문자 편집'을 입력하고 ❹⟨OK⟩
버튼을 클릭합니다.

작업의 이해를 위한 **TIP** ▶ 'Create new set'은 액션의 작
업 단계를 세트로 관리할 수 있도록 그룹을 생성합니다.

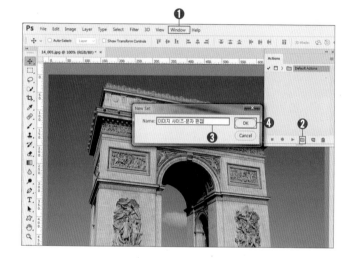

03 ❶액션 패널에서 'Create new
action'을 클릭합니다. [New Action]
대화상자가 나타나면 ❷'Name'에 '이미
지 사이즈-문자 편집 액션'을 입력하고
❸⟨Record⟩ 버튼을 클릭합니다.

작업의 이해를 위한 **TIP** ▶ 'Create new action'은 새로
운 액션을 실행할 수 있는 단계를 생성하는 것으로, 작
업 단계의 기록이 녹화됩니다. 녹화가 시작되면 'Begin
recording'이 빨간색으로 활성화됩니다.

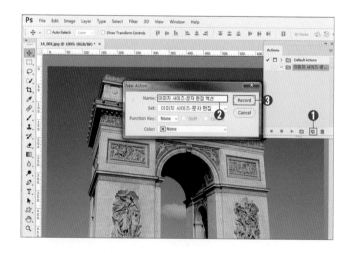

04 ❶[Image^{이미지}]–[Image Size^{이미지} ^{크기}]를 실행한 후 ❷'Width=500Pixels' 로 수정하고 ❸〈OK〉버튼을 클릭하여 이 미지의 크기를 변경합니다.

작업의 이해를 위한 **TIP** ▶ Image Size는 이미지의 크기 와 해상도를 조절할 때 사용하는 메뉴입니다. 'Constrain aspect ratio' 옵션을 체크하고 'Width' 값을 수정하면 'Height' 값도 함께 조절됩니다.

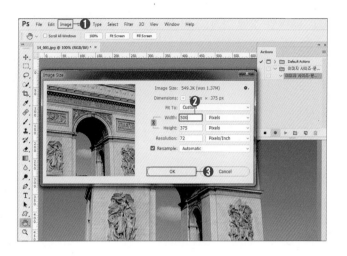

05 ❶툴 패널에서 문자 툴을 선택합 니다. ❷상단 옵션 바의 글꼴 목록에서 'Show fonts from Typekit'을 클릭해 Typekit로 동기화된 글꼴을 선택합니 다. ❸글꼴 크기는 '16pt', 글꼴 경계선 은 'Sharp', 문장 정렬 방식은 'Center text', 글꼴 색상은 흰색으로 선택합니다.

작업의 이해를 위한 **TIP** ▶ 본 예제는 '본고딕 KR' 글꼴을 동기화하였습니다.

06 ❶상단 옵션 바에서 '문자 패널' 아 이콘을 클릭하고 ❷자간은 '–50', ❸가로 장평은 '90%'로 조절합니다.

작업의 이해를 위한 **TIP** ▶ 일반적으로 한글을 입력할 때 자 간은 음수로, 가로 장평은 '90~95%'로 설정합니다.

단축키 **TIP** ▶ 문자 자간 조절 : Alt + ← , →

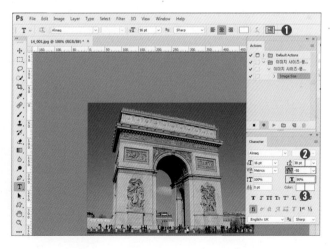

07 ❶ 작업 창에 문자 툴을 클릭하고
❷'[개선문] 전쟁터에서 승리해 돌아오는
황제 또는 장군을 기리기 위하여 세운 문'
을 입력합니다.

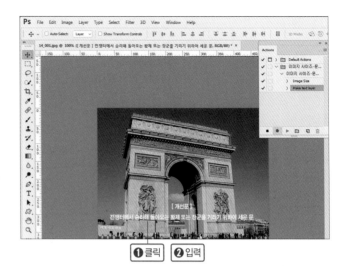

08 ❶ 문자 툴로 ❷'[개선문]'을 드래그
하여 선택하고 ❸ 글꼴 크기를 변경합
니다.

단축키 TIP ▶ 문자 크기 조절 : Ctrl + Shift + < , >

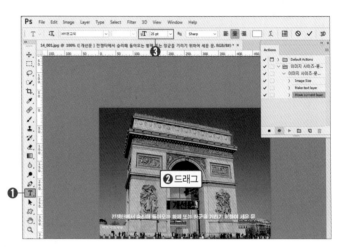

09 ❶ 레이어 패널에서 문자 레이어 아
이콘을 더블클릭한 후 ❷ Alt + ↑ 를 눌러
행간을 조절합니다.

작업의 이해를 위한 TIP ▶ 입력된 문자를 수정할 때는 레이
어 패널에서 문자 레이어 아이콘을 더블클릭해 문자를 드
래그 선택해야 합니다.

단축키 TIP ▶ 문자 행간 조절 : Alt + ↑ , ↓

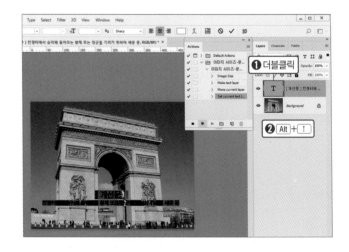

10 ❶툴 패널에서 이동 툴을 선택하고 ❷문자의 위치를 아래쪽으로 이동합니다. 배경 이미지와 문자를 정렬하기 위해 ❸Shift를 누른 채 개선문 이미지와 문자 레이어를 클릭하여 다중 선택합니다. ❹이동 툴 상단 옵션 바에서 'Align vertical centers'를 클릭합니다.

작업의 이해를 위한 **TIP** ▸ 여러 개의 레이어를 정렬할 때는 Shift를 누른 채 해당 레이어를 클릭하여 다중 선택하고, 이동 툴 상단 옵션 바에서 정렬 옵션을 선택합니다.

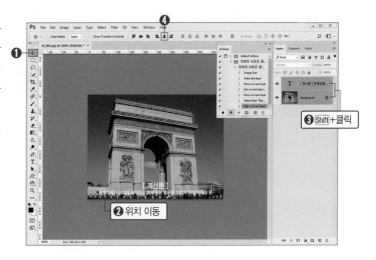

11 문자가 잘 보이도록 문자 배경을 만들어보겠습니다. ❶툴 패널에서 사각형 선택 툴을 선택합니다. ❷상단 옵션 바에서 'New selection', 'Feather=0px', 'Style=Normal'로 선택하고 ❸입력된 문자에 맞춰 선택 영역을 지정합니다.

12 ❶전경색을 검은색으로 지정하고 ❷레이어 패널에서 새 레이어를 생성합니다. ❸Alt+Delete를 눌러 전경색을 채웁니다. ❹Ctrl+D를 눌러 선택 영역을 해지합니다.

단축키 **TIP** ▸ 전경색 채우기 : Alt+Delete

▸ 배경색 채우기 : Ctrl+Delete

▸ 선택 영역 해지 : Ctrl+D

13 ❶ [Ctrl]+[[]을 눌러 채색된 색상 레이어가 문자 레이어 아래에 배치되도록 레이어 순서를 변경합니다. ❷ 레이어 패널의 'Opacity'를 30%로 조절해 불투명도를 조절합니다.

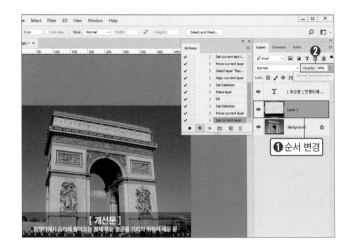
❶ 순서 변경

단축키 **TIP** ▶ 레이어 순서 변경 : [Ctrl]+[[], []]

---

14 [File^{파일}]−[Save^{저장}]([Ctrl]+[S])를 실행합니다. ❶ 저장되는 폴더 안에서 마우스 오른쪽 버튼을 클릭해 새 폴더를 생성하고 폴더 이름을 '액션'으로 입력합니다. ❷ 생성한 폴더 안에 작업한 'PSD' 파일을 저장합니다.

❶ '액션' 폴더 생성

작업의 이해를 위한 **TIP** ▶ 액션을 적용한 파일을 따로 관리하기 위해서 파일 저장 시 새 폴더를 생성하였습니다. 그리고 액션을 적용시킬 파일의 이름이 서로 달라야하므로 원래의 파일명 그대로 변경하지 않고 저장해야 합니다.

---

15 액션 패널에서 'Stop playing/recording'을 클릭해 작업 기록을 정지합니다.

작업의 이해를 위한 **TIP** ▶ 액션을 종료하면 액션 패널의 'Begin recording'의 활성된 빨간색이 비활성화됩니다.

클릭

16 액션에 저장된 작업 단계를 여러 개의 파일에 한번에 적용해보겠습니다. [File 파일]−[Automate 자동화]−[Batch 일괄 처리]를 실행합니다. [Batch] 대화상자가 나타나면 ❶'Set'은 '이미지 사이즈−문자 편집'으로, ❷'Action'은 '이미지 사이즈−문자 편집 액션'으로 선택합니다.

17 ❶'Source'를 'Folder'로 선택한 후 ❷〈Choose〉 버튼을 클릭합니다. [폴더 찾아보기] 대화상자가 나타나면 액션을 적용할 이미지가 있는 폴더를 선택하고 ❸〈OK〉 버튼을 클릭합니다.

작업의 이해를 위한 **TIP** ▶ 액션을 적용할 파일이 있는 폴더를 선택하는 것으로, 교재에서 제공된 Part14 폴더로 선택합니다.

18 Part14 폴더에 있던 파일들이 '액션' 폴더에 자동으로 불러들여져서 액션이 적용되어 저장된 것을 확인할 수 있습니다.

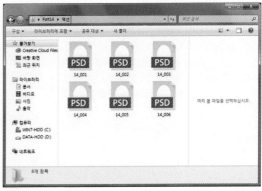

19 액션을 통해 저장된 파일들을 하나의 작업 창에 배치해보겠습니다. ❶[File 파일]–[Open 열기]([Ctrl]+[O])을 실행하고 '액션' 폴더에 저장된 '14_001.psd' 파일을 불러옵니다. ❷[Image 이미지]–[Canvas Size 캔버스 크기]([Ctrl]+[Alt]+[C])를 실행한 후 ❸'Relative'를 체크하고 ❹'Width=500Pixels', 'Height=750pixels'로, ❺'Anchor'의 중심 축은 좌측 상단으로 변경하고 ❻'Canvas extension color=White'로 선택한 후 ❼〈OK〉 버튼을 클릭합니다.

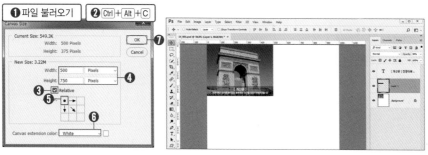

작업의 이해를 위한 **TIP** ▶ Canvas Size는 작업 창 크기를 조절할 때 사용하는 메뉴입니다. 'Anchor'의 중심 축을 변경하여 이미지가 좌측 상단에 배치되 도록 하였습니다.

20 ❶[File 파일]–[Open 열기]([Ctrl]+[O])을 실행하고 '액션' 폴더에 저장된 '14_002.psd' 파일을 불러옵니다. ❷[Shift]를 누른 채 이미지와 문자 레이어를 클릭하여 다중 선택합니다. 다중 선택한 레이어들은 ❸툴 패널에서 이동 툴을 선택하고 ❹작업 창으로 드래그하여 이동합니다.

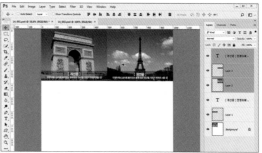

21 '액션' 폴더에 저장된 나머지 파일들 도 같은 방법으로 작업 창에 배치합니다.

작업의 이해를 위한 **TIP** ▶ 액션에서 작업 단계 저장 시 입 력했던 문자로 나머지 파일들에 똑같이 입력이 되어서 원 하는 내용으로 문자를 수정해야 합니다. 문자를 다시 입 력하는 번거로움이 있지만, 모든 파일들에 배치되는 글꼴 크기 및 위치가 동일해서 전체적인 레이아웃을 깔끔하게 정리할 수 있습니다.

22 두 번째 이미지에 입력된 문자를 수정해보겠습니다. ❶툴 패널에서 문자 툴을 선택하고 수정한 문자를 드래그하여 선택한 후 ❷'[에펠탑] 프랑스 파리. 1889년 파리의 만국박람회장에 세워졌으며 높이는 약 300m'로 수정합니다. ❸문자 레이어 아이콘을 클릭해 문자의 드래그 선택을 해지합니다.

작업의 이해를 위한 **TIP** ▸ 문자의 드래그 선택을 해지할 때는 레이어 패널에서 문자 레이어 아이콘을 클릭합니다.

23 같은 방법으로 각각의 이미지에 맞는 텍스트를 아래와 같이 수정합니다.

▸ 세 번째 : [베르사유 궁전] 프랑스의 루이 14세가 건축한 바로크 양식의 궁전

▸ 네 번째 : [노트르담 대성당] 프랑스 센 강에 소재하는 프랑스의 파리 중세의 고딕양식을 대표하는 건축

▸ 다섯 번째 : [몽마르트] 파리 시내에서 가장 높은 언덕을 이루는 몽마르트르에 있는 사크레쾨르 대성당

▸ 여섯 번째 : [루브르 박물관] 세계 3대 박물관으로 꼽히는 루브르 박물관의 정문에 설치된 유리 피라미드

24 [File 파일]−[Save 저장]([Ctrl]+[S])를 실행하고 'PSD' 파일로 저장합니다.

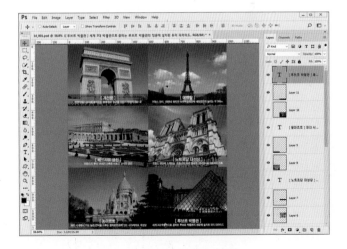

PART 15

포토샵에서
이미지를 움직여보자

애니메이션

포토샵에서는 간단하게 애니메이션을 제작할 수 있는 타임라인 기능을 제공합니다. 타임라인 패널을 이용하면 레이어 패널의 레이어를 프레임으로 불러와 이미지에 움직임을 주고 반복 재생할 수 있습니다. Adobe Photoshop CS6 버전부터 애니메이션 패널이 타임라인 패널로 명칭이 변경되었고, 키프레임 기능이 추가되어 장면이 자연스럽게 변화되는 페이드인/아웃 효과를 만들 수 있습니다. 이번 파트에서는 타임라인 패널을 이용하여 애니메이션을 제작하는 방법에 대해 알아보겠습니다.

CHAPTER 1   프레임 애니메이션을 이용한 GIF 만들기

CHAPTER 2   비디오 타임라인을 이용한 자연스럽게 전환되는 이미지 만들기

프레임 애니메이션을 이용한 GIF 만들기

🛠️ 타임라인 패널

포토샵에서 타임라인 패널을 이용하면 포토샵에서 작업한 레이어를 반복 재생하여 애니메이션을 제작할 수 있습니다. 프레임 애니메이션은 레이어에 배치된 요소를 타임라인 패널의 프레임에 불러들여서 레이어에 배치된 요소의 위치, 크기, 불투명도 등의 변화를 줍니다. 프레임 애니메이션의 패널에서 재생 속도와 반복 횟수를 지정해 웹에서 움직이는 GIF 애니메이션으로 사용할 수 있습니다.

작업의 이해를 위한 **TIP** ▶ Adobe Photoshop CC 이하 버전에서는 Animation으로 표기됩니다.

핵심 기능 | 프레임 애니메이션 패널의 옵션 살펴보기

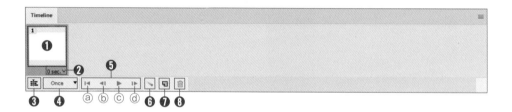

❶ **Frame**^{프레임} : 레이어에 배치된 요소를 장면으로 사용합니다.

❷ **Select frame delay time**^{프레임 지연 시간 선택} : 장면이 재생되는 프레임의 시간을 지정합니다.

❸ **Convert to video timeline**^{비디오 타임라인으로 변환} : 프레임 애니메이션을 비디오 타임라인으로 변경합니다.

❹ **Selects looping options**^{루핑 옵션 선택} : 한 번, 세 번, 계속, 기타 중 프레임이 재생되는 반복 횟수를 지정합니다.

❺ **Control** : 프레임의 재생과 장면 이동을 제어합니다.

ⓐ **Selects first frame**^{첫 번째 프레임 선택} : 맨 처음 장면으로 이동합니다.

ⓑ **Selects previous frame**^{이전 프레임 선택} : 선택한 장면의 이 전 장면으로 이동합니다.

ⓒ **Plays animations**^{애니메이션 재생} : 프레임을 재생합니다.

ⓓ **Selects next frames**^{다음 프레임 선택} : 선택한 장면의 다음 장면으로 이동합니다.

❻ **Tweens animation frames**^{애니메이션 프레임을 트윈 처리} : 프레임 장면 전환 시 위치, 불투명도, 효과 등의 중간 단계의 장면을 생성해 장면 전환을 부드럽게 연결합니다.

❼ **Duplicates selected frames**^{선택한 프레임을 복제} : 선택한 프레임을 복제하여 새로운 장면을 생성합니다.

❽ **Deletes selected frames**^{선택한 프레임을 삭제} : 선택한 프레임을 삭제합니다.

연속 촬영된 일련의 사진을 반복 재생하는 GIF 애니메이션 만들기

POINT SKILL 타임라인

소스 경로 : Part15\'1_프레임 애니메이션' 폴더

HOW TO 연속 촬영된 일련의 사진을 프레임 애니메이션을 이용해 반복 재생되는 GIF 애니메이션으로 만들어보겠습니다.

01 [File^{파일}]-[Scripts^{스크립트}]-[Load Files into Stack^{스택으로 파일 불러오기}]을 실행하여 연속 촬영된 사진을 하나의 작업 창으로 한꺼번에 불러옵니다. 이때 ❶'Use'를 'Folder'로 선택하고 ❷〈Browse〉 버튼을 클릭한 후 Part15 폴더에서 '1_프레임 애니메이션' 폴더를 선택하고 〈OK〉 버튼을 클릭합니다. ❸목록에 파일 리스트가 불러와지면 ❹〈OK〉 버튼을 클릭합니다.

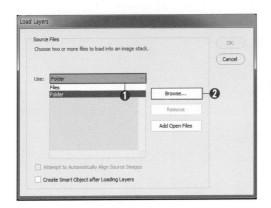
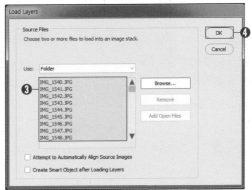

작업의 이해를 위한 TIP ▸ [Load Files into Stack]는 여러 장의 이미지를 하나의 작업 창으로 한꺼번에 불러올 때 사용합니다.

02 연속 촬영된 사진이 파일명의 순서대로 작업 창의 레이어에 배치되었습니다.

작업의 이해를 위한 TIP ▸ 본 예제는 아이폰의 연속 촬영 모드로 촬영한 일련의 사진을 사용하였습니다. 프레임 애니메이션은 DSLR 카메라 또는 모바일 디바이스로 촬영한 일련의 사진을 사용하여 타임랩스 애니메이션을 만드는 데 유용합니다.

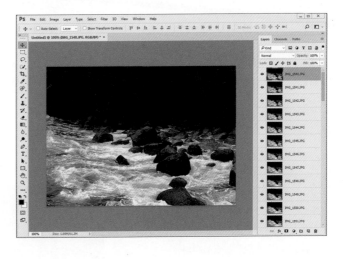

03 [Window창]–[Timeline타임라인]을 실행합니다. ❶타임라인 패널이 열리면 애니메이션 종류를 'Create Frame Animation'으로 선택합니다. 그리고 ❷〈Create Frame Animation〉 버튼을 클릭해 프레임 애니메이션을 실행합니다.

작업의 이해를 위한 TIP ▶ 타임라인 패널에서 〈Create Frame Animation〉을 클릭하면 프레임 애니메이션을 실행할 수 있는 모드로 변환되어 레이어 패널에서 선택된 레이어의 요소로 프레임이 생성됩니다.

04 레이어 패널에 배치된 모든 레이어를 프레임으로 불러오기 위해 ❶타임라인 패널의 하위 목록 메뉴를 클릭하고 ❷'Make Frames from Layers레이어에서 프레임 만들기'를 선택합니다.

05 타임라인 패널에서 'Plays animations'를 클릭하여 프레임을 재생합니다.

단축키 TIP ▶ 프레임 애니메이션 재생/정지 : Space

클릭

06 타임라인 패널에 배치된 프레임이 반대로 재생되면 ❶타임라인 패널의 하위 목록 메뉴를 클릭하고 ❷'Reverse Frames프레임 반전'를 선택합니다.

388

07 프레임이 재생되는 시간을 변경해보겠습니다. ❶타임라인 패널의 하위 목록 메뉴를 클릭하고 ❷'Select All Frames모든 프레임 선택'를 선택합니다.

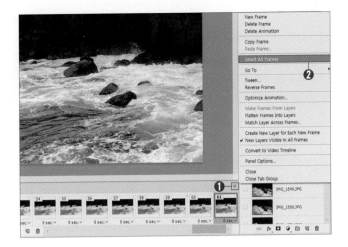

08 ❶'Selects frame delay time'를 클릭하고 ❷장면의 재생 시간을 '0.05'초로 지정합니다.

09 프레임이 재생되는 횟수를 변경해 보겠습니다. 타임라인 패널에서 'Selects looping options루핑 옵션 선택'를 클릭하고 'Forever'로 선택합니다.

10 타임라인 패널에 배치된 프레임을 GIF 애니메이션으로 만들어보겠습니다. [File 파일]-[Export 내보내기]-[Save for Web(Legacy) 웹용으로 저장(레거시)]([Ctrl]+[Alt]+[Shift]+[S])를 실행합니다. [Save for Web] 대화상자가 타나타면 ❶확장자는 'GIF', ❷'Colors=256', ❸'Lopping Options=Forever'로 선택하고 ❹ 〈Save〉버튼을 클릭합니다.

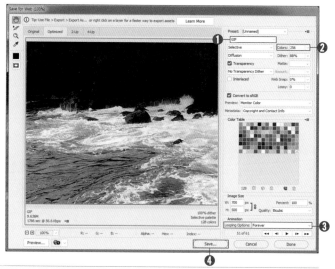

작업의 이해를 위한 **TIP** ▶ Adobe Photoshop CS6 버전에서는 [File]-[Save for Web]을 실행합니다.

▶ 프레임 애니메이션을 만들기 위해서는 파일의 크기를 줄여서 확자자를 GIF로 저장해야 합니다. 그래서 [Save for Web(Legacy)]을 실행하고 파일의 크기를 확인하고 확장자를 GIF로 선택하였습니다.

11 [Save Optimized As] 대화상자가 나타나면 저장 위치와 파일 이름을 입력한 후 〈저장〉 버튼을 클릭합니다.

12 저장된 GIF 애니메이션을 실행하면 레이어 패널에 배치되었던 이미지들이 반복 재생되는 것을 확인할 수 있습니다.

비디오 타임라인을 이용한
자연스럽게 전환되는 이미지 만들기

⚒ 타임라인 패널

타임라인 애니메이션은 레이어에 배치된 요소를 타임라인 패널의 프레임에 불러들여서 키프레임을 설정하고 레이어에 배치된 요소의 위치, 크기, 불투명도 등의 변화를 줍니다. 그러면 프레임 사이에 다른 프레임들이 자동으로 추가되어 장면이 전환되는 중간 단계를 자동으로 생성해 자연스럽게 변화되는 장면, 즉 페이드인, 아웃 효과를 만들 수 있습니다.

작업의 이해를 위한 **TIP** ▶ 비디오 타임라인 기능은 Adobe Photoshop CS6 이상 버전부터 사용할 수 있습니다.

핵심 기능

비디오 타임라인 패널의 옵션 살펴보기

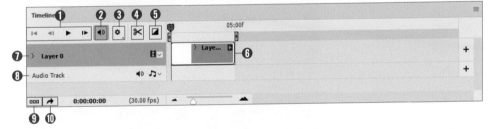

❶ **Control** : 프레임의 재생과 장면 이동을 제어합니다.

❷ **Mute Audio Playback**^{오디오 재생 음소거} : 사운드가 들리지 않게 합니다.

❸ **Set playback options**^{재생 옵션 설정} : 프레임의 해상도를 지정합니다.

❹ **Split at Playhead**^{플레이 헤드에서 분할} : 프레임을 잘라냅니다.

❺ **Select a transition and drag to apply**^{변환을 선택하고 드래그하여 적용} : 장면이 사라지는 페이드 방식을 지정합니다.

❻ **Control timeline magnification**^{타임라인 조절} : 프레임이 재생되는 시간을 확인하고 프레임이 보이는 구간을 조절합니다.

❼ **Video track**^{비디오 트랙} : 레이어에 배치된 요소의 위치, 불투명도, 스타일 등을 편집합니다.

❽ **Audio track**^{오디오 트랙} : 사운드를 추가하고 편집합니다.

❾ **Convert to frame animation**^{프레임 애니메이션으로 변환} : 비디오 타임라인을 프레임 애니메이션으로 변경합니다.

❿ **Render Video**^{비디오 렌더} : 비디오 타임라인 패널에서 작업한 비디오를 파일로 변환합니다.

페이드인, 아웃 효과를 이용한 비디오 만들기

POINT SKILL 타임라인

소스 경로 : Part15\'2_타임라인 애니메이션' 폴더

HOW TO 여러 장의 이미지가 자연스럽게 보였다가 사라지는 페이드인, 아웃 효과를 이용해 비디오 파일을 만들어보겠습니다.

---

01 [File^{파일}]–[Scripts^{스크립트}]–[Load Files into Stack^{스택으로 파일 불러오기}]을 실행합니다. 이때 **❶**'Use'를 'Folder'로 선택하고 **❷**〈Browse〉 버튼을 클릭한 후 Part15 폴더에서 '2_타임라인 애니메이션' 폴더를 선택하고, 〈OK〉버튼을 클릭합니다. **❸**목록에 파일 리스트가 불러와지면 **❹**〈OK〉 버튼을 클릭합니다.

02 여러 장의 이미지가 파일명의 순서대로 작업 창의 레이어에 배치되었습니다.

03 [Window^창]–[Timeline^{타임라인}]을 실행합니다. **❶**타임라인 패널에서 애니메이션 종류를 'Create Video Timeline'으로 선택합니다. **❷**〈Create Video Timeline〉 버튼을 클릭하여 타임라인 애니메이션을 실행합니다.

작업의 이해를 위한 **TIP** ▶ 타임라인 패널에서 〈Create Video Timeline〉을 클릭하면 타임라인 애니메이션을 실행할 수 있는 모드로 변환되어 레이어 패널에 있는 레이어의 요소들이 프레임으로 생성됩니다.

04 ❶비디오 타임라인 패널을 크게 보기 위해 패널 상단에 마우스를 대고 드래그합니다. ❷'Control timeline magnification'을 드래그하여 프레임이 보이는 구간을 조절합니다.

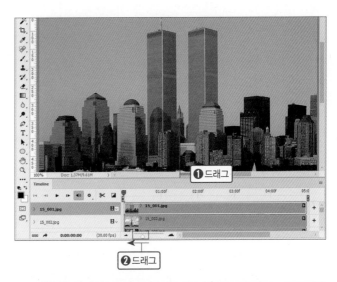

05 Ctrl+O을 눌러 작업 창을 전체 보기로 확인합니다.

단축키 TIP ▸ 작업 창 전체 보기 : Ctrl+O

06 ❶비디오 타임라인 패널의 'Select a transition and drag to apply'를 클릭하고 ❷장면이 사라지는 페이드 방식을 'Fade'로, ❸페이드 시간을 '1s'로 선택합니다. 그리고 ❹'Fade'를 '15_001' 프레임의 끝으로 드래그합니다.

작업의 이해를 위한 TIP ▸ 'Select a transition and drag to apply'는 장면이 사라지는 페이드 방식과 시간을 조절합니다. 선택한 페이드 방식을 프레임으로 드래그하면 해당 프레임에 페이드 방식이 적용됩니다.

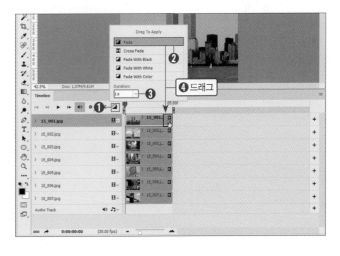

07 ❶'15_002' 프레임을 선택합니다.
❷'15_001' 프레임의 페이드가 시작되는
지점에 맞춰 '15_002' 프레임을 드래그
해서 이동합니다.

작업의 이해를 위한 **TIP** ▸ '15_002' 프레임을 '15_001' 프
레임의 페이드가 시작되는 지점에 배치하면 '15_001' 프
레임의 장면이 사라질 때 '15_002' 프레임의 장면이 겹쳐
서 보입니다.

08 ❶'15_002' 프레임의 끝 부분을 드
래그해서 ❷장면이 보이는 시간을 '6초'
로 조절합니다.

작업의 이해를 위한 **TIP** ▸ 프레임의 끝 부분을 드래그하면
해당 프레임의 장면이 보이는 시간을 조절할 수 있습니다.

09 ❶비디오 타임라인 패널의 'Select
a transition and drag to apply'를 클
릭하고 ❷장면이 사라지는 페이드 방식
을 'Fade'로, ❸페이드 시간을 '1s'로 선
택합니다. ❹'Fade'를 '15_002' 프레임
의 끝으로 드래그합니다.

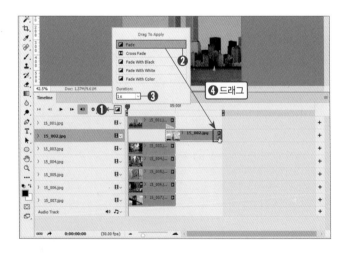

10 ❶ '15_003' 프레임을 선택하고
❷ '15_002' 프레임의 페이드가 시작되는
지점에 맞춰 '15_003' 프레임을 드래그
해서 이동합니다. ❸ 프레임의 끝 부분을
드래그해서 장면이 보이는 시간을 '6초'로
조절합니다.

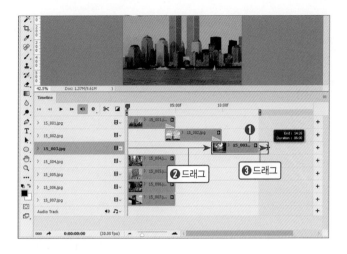

11 ❶ 비디오 타임라인 패널의 'Select
a transition and drag to apply'를 클
릭하고 ❷ 장면이 사라지는 페이드 방식
을 'Fade'로, ❸ 페이드 시간을 '1s'로 선
택합니다. ❹ 'Fade'를 '15_003' 프레임
의 끝으로 드래그합니다.

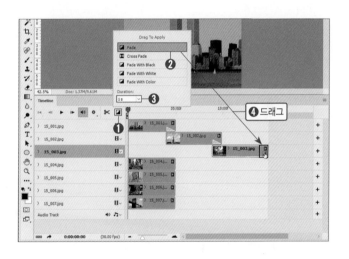

12 같은 방법으로 '15_004' 프레임부
터 '15_007' 프레임까지 화면 전환 방식
과 시간, 시작점과 장면이 보이는 시간을
동일하게 적용합니다.

13 Space를 눌러 비디오 타임라인 패널에서 작업한 타임라인 애니메이션을 확인합니다.

단축키 **TIP** ▸ 타임라인 애니메이션 재생/정지 : Space

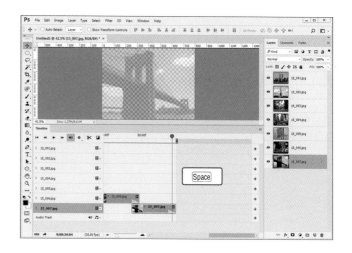

---

14 ❶ '15_001' 프레임을 선택한 후 ❷ Ctrl+J를 눌러 '15_001' 프레임을 하나 더 복제합니다.

단축키 **TIP** ▸ 선택된 프레임 복제 : Ctrl+J

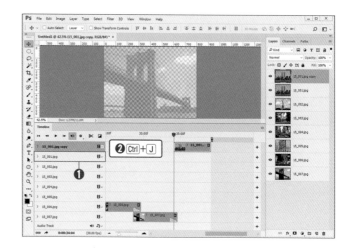

---

15 ❶ Ctrl+Shift+[를 눌러 ❷ 복제한 '15_001 copy' 프레임을 '15_007' 프레임 아래에 배치되도록 프레임 순서를 변경합니다.

단축키 **TIP** ▸ 선택한 레이어나 프레임의 순서를 맨 아래, 맨 위로 변경 : Ctrl+Shift+[,]

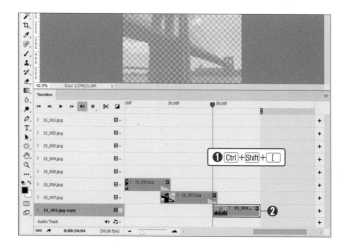

16 ❶복제한 '15_001 copy' 프레임을
선택하고 ❷'15_007' 프레임의 페이드가
시작되는 지점에 맞춰 드래그해서 이동합
니다. ❸프레임의 끝 부분을 드래그해서
장면이 보이는 시간을 '1초'로 조절합
니다.

작업의 이해를 위한 **TIP** ▶ 복제한 '15_001 copy'프레임을
'15_007' 프레임의 페이드가 시작되는 지점에 배치하면
'15_007' 프레임의 장면이 사라질 때 '15_001' 프레임의
장면이 겹쳐서 보입니다. 그래서 타임라인 애니메이션의
시작 장면과 자연스럽게 연결되어 보입니다.

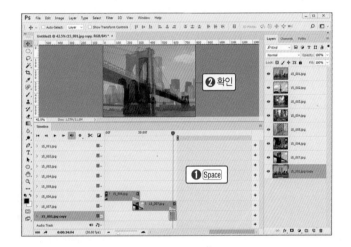

17 ❶Space를 눌러 비디오 타임라인 패
널에서 작업한 ❷타임라인 애니메이션을
확인합니다.

18 타임라인 애니메이션을 비디오로 만
들어보겠습니다. 비디오 타임라인 패널의
'Render Video'를 클릭합니다.

19 [Render Video] 대화상자가 나타나면 ❶파일 이름과 저장할 위치를 지정한 후 ❷〈Render〉를 클릭합니다.

20 저장된 비디오 파일을 실행하면 레이어 패널에 배치되었던 이미지들이 자연스럽게 보이고 사라지는 페이드인, 아웃 효과로 장면이 전환되는 것을 확인할 수 있습니다.

키프레임을 이용한 GIF 애니메이션 만들기

POINT SKILL 타임라인   소스 경로 : Part15\15_008.psd

HOW TO 레이어에 배치된 요소를 키프레임을 이용해 불투명도, 회전 등의 변화를 주어 자연스럽게 등장하고 회전하는 GIF 애니메이션으로 만들어보겠습니다.

01 [File 파일]–[Open 열기]([Ctrl]+[O])
을 실행하고 Part15 폴더에서 '15_008.
psd' 파일을 불러옵니다.

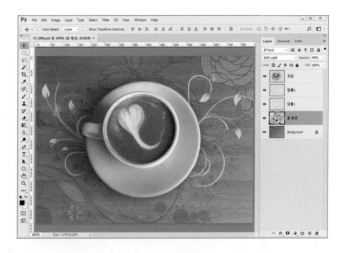

02 [Window 창]–[Timeline 타임라인]
을 실행해 타임라인 패널을 불러옵니
다. ❶ 비디오 타임라인 패널을 크게 보
기 위해 패널 상단에 마우스를 대고 드
래그합니다. ❷ 'Control timeline
magnification'을 드래그하여 프레임이
보이는 구간을 조절합니다.

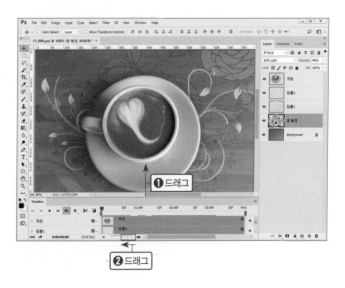

03 Ctrl+0을 눌러 작업 창을 전체 보기로 확인합니다.

단축키 **TIP** ▶ 작업 창 전체 보기 : Ctrl+0

04 ❶각 프레임의 끝 부분을 드래그해 ❷장면이 보이는 시간을 '12초'로 조절합니다.

05 ❶비디오 타임라인 패널의 플레이 헤드를 맨 처음 장면으로 이동합니다. ❷'꽃 배경' 프레임을 선택하고 ❸비디오 트랙을 클릭합니다. ❹'Opacity'의 키프레임을 클릭해서 키프레임을 생성합니다.

작업의 이해를 위한 **TIP** ▶ 비디오 타임라인 패널은 프레임에 키프레임을 생성해 레이어에 배치된 요소의 위치, 크기, 불투명도 등의 변화를 줄 수 있습니다. 장면에 변화를 줄 때는 원하는 시간에 맞춰 플레이헤드를 이동하고 키프레임을 생성해야 합니다.

06 ❶ 생성된 키프레임을 선택하고 ❷레이어 패널의 'Opacity'를 '0%'로 조절합니다.

작업의 이해를 위한 **TIP** ▶ 꽃 배경의 이미지가 서서히 등장하는 장면을 만들기 위해 키프레임을 두 개 생성합니다. 첫 번째 키프레임은 레이어 패널의 'Opacity'를 조절해서 불투명도를 '0%'로, 두 번째 키프레임은 레이어 패널의 'Opacity'를 조절해서 불투명도를 '0%' 이상으로 조절합니다.

07 ❶비디오 타임라인 패널의 플레이헤드를 드래그해서 1초 뒤 장면으로 이동합니다. ❷'Opacity'의 키프레임을 클릭해서 키프레임을 생성합니다.

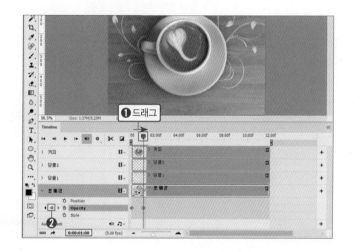

08 ❶ 생성된 키프레임을 선택하고 ❷레이어 패널의 'Opacity'를 '45%'로 조절합니다.

09 ❶비디오 타임라인 패널의 플레이 헤드를 드래그해서 2초 뒤 장면으로 이동합니다. ❷'커피' 프레임을 선택하고 ❸비디오 트랙을 클릭합니다. ❹'Opacity'의 키프레임을 클릭해서 키프레임을 생성합니다. ❺생성된 키프레임을 선택하고 ❻레이어 패널의 'Opacity'를 '0%'로 조절합니다

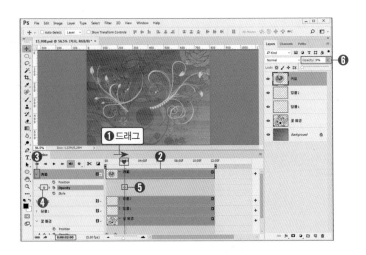

10 ❶비디오 타임라인 패널의 플레이 헤드를 드래그해서 4초 뒤 장면으로 이동합니다. ❷'Opacity'의 키프레임을 클릭해서 키프레임을 생성합니다. ❸생성된 키프레임을 선택하고 ❹레이어 패널의 'Opacity'를 '100%'로 조절합니다.

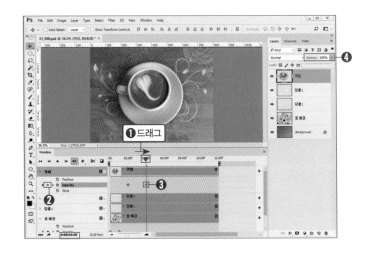

11 ❶비디오 타임라인 패널의 플레이헤드를 드래그해서 6초 뒤 장면으로 이동합니다. ❷'덩쿨1' 프레임을 선택하고 ❸비디오 트랙을 클릭합니다. ❹'Opacity'의 키프레임을 클릭해서 키프레임을 생성합니다. ❺생성된 키프레임을 선택하고 ❻레이어 패널의 'Opacity'를 '0%'로 조절합니다.

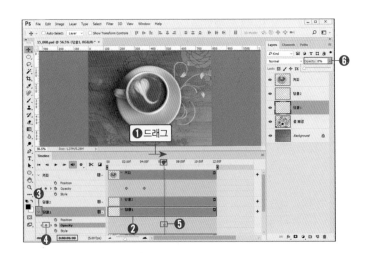

12 ❶비디오 타임라인 패널의 플레이 헤드를 드래그해서 7초 뒤 장면으로 이동합니다. ❷'Opacity'의 키프레임을 클릭해서 키프레임을 생성합니다. ❸생성된 키프레임을 선택하고 ❹레이어 패널의 'Opacity'를 '85%'로 조절합니다.

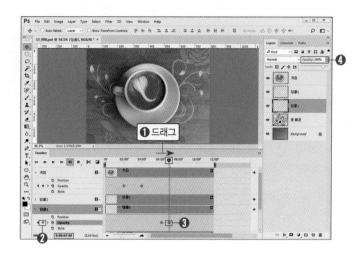

13 ❶비디오 타임라인 패널의 플레이헤드를 드래그해서 6초 뒤 장면으로 이동합니다. ❷'덩쿨2' 프레임을 선택하고 ❸비디오 트랙을 클릭합니다. ❹'Opacity'의 키프레임을 클릭해서 키프레임을 생성합니다. ❺생성된 키프레임을 선택하고 ❻레이어 패널의 'Opacity'를 '0%'로 조절합니다.

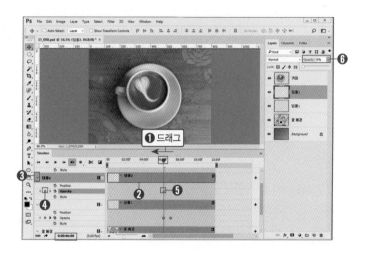

14 ❶비디오 타임라인 패널의 플레이 헤드를 드래그해서 7초 뒤 장면으로 이동합니다. ❷'Opacity'의 키프레임을 클릭해서 키프레임을 생성합니다. ❸생성된 키프레임을 선택하고 ❹레이어 패널의 'Opacity'를 '85%'로 조절합니다.

15 ❶'덩쿨1' 프레임을 선택하고 ❷마우스 오른쪽 버튼을 클릭합니다. ❸움직이는 방식을 'Rotate', ❹움직이는 방향을 'Clockwise'로 선택하고, ❺'Resize to Fill Canvas'의 옵션은 체크 해지합니다.

작업의 이해를 위한 **TIP** ▶ 덩쿨 이미지를 회전하기 위해 프레임에서 마우스 오른쪽 버튼을 클릭하고 움직이는 방식을 'Rotate'로 선택하였습니다. 그리고 움직이는 방향은 시계 방향으로 선택하고, 'Resize to Fill Canvas'의 옵션은 체크 해지하여 덩쿨 이미지의 크기를 원래 상태로 유지하였습니다.

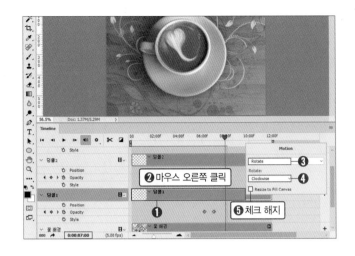

16 ❶비디오 타임라인 패널의 플레이헤드를 드래그해서 8초 뒤 장면으로 이동합니다. ❷생성된 첫 번째 키프레임을 플레이헤드에 맞춰 이동합니다.

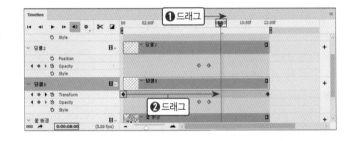

17 ❶비디오 타임라인 패널의 플레이헤드를 드래그해서 10초 뒤 장면으로 이동합니다. ❷생성된 두 번째 키프레임을 플레이헤드에 맞춰 이동합니다.

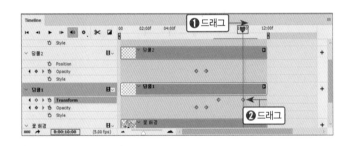

18 ❶비디오 타임라인 패널의 플레이헤드를 드래그해서 11초 뒤 장면으로 이동합니다. ❷'덩쿨1' 프레임의 비디오 트랙을 클릭합니다. ❸'Transform'의 키프레임을 클릭해서 키프레임을 생성합니다.

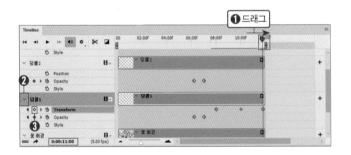

19 ❶'덩쿨1' 프레임의 회전이 적용된 첫 번째 키프레임을 클릭하고 ❷마우스 오른쪽 버튼을 클릭해 ❸'Copy'를 선택합니다.

작업의 이해를 위한 **TIP** ▶ 회전된 넝쿨 이미지가 처음과 같은 방향으로 되돌아오도록 회전이 적용된 첫 번째 키프레임을 복사하였습니다. 그리고 세 번째 키프레임에 붙여 넣습니다.

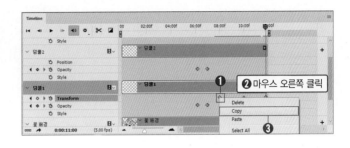

20 ❶세 번째 키프레임을 클릭하고 ❷마우스 오른쪽 버튼을 클릭해 ❸'Paste'를 선택합니다.

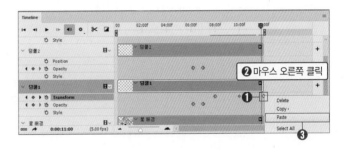

21 ❶'덩쿨2' 프레임을 선택하고 ❷마우스 오른쪽 버튼을 클릭합니다. ❸움직이는 방식을 'Rotate', ❹움직이는 방향을 'Counter Clockwise'로 선택하고, ❺'Resize to Fill Canvas'의 옵션은 체크 해지합니다.

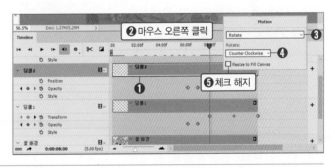

작업의 이해를 위한 **TIP** ▶ 덩쿨 이미지를 회전하기 위해 프레임에서 마우스 오른쪽 버튼을 클릭하고 움직이는 방식을 'Rotate'로 선택하였습니다. 그리고 움직이는 방향은 반시계 방향으로 선택하고, 'Resize to Fill Canvas'의 옵션은 체크 해지하여 덩쿨 이미지의 크기를 원래 상태로 유지하였습니다.

22 ❶비디오 타임라인 패널의 플레이헤드를 드래그해서 8초 뒤 장면으로 이동합니다. ❷생성된 첫 번째 키프레임을 플레이헤드에 맞춰 이동합니다.

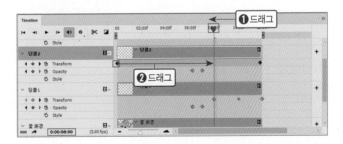

23 ❶플레이헤드를 드래그해서 10초 뒤 장면으로 이동합니다. ❷생성된 두 번째 키프레임을 플레이헤드에 맞춰 이동합니다.

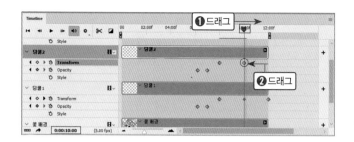

24 ❶비디오 타임라인 패널의 플레이헤드를 드래그해서 11초 뒤 장면으로 이동합니다. ❷'덩쿨2' 프레임의 비디오 트랙을 클릭합니다. ❸'Transform'의 키프레임을 클릭해 키프레임을 생성합니다.

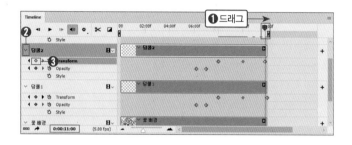

25 ❶'덩쿨2' 프레임의 회전이 적용된 첫 번째 키프레임을 클릭하고 ❷마우스 오른쪽 버튼을 클릭해 ❸'Copy'를 선택합니다.

26 ❶세 번째 키프레임을 클릭하고 ❷마우스 오른쪽 버튼을 클릭해 ❸'Paste'를 선택합니다.

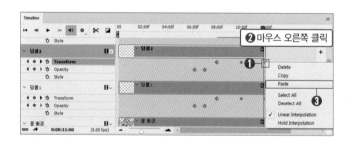

27 ❶타임라인 패널의 하위 목록 메뉴를 클릭하고 ❷'Set Timeline Frame Rate^{타임라인 프레임 속도 설정}'를 선택하여 ❸프레임 속도를 '12'로 입력하고 ❹⟨OK⟩ 버튼을 클릭합니다.

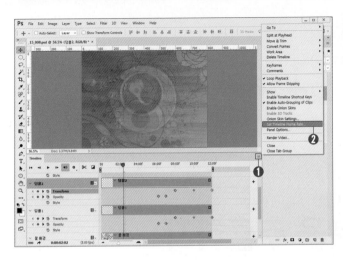

작업의 이해를 위한 **TIP** ▸ 프레임 속도는 초당 재생되는 프레임의 수로, 수치가 높을수록 장면이 전환되는 속도가 빨라집니다.

28 타임라인 애니메이션을 GIF 애니메이션으로 만들어보겠습니다. [File^{파일}]−[Export ^{내보내기}]−[Save for Web(Legacy) ^{웹용으로 저장(레거시)}]([Ctrl]+[Alt]+[Shift]+[S])를 실행합니다. [Save for Web] 대화상자가 나타나면 ❶확장자는 'GIF', ❷'Colors=256', ❸'Lopping Options=Once'로 선택하고 ❹⟨Save⟩ 버튼을 클릭합니다.

작업의 이해를 위한 **TIP** ▸ Adobe Photoshop CS6 버전에서는 [File]−[Save for Web]을 실행합니다.

29 [Save Optimized As] 대화상자가 나타나면 파일 이름과 저장할 위치를 지정한 후 ⟨저장⟩ 버튼을 클릭합니다. 저장된 GIF 애니메이션을 실행하면 레이어 패널에 배치되었던 이미지들이 자연스럽게 등장하고 회전되어 반복 재생되는 것을 확인할 수 있습니다.

PART 16

이미지의
특정 부분을 추출하자

채널

채널은 포토샵에서 이미지의 명도로 선택 영역을 나타내는 기능을 합니다. 채널을 이용하면 이미지의 투명한 부분 및 가장자리를 부드럽게 선택 영역으로 지정할 수 있습니다. 세밀한 선택 작업이 필요한 머리카락이나 안개, 연기, 구름 등의 이미지를 자연스럽게 추출할 때 효율적입니다. 채널은 앞에서 공부한 전반적인 내용이 이해됐을 때 활용할 수 있습니다. 좀 더 수준 높은 작업을 진행하고자 한다면 빼놓을 수 없는 중요한 기능이므로 이번 파트에서 채널을 활용하여 이미지를 정밀하게 추출하는 방법에 대해 알아보겠습니다.

CHAPTER 1   이미지의 색상 분포로 선택 영역 지정하기

CHAPTER 2   이미지의 가장자리를 자연스럽게 추출하기

이미지의 색상 분포로
선택 영역 지정하기

✂ 색상 채널

채널은 종류에 따라서 이미지의 색상을 보정하고, 이미지의 특정 영역을 선택 영역으로 지정하며, 별색을 지정하는 역할을 합니다. 채널은 색상 채널, 알파 채널, 스팟 채널로 나눠집니다. 색상 채널은 이미지를 구성하는 색상 정보를 회색 음영으로 표시합니다. 회색 음영 중 밝은 부분을 선택 영역으로 지정하여 이미지의 밝은 부분과 어두운 부분을 따로 보정할 수 있습니다.

핵심 기능 채널 패널의 옵션 살펴보기

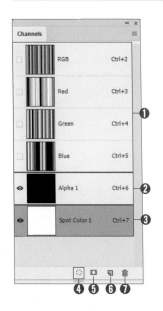

❶ **색상 채널** : 이미지를 구성하는 색상 정보를 회색 음영으로 표시합니다.

❷ **알파 채널** : 이미지의 특정 영역을 선택 영역으로 지정합니다.

❸ **스팟 채널** : 별색 인쇄를 위한 별도의 채널을 생성합니다.

❹ **Load channel as selection**^{채널을 선택 영역으로 불러오기} : 채널에서 흰색으로 표시된 부분을 선택 영역으로 지정합니다.

❺ **Save selection as channel**^{선택 영역을 채널로 저장하기} : 선택 영역으로 지정된 부분을 알파 채널로 저장합니다.

❻ **Create new channel**^{새 채널 만들기} : 알파 채널을 생성합니다.

❼ **Delete current channels**^{현재 채널 삭제하기} : 선택한 채널을 삭제합니다.

색상 채널을 이용한 이미지 보정

POINT SKILL 채널, 보정 : Brightness/Contrast^{명도/대비} + Color Balance^{색상 균형}

HOW TO 앵무새 이미지의 어두운 부분과 특정 색상만 추출해 밝고 선명하게 보정해보겠습니다.

| Before | Part16\16_001.jpg | After | Part16\16_001(완성).jpg |

01 ❶[File^{파일}]−[Open^{열기}](Ctrl+O)을 실행하고 Part16 폴더에서 '16_001.jpg' 파일을 불러옵니다. ❷[Window^창]−[Channels^{채널}]를 실행하여 채널 패널을 엽니다.

❶파일 불러오기

❷채널 패널 열기

02 앵무새 이미지의 어두운 부분을 선택 영역으로 지정해보겠습니다. Ctrl을 누른 채 채널 패널에서 'Blue' 채널을 클릭합니다.

작업의 이해를 위한 **TIP** ▶ 색상 채널에서 회색 음영이 강하게 표현된 채널을 Ctrl을 누른 채 클릭하면 이미지의 밝은 부분을 선택 영역으로 지정할 수 있습니다.

단축키 **TIP** ▶ 채널을 선택 영역으로 불러오기 : Ctrl+클릭

Ctrl+클릭

PART

16
이미지의
특정 부분을 추출하자

411

03 [Select 선택]−[Inverse 반전]([Shift]+
[Ctrl]+[I])를 실행해 지정된 선택 영역을
반전합니다.

작업의 이해를 위한 **TIP** ▶ [Ctrl]을 누른 채 해당 채널을 클릭
하면 채널에서 흰색으로 표시된 부분이 선택 영역으로 지
정됩니다. 여기에서는 앵무새 이미의 어두운 부분을 선택
영역으로 지정하기 위해 [Inverse]를 실행하였습니다.

04 ❶[Image 이미지]−[Adjustments 조
정]−[Brightness/Contrast 명도/대비]을 실
행합니다. ❷명도를 보정한 후 ❸〈OK〉
버튼을 클릭합니다.

05 앵무새 이미지의 빨간색 부분을 선
택 영역으로 지정해보겠습니다. [Ctrl]을 누
른 채 채널 패널에서 'Red' 채널을 클릭합
니다.

작업의 이해를 위한 **TIP** ▶ 색상 채널에서 해당 색상의 채널
레이어를 [Ctrl]을 누른 채 클릭하면 해당 색상이 분포된 영
역을 선택 영역으로 지정할 수 있습니다. [Ctrl]을 누른 채
'Red' 채널 레이어를 클릭하여 앵무새 이미지의 빨간색
부분을 선택 영역으로 지정하였습니다.

06 ❶[Image^{이미지}]–[Adjustments^조
^정]–[Color Balance^{색상 균형}]([Ctrl]+[B])
를 실행합니다. ❷'Tone Balance' 항목
에서 'Midtones'을 선택하고 ❸빨간색을
추가하여 보정한 후 ❹〈OK〉 버튼을 클
릭합니다.

07 앵무새 이미지의 파란색 부분을 선
택 영역으로 지정해보겠습니다. [Ctrl]을 누
른 채 채널 패널에서 'Blue' 채널을 클릭
합니다.

작업의 이해를 위한 **TIP** ▶ [Ctrl]을 누른 채 'Blue' 채널을 클
릭하여 앵무새 이미지의 파란색 부분을 선택 영역으로 지
정하였습니다.

08 ❶[Image^{이미지}]–[Adjustments^조
^정]–[Color Balance^{색상 균형}]([Ctrl]+[B])
를 실행합니다. ❷'Tone Balance' 항목
에서 'Midtones'을 선택하고 ❸하늘색과
파란색을 추가하여 보정한 후 ❹〈OK〉
버튼을 클릭합니다.

09 [Ctrl]+[D]를 눌러 지정된 선택 영역을 해지합니다. [File^{파일}]–[Save As^{다른 이름으로 저장}]([Ctrl]+[Shift]+[S])를 실
행하고 이름을 변경하여 'JPEG' 파일로 저장합니다.

이미지의 가장자리를
자연스럽게 추출하기

⚒ 알파 채널

알파 채널은 회색 음영으로 이미지의 선택 영역을 지정할 수 있습니다. 선택 영역으로 지정하려는 이미지를 흰색으로 보정하면 선택 영역으로 지정할 수 있고, 검은색으로 보정하면 선택 영역으로 지정할 수 없습니다. 그리고 회색으로 보정하면 투명도를 조절해 선택 영역을 지정할 수 있습니다. 투명한 이미지나 다양한 질감을 표현하는 이미지를 자연스럽게 사라지는 선택 영역으로 지정할 때 사용합니다.

핵심 기능 **알파 채널 사용하는 방법 살펴보기**

소스 경로 : Part16\구름-채널.jpg, 밤하늘.jpg

01 [Window창]-[Channels채널]를 실행하여 채널 패널을 엽니다. 회색 음영이 강하게 표현된 색상 채널을 선택합니다.

▲ RGB 색상 채널을 선택한 경우

▲ Red 색상 채널을 선택한 경우

▲ Green 색상 채널을 선택한 경우

▲ Blue 색상 채널을 선택한 경우

02 ❶회색 음영이 강한 'Red' 색상 채널을 ❷'Create new channel'로 드래그해서 알파 채널로 복제합니다.

작업의 이해를 위한 **TIP** ▸ 알파 채널로 이미지의 선택 영역을 지정할 때는 회색 음영이 강한 색상 채널을 알파 채널로 복제해야 합니다.

03 ❶[Image이미지]−[Adjustments조정]−[Levels레벨]((Ctrl)+(L))를 실행합니다. ❷구름 이미지의 어두운 부분은 어둡게, 밝은 부분은 밝게 보정한 후 ❸〈OK〉 버튼을 클릭합니다.

작업의 이해를 위한 **TIP** ▸ 구름 이미지의 구름 내부를 선택 영역으로 지정하기 위해서 흰색으로, 구름 가장자리를 자연스럽게 사라지는 선택 영역으로 지정하기 위해서 회색으로, 구름을 제외한 하늘을 선택 영역으로 지정하지 않기 위해서 검은색으로 보정하였습니다.

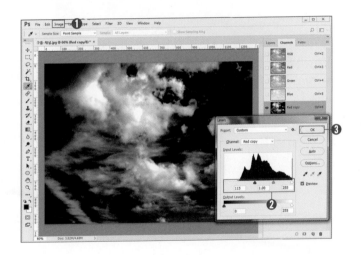

04 구름 이미지의 구름 부분을 선택 영역으로 지정해보겠습니다. (Ctrl)을 누른 채 채널 패널에서 보정한 'Red copy' 채널을 클릭합니다.

작업의 이해를 위한 **TIP** ▸ (Ctrl)을 누른 채 보정한 'Red copy' 채널을 클릭해 구름 이미지의 흰색 부분을 선택 영역으로 지정하였습니다.

단축키 **TIP** ▸ 채널을 선택 영역으로 불러오기 : (Ctrl)+해당 채널 클릭

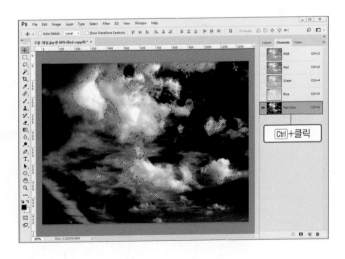

05 알파 채널을 비활성화하고 색상 채널을 활성화하기 위해 ❶ 채널 패널에서 'RGB' 채널을 클릭합니다. ❷ Ctrl + J를 눌러 선택 영역으로 지정된 구름 이미지를 배경 이미지의 레이어에서 복제합니다.

작업의 이해를 위한 **TIP** ▶ 알파 채널에서 이미지의 선택 영역을 지정한 후에는 채널 패널에서 'RGB' 채널을 클릭해 색상 채널 모드로 변환해야 합니다.

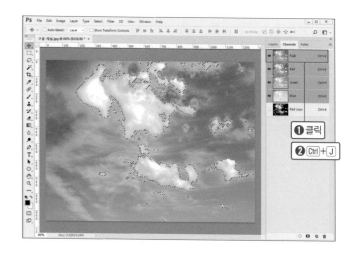

06 ❶ 합성 작업을 위해 레이어 패널을 선택합니다. ❷ 툴 패널에서 이동 툴을 선택하고 ❸ 구름 이미지에서 추출한 구름을 밤하늘 이미지로 드래그하여 이동합니다.

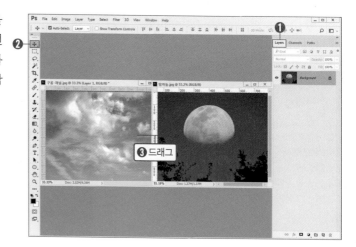

07 ❶ 구름 이미지와 밤하늘 이미지가 자연스럽게 합성되도록 블렌딩 모드를 'Screen'으로 선택합니다. ❷ 레이어 패널의 'Opacity'를 '75%'로 조절해 불투명도를 조절합니다. ❸ 툴 패널에서 이동 툴을 선택하고 위치를 수정합니다.

알파 채널을 이용한 바다 이미지 관련 질감 추출 및 합성

POINT SKILL 채널, 보정 : Invert^{반전} + Levels^{레벨}, 이동 툴, 레이어 마스크, 보정 레이어 : Hue/Saturation^{색조/채도}, 브러시 툴, 레이어 채색, 블렌딩 모드

HOW TO 바다 이미지에 바위 이미지와 물살 이미지를 알파 채널을 이용해 추출한 후 자연스럽게 합성해보겠습니다.

Before Part16\16_002.jpg, 16_003.jpg, 16_004.jpg

Before Part16\16_003(완성).psd

01 ❶[File^{파일}]−[Open^{열기}]([Ctrl]+[O])을 실행하고 Part16 폴더에서 '16_003.jpg' 파일을 불러옵니다. ❷[Window^창]−[Channels^{채널}]를 실행하여 채널 패널을 엽니다.

02 ❶회색 음영이 강하게 표현된 'Red' 색상 채널을 선택하고, ❷'Create new channel'로 드래그하여 알파 채널로 복제합니다.

작업의 이해를 위한 TIP ▶ 알파 채널로 이미지의 선택 영역을 지정할 때는 회색 음영이 강한 색상 채널을 알파 채널로 복제해야 합니다.

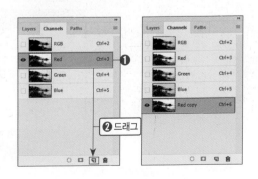

03 알파 채널에서 바위 이미지를 선택 영역으로 지정해보겠습니다. [Image^{이미지}]−[Adjustments^{조정}]−[Invert^{반전}])((Ctrl)+(I))를 실행하여 색상을 반전합니다.

 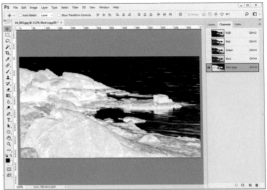

작업의 이해를 위한 **TIP** ▶ 바위 이미지를 선택 영역으로 지정하려면 바위는 흰색으로, 바위를 제외한 바다는 검은색으로 보정해야 합니다.

04 ❶[Image^{이미지}]−[Adjustments^{조정}]−[Levels^{레벨}])((Ctrl)+(L))를 실행합니다. ❷바위 이미지의 어두운 부분은 어둡게, 밝은 부분은 밝게 보정한 후 ❸〈OK〉 버튼을 클릭합니다.

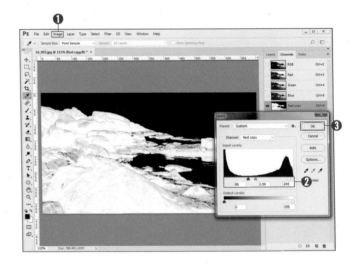

작업의 이해를 위한 **TIP** ▶ 바위 이미지의 바위 내부를 선택 영역으로 지정하기 위해서 흰색으로, 바위와 바다에 비춰진 잔상의 가장자리를 자연스럽게 사라지는 선택 영역으로 지정하기 위해서 회색으로, 바위를 제외한 바다를 선택 영역으로 지정하지 않기 위해서 검은색으로 보정하였습니다.

05 바위 이미지의 바위 부분을 선택 영역으로 지정해보겠습니다. (Ctrl)을 누른 채 채널 패널에서 보정한 'Red copy' 채널을 클릭합니다.

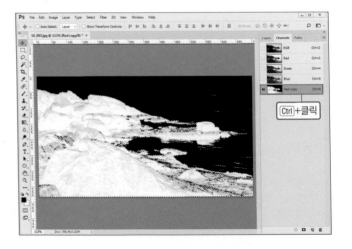

작업의 이해를 위한 **TIP** ▶ (Ctrl)을 누른 채 보정한 'Red copy' 채널을 클릭하면 바위 이미지의 흰색 부분을 선택 영역으로 지정할 수 있습니다.

06 알파 채널을 비활성화하고 색상 채널을 활성화하기 위해 ❶채널 패널에서 'RGB' 채널을 클릭합니다. ❷Ctrl+J를 눌러 선택 영역으로 지정된 바위 이미지를 배경 이미지의 레이어에서 복제합니다.

작업의 이해를 위한 **TIP** ▶ 알파 채널에서 이미지의 선택 영역을 지정한 후에는 채널 패널에서 'RGB' 채널을 클릭해서 색상 채널 모드로 변환해야 합니다.

07 ❶[File파일]-[Open열기](Ctrl+O)을 실행하고 Part16 폴더에서 '16_002. jpg' 파일을 불러옵니다. ❷툴 패널에서 이동 툴을 선택하고 ❸추출한 바위를 바다 이미지로 드래그하여 이동합니다.

08 크기를 조절하기 위해 ❶Ctrl+T를 누릅니다. ❷Shift를 누른 채 드래그하여 크기를 축소하고 ❸Enter를 누릅니다.

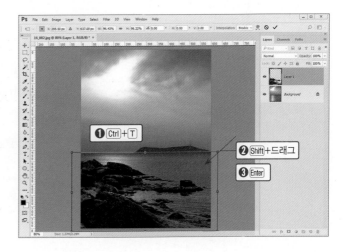

09 [File 파일]–[Open 열기]([Ctrl]+[O])
을 실행하고 Part16 폴더에서 '16_004.
jpg' 파일을 불러옵니다. [Window 창]–
[Channels 채널]를 실행하여 채널 패널
을 엽니다. ❶회색 음영이 강하게 표현
된 'Red' 색상 채널을 ❷'Create new
channel'로 드래그해서 알파 채널로 복
제합니다.

10 ❶[Image 이미지]–[Adjustments 조
정]–[Levels 레벨]([Ctrl]+[L])를 실행합니다.
❷물살 이미지의 어두운 부분은 어둡게,
밝은 부분은 밝게 보정한 후 ❸〈OK〉 버
튼을 클릭합니다.

작업의 이해를 위한 **TIP** ▶ 물살 이미지의 물살 내부를 선
택 영역으로 지정하기 위해서 흰색으로, 물살의 가장자리
를 자연스럽게 사라지는 선택 영역으로 지정하기 위해서
회색으로, 물살을 제외한 바다를 선택 영역으로 지정하지
않기 위해서 검은색으로 보정하였습니다.

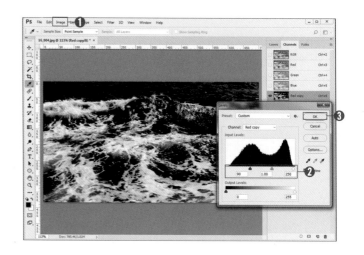

11 물살 이미지의 물살 부분을 선택 영
역으로 지정해보겠습니다. [Ctrl]을 누른 채
채널 패널에서 보정한 'Red copy' 채널
을 클릭합니다.

작업의 이해를 위한 **TIP** ▶ [Ctrl]을 누른 채 보정한 'Red
copy' 채널을 클릭해 물살 이미지의 흰색 부분을 선택
영역으로 지정하였습니다.

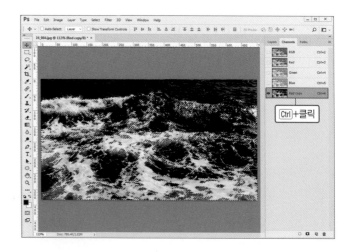

12 알파 채널을 비활성화하고 색상 채널을 활성화하기 위해 ❶채널 패널에서 'RGB' 채널을 클릭합니다. ❷Ctrl+J를 눌러 선택 영역으로 지정된 물살 이미지를 배경 이미지의 레이어에서 복제합니다.

작업의 이해를 위한 **TIP** ▶ 알파 채널에서 이미지의 선택 영역을 지정한 후에는 채널 패널에서 'RGB' 채널을 클릭해서 색상 채널 모드로 변환해야 합니다.

13 ❶툴 패널에서 이동 툴을 선택하고 ❷추출한 물살을 작업 창으로 드래그하여 이동합니다.

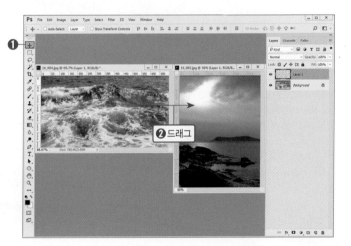

14 ❶Ctrl+[를 눌러 물살이 바위 이미지 레이어 아래에 배치되도록 레이어 순서를 변경합니다. 물살 이미지와 바다 이미지가 자연스럽게 합성되도록 ❷블렌딩 모드를 'Screen'으로 선택합니다. ❸레이어 패널의 'Opacity'를 '85%'로 조절해 불투명도를 조절합니다. ❹툴 패널에서 이동 툴을 선택하고 위치를 수정합니다.

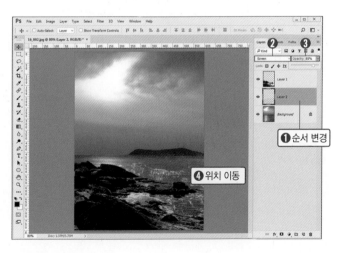

15 물살의 경계선을 자연스럽게 표현해보겠습니다. ❶레이어 패널에서 'Add layer mask'를 클릭합니다. ❷툴 패널에서 브러시 툴을 선택합니다. ❸상단 옵션 바에서 브러시 목록을 클릭하고 ❹브러시 종류는 'Soft Round', ❺'Mode=Normal', 'Opacity=30%', 'Flow=100%'로 선택합니다.

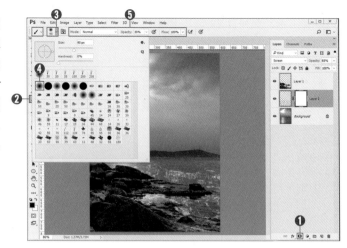

16 ❶전경색을 검은색으로 지정하고 ❷레이어 패널의 레이어 마스크에 브러시 툴로 전경색을 채색합니다.

작업의 이해를 위한 **TIP** ▶ 물살 이미지의 레이어 마스크에 검은색을 채색하였습니다. 검은색으로 채색한 부분은 물살 이미지가 보이지 않습니다.

단축키 **TIP** ▶ 브러시 툴의 크기 조절 : `[` , `]`
▶ 채색 이전 단계로 돌아가기 : `Ctrl`+`Alt`+`Z`

17 바다, 물살, 바위 레이어들을 한꺼번에 보정해보겠습니다. ❶맨 상위 레이어를 선택합니다. ❷레이어 패널에서 'Create new fill or adjustment layer'를 클릭하고 ❸'Hue/Saturation색조/채도'을 선택합니다. ❹'Hue/Saturation' 설정 패널에서 'Colorize' 옵션을 체크하고 ❺색상과 채도, 밝기를 보정합니다.

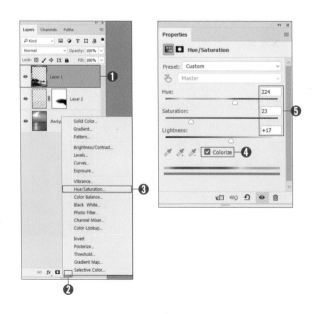

18 보정 레이어의 결과가 바다와 물살, 바위 레이어와 자연스럽게 합성되도록 ❶블렌딩 모드를 'Overlay'로 선택합니다. ❷레이어 패널의 'Overlay'를 '74%'로 조절해 불투명도를 조절합니다.

19 햇살에 비춰진 바위 이미지가 밝게 보이도록 빛을 표현해보겠습니다. ❶툴 패널에서 브러시 툴을 선택합니다. ❷상단 옵션 바에서 브러시 목록을 클릭하고 ❸브러시 종류는 'Soft Round', ❹'Mode=Normal', 'Opacity=30%', 'Flow=100%'로 선택합니다.

20 ❶레이어 패널에서 새 레이어를 생성하고 ❷전경색을 노란색으로 지정합니다. ❸브러시 툴로 바위 이미지 주변을 채색합니다.

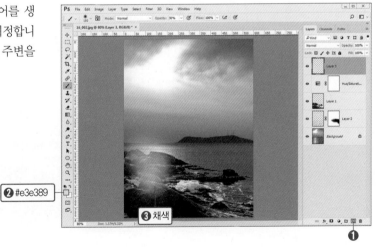

❷ #e3e389

❸ 채색

21 채색된 색상이 바위 이미지와 자연스럽게 합성되도록 블렌딩 모드를 'Overlay'로 선택합니다.

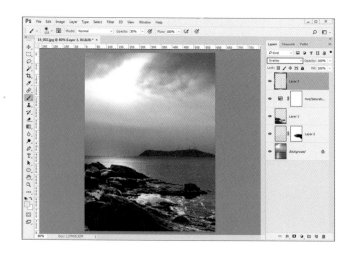

22 배경이 깊이 있어 보이도록 음영을 표현해보겠습니다. ❶툴 패널에서 브러시 툴을 선택합니다. ❷전경색을 검은색으로 지정하고 ❸레이어 패널에서 새 레이어를 생성합니다. ❹브러시 툴로 바다 이미지의 하늘과 바다 주변을 채색합니다.

23 채색된 색상이 바다 이미지와 자연스럽게 합성되도록 블렌딩 모드를 'Softlight'로 선택합니다.

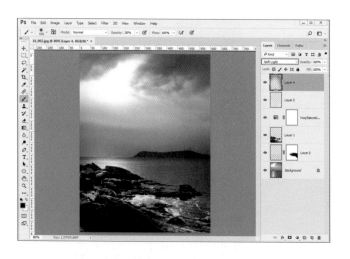

24 [File^{파일}]−[Save^{저장}]((Ctrl)+(S))를 실행하고 'PSD' 파일로 저장합니다.

알파 채널을 이용한 인물의 머리카락 추출 및 합성

POINT SKILL 채널, 보정 : Invert^{반전} + Levels^{레벨}, 이동 툴, 블렌딩 모드, 이미지 복제, 레이어 마스크, 필터 : Gaussian Blur^{가우시안 흐림 효과}, 보정 레이어 : Hue/Saturation^{색조/채도} + Solid Color^{단색}

HOW TO 여자 이미지의 머리카락이 흩날리는 부분을 알파 채널을 이용해 추출한 후, 테라스 이미지와 자연스럽게 합성하고 보정해보겠습니다.

Before Part16\16_005.jpg, 16_006.jpg

After Part16\16_005(완성).psd

01 ❶[File^{파일}]-[Open^{열기}]((Ctrl)+(O)) 을 실행하고 Part16 폴더에서 '16_005. jpg' 파일을 불러옵니다. ❷[Window^창] -[Channels^{채널}]를 실행하여 채널 패널 을 불러옵니다.

02 ❶회색 음영이 강하게 표현된 'Blue' 색상 채널을 선택한 후 ❷'Create new channel'로 드래그하여 알파 채널 로 복제합니다.

작업의 이해를 위한 **TIP** ▶ 알파 채널로 이미지의 선택 영역 을 지정할 때는 회색 음영이 강한 색상 채널을 알파 채널 로 복제해야 합니다.

03 알파 채널에서 여자 이미지를 선택 영역으로 지정해보겠습니다. [Image 이미지]-[Adjustments 조정]-[Inverts 반전]([Ctrl]+[I])를 실행해 색상을 반전합니다.

작업의 이해를 위한 **TIP** ▶ 여자 이미지를 선택 영역으로 지정하려면 피사체는 흰색으로, 피사체를 제외한 배경은 검은색으로 보정해야 합니다.

04 ❶[Image 이미지]-[Adjustments 조정]-[Levels 레벨]([Ctrl]+[L])를 실행합니다. ❷여자 이미지의 어두운 부분은 어둡게, 밝은 부분은 밝게 보정한 후 ❸〈OK〉 버튼을 클릭합니다.

작업의 이해를 위한 **TIP** ▶ 여자 이미지의 피사체를 선택 영역으로 지정하기 위해서 흰색으로, 피사체의 흩날리는 머리카락 가장자리를 자연스럽게 사라지는 선택 영역으로 지정하기 위해서 회색으로, 피사체를 제외한 배경을 선택 영역으로 지정하지 않기 위해서 검은색으로 보정하였습니다.

05 여자 이미지의 피사체 내부를 흰색으로 채색해보겠습니다. ❶[Window 창]-[Paths 패스]를 실행해 패스 패널을 엽니다. ❷[Ctrl]을 누른 채 'Path 1' 패스 아이콘을 클릭하여 패스를 선택 영역으로 지정합니다.

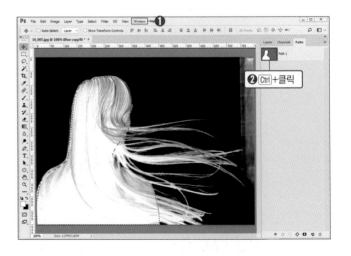

작업의 이해를 위한 **TIP** ▶ 알파 채널에서 보정한 여자 이미지의 피사체 내부에 남아있는 회색을 흰색으로 보정해야 뚜렷한 선택 영역을 지정할 수 있습니다. 따라서 피사체의 흩날리는 머리카락을 제외한 나머지 부분을 흰색으로 채색해야 합니다. 펜 툴로 패스를 직접 생성해야 하지만, 본 예제에서는 이미지에 미리 생성된 패스를 사용하여 선택 영역을 지정하고 흰색을 채색하였습니다.

06 ❶ 전경색을 흰색으로 지정하고
❷ Alt + Delete 를 눌러 알파 채널에서 지
정한 선택 영역에 전경색을 채웁니다.
❸ Ctrl + D 를 눌러 선택 영역을 해지합
니다.

단축키 TIP ▶ 전경색 채우기 : Alt + Delete

▶ 배경색 채우기 : Ctrl + Delete

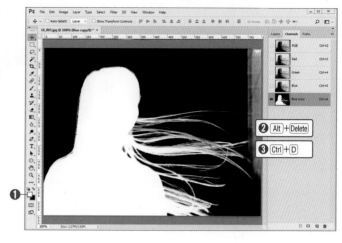

07 배경의 우측에 배치된 기둥 부분을
검은색으로 채색해보겠습니다. ❶툴 패
널에서 브러시 툴을 선택합니다. ❷상
단 옵션 바에서 브러시 목록을 클릭
하고 ❸브러시 종류는 'Soft Round',
❹'Mode=Normal', 'Opacity=30%',
'Flow=100%'로 선택합니다.

작업의 이해를 위한 TIP ▶ 여자 이미지의 피사체만 선택 영
역으로 지정하려면 피사체는 흰색으로, 피사체를 제외한
배경은 검은색으로 보정해야 합니다. 그래서 배경 우측에
배치된 기둥 부분을 검은색으로 채색하였습니다.

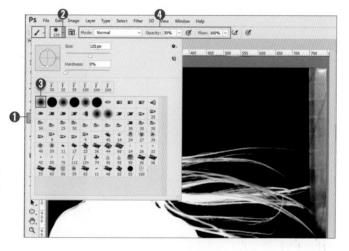

08 ❶ 전경색을 검은색으로 지정하고
❷ 배경의 우측에 배치된 기둥 부분을 따
라서 브러시 툴로 채색합니다.

단축키 TIP ▶ 브러시 툴의 크기 조절 : [,]

▶ 채색 이전 단계로 돌아가기 : Ctrl + Alt + Z

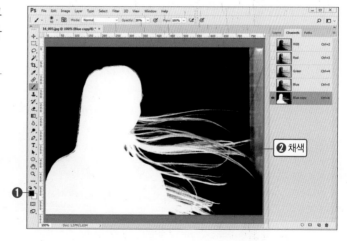

09 여자 이미지의 피사체를 선택 영역으로 지정해보겠습니다. Ctrl을 누른 채 채널 패널에서 보정한 'Blue copy' 채널을 클릭합니다.

작업의 이해를 위한 TIP ▶ Ctrl을 누른 채 보정한 'Blue copy' 채널을 클릭하면 여자 이미지의 흰색 부분을 선택 영역으로 지정할 수 있습니다.

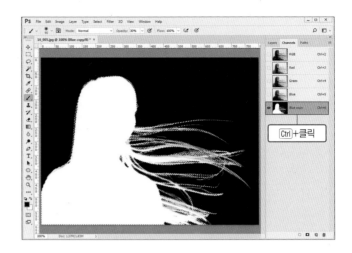

10 ❶ [Select 선택]-[Modify 수정]-[Feather 페더]를 실행하고 ❷ 지정된 선택 영역의 부드럽기 수치를 입력해 조절한 후 ❸ 〈OK〉 버튼을 클릭합니다.

작업의 이해를 위한 TIP ▶ 선택 영역으로 지정된 피사체를 테라스 이미지에 자연스럽게 배치하기 위해 선택 영역의 경계선을 부드럽게 수정하였습니다.

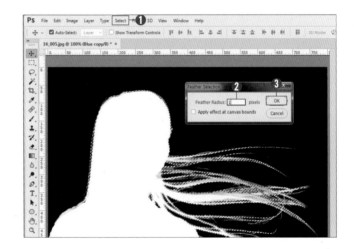

11 알파 채널을 비활성화하고 색상 채널을 활성화하기 위해 ❶ 채널 패널에서 'RGB' 채널을 클릭합니다. ❷ Ctrl+J를 눌러 선택 영역으로 지정된 여자 이미지의 피사체를 배경 이미지의 레이어에서 복제합니다.

작업의 이해를 위한 TIP ▶ 알파 채널에서 이미지의 선택 영역을 지정한 후에는 채널 패널에서 'RGB' 채널을 클릭해서 색상 채널 모드로 변환해야 합니다.

12 ❶[File 파일]-[Open 열기]([Ctrl]+[O])을 실행하고 Part16 폴더에서 '16_006.jpg' 파일을 불러옵니다. ❷툴 패널에서 이동 툴을 선택하고 ❸추출한 피사체를 테라스 이미지로 드래그하여 이동합니다.

완성도를 높이는 단계

13 흩날리는 머리카락 가장자리를 좀 더 정교하게 수정해보겠습니다. ❶[Ctrl] +[Space]를 누른 채 드래그해서 작업 창을 확대합니다. ❷흩날리는 머리카락 가장 자리가 테라스 이미지와 자연스럽게 합성 되도록 블렌딩 모드를 'Multiply'로 선택 합니다.

작업의 이해를 위한 **TIP** ▶ 알파 채널에서 추출한 여자 이미 지의 흩날리는 머리카락 가장자리에 남아있는 흰색이 보이 지 않도록 레이어 패널에서 블렌딩 모드를 'Multiply'로 선 택하였습니다. 그래서 상위에 흩날리는 머리카락이 하위에 배치된 테라스 이미지와 어둡게 합성되어 흩날리는 머리카 락 가장자리의 흰색이 보이지 않습니다.

14 어둡게 합성된 여자 이미지를 수정 해보겠습니다. ❶레이어 패널에서 여자 이미지 레이어를 선택하고 ❷[Ctrl]+[J]를 눌러 여자 이미지를 하나 더 복제합니다. ❸복제된 여자 이미지는 블렌딩 모드를 'Normal'로 선택합니다.

단축키 **TIP** ▶ 선택된 레이어 복제 : [Ctrl]+[J]

15 ❶레이어 패널에서 'Add layer mask'를 클릭하고 ❷툴 패널에서 브러시 툴을 선택합니다. ❸상단 옵션 바에서 브러시 목록을 클릭하고 ❹브러시 종류는 'Soft Round', ❺'Mode=Normal', 'Opacity=30%', 'Flow=100%'로 선택합니다.

16 ❶전경색을 검은색을 지정하고 ❷레이어 패널의 레이어 마스크에 흩날리는 머리카락 가장자리를 따라서 브러시 툴로 채색합니다.

작업의 이해를 위한 **TIP** ▸ 상위에 배치된 여자 이미지의 레이어 마스크에 검은색을 채색하였습니다. 그래서 검은색으로 채색한 부분만큼 흩날리는 머리카락 가장자리에 남아있는 흰색이 보이지 않도록 하였습니다. 그리고 가려진 머리카락은 하위에 배치된 'Multiply'로 어둡게 합성된 레이어의 이미지로 대체하였습니다.

17 배경 이미지의 초점이 흐리게 보이도록 효과를 적용해보겠습니다. ❶레이어 패널에서 배경 레이어를 선택합니다. ❷[Filter 필터]−[Blur 흐림 효과]−[Gaussian Blur 가우시안 흐림 효과]를 실행하고 ❸부드럽기를 조절한 후 ❹〈OK〉 버튼을 클릭합니다.

18 배경 이미지와 여자 이미지를 한꺼번에 보정해보겠습니다. ❶맨 상위 레이어를 선택합니다. ❷레이어 패널에서 'Create new fill or adjustment layer'를 클릭하고 ❸'Hue/Saturation 색조/채도'을 선택합니다. ❹속성 패널에서 'Colorize' 옵션을 체크하고 ❺색상과 채도, 밝기를 보정합니다.

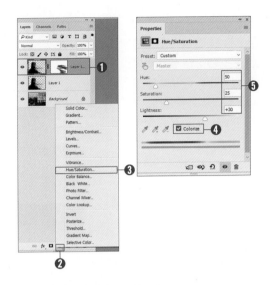

19 보정한 결과가 자연스럽게 합성되도록 블렌딩 모드를 'Softlight'로 선택합니다.

20 ❶레이어 패널에서 'Create new fill or adjustment layer'를 클릭하고 ❷'Solid Color 단색'을 선택합니다. [Color Picker] 대화상자가 나타나면 ❸색상을 검은색으로 지정하고 ❹〈OK〉버튼을 클릭합니다.

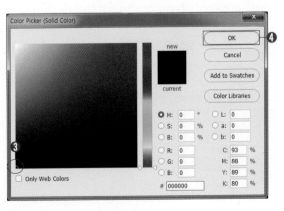

21 'Solid Color' 보정 레이어의 검은 색을 가려보겠습니다. ❶툴 패널에서 브러시 툴을 선택합니다. ❷상단 옵션 바에서 브러시 목록을 클릭하고 ❸브러시 종류는 'Soft Round', ❹'Mode=Normal', 'Opacity=100%', 'Flow=100%'로 선택합니다.

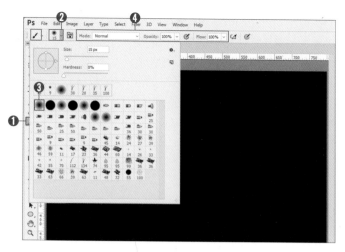

22 ❶전경색을 검은색으로 지정하고 ❷레이어 패널의 레이어 마스크에 전경색을 채색합니다. ❸레이어 패널의 'Opacity'를 '40%'로 조절해 불투명도를 조절합니다.

작업의 이해를 위한 **TIP** ▶ 상위에 배치된 'Solid Color' 보정 레이어의 레이어 마스크에 검은색을 채색하였습니다. 검은색으로 채색한 부분만큼 'Solid Color' 보정 레이어의 검은색이 보이지 않습니다.

23 [File^{파일}]–[Save^{저장}]([Ctrl]+[S])를 실행하고 'PSD' 파일로 저장합니다.

별색 인쇄를 위한 스팟 채널 만들기

스팟 채널이란 인쇄용 이미지의 CMYK 모드로 만들 수 없는 금색, 형광색과 같은 특수한 색상을 만들어서 저장할 수 있는 채널로 별색 채널이라고도 합니다.

≫ 스팟 채널을 이용한 별색 만들기

스팟 채널을 만들기 위해서는 [Window창]-[Channels채널]를 실행해 별색을 별도로 만들어야 합니다. 그리고 분판 출력을 위한 파일로 저장해야 합니다.

❶ 문자의 색상을 별색으로 저장해보겠습니다. ❶툴 패널에서 문자 툴을 선택하고 ❷문자를 입력합니다.

❷ 문자 레이어를 선택 영역으로 지정하기 위해 Ctrl을 누른 채 레이어 패널에서 문자 레이어 아이콘을 클릭합니다.

❸ 채널 패널을 선택하고 ❶하위 목록 메뉴를 클릭해 ❷'New Spot Channel^{새 별색 채널}'을 선택합니다.

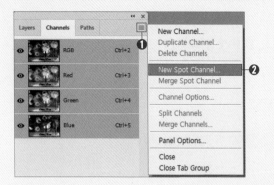

❹ [New Spot Channel] 대화상자가 나타나면 'Color'를 클릭합니다.

❺ [Color Picker] 대화상자가 나타나면 〈Color Libraries〉 버튼을 클릭합니다. [Color Libraries] 대화상자가 나타나면 ❶원하는 별색을 선택한 후 ❷〈OK〉 버튼을 클릭합니다.

❻ ❶[New Spot Channel] 대화상자에서 'Solidity' 항목을 '100%'로 입력하여 색의 농담을 조절한 후 ❷⟨OK⟩ 버튼을 클릭합니다.

❼ [File파일]–[Save As다른 이름으로 저장]([Ctrl]+[Shift]+[S])를 실행합니다. ❶파일 확장자를 'Photoshop DCS 2.0(*EPS)'로 지정하고, ❷'Spot Colors' 옵션을 체크한 후 ❸⟨저장⟩ 버튼을 클릭합니다.

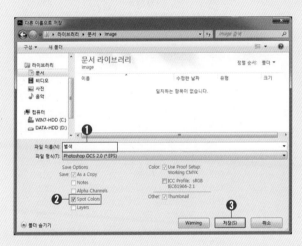

❽ ❶'DCS 2.0 Format'의 옵션을 설정하고 ⟨OK⟩ 버튼을 클릭합니다. 지정한 경로에 저장된 파일 중 ❷'별색(파일명)5'가 별색 필름으로 저장된 파일입니다.

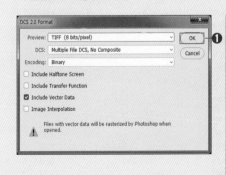

찾아보기

번호

3D 재질 놓기 툴	045
3D 재질 드롭 툴	106
3D 재질 스포이드 툴	044
3D 컨텐츠	025
3D 패널	051

A

Actions 패널	049
Add a layer style	178
Adjustments 레이어	321
Adjustments의 자동 메뉴	230
Adjustments의 특수 메뉴	224
Adjustments 패널	048
Anchor	209
Anti-alias	073
Arch	195
Artistic 필터	279
Auto Color	230
Auto Contrast	230
Auto Selection	082
Auto Tone	230

B

Bevel & Emboss	176
Bitmap	029
Black & White	218, 219
Blur Gallery	284
Border	086
Brightness/Contras	212
Brightness/Contrast	213
Brush Presets	132
Brush Presets 패널	048
Brush Tip Shape	132

C

Canvas Size	198, 207, 209
Channel Mixer	218
Channels 패널	048
Character Styles 패널	049
Character 패널	048
Clone Source 패널	049
CMYK	029
Color	099
Color Balance	212, 216
Color Burn	097
Color Dodge	097
Color Lookup	218
Color Overlay	177
Color 패널	049
Content-Aware	186
Content-Aware Scale	196

Contents-Aware	120
Contiguous	079
Contract	087
Contrast	076
Convert to Shape	371
Curves	212

D

Darken	097
Darker Color	097
Delete Cropped Pixel	186
Desaturate	230
Device Preview 패널	049
Devide	099
Difference	099
Dissolve	096
Distort	190, 192
Drop Shadow	177
Dry Brush	280

E

Edit 편집 메뉴	053
Equalize	231
Exclusion	099
Expand	087
Export As	234, 236
Exposure	218

F

Feather	087
Fill	119
Flip Horizontal	190
Flip Vertical	190
Flow	102
Frequency	076

G

GIF 애니메이션	387
GIF 애니메이션 만들기	399
Glyphs 패널	049
Gradient Map	228
Gradient Overlay	177
Grayscale	029
Guides	191

H

Halftone Pattern	292
Hard Light	098
Hard Mix	098
HDR Toning	218, 223
Histogram 패널	049
History 패널	049

Hue	028, 099
Hue/Saturation	212, 215

I

Image Size	207
Index	029
Info 패널	050
Inner Glow	177
Inner Shadow	177
Invert	225
Iris Blur	285

L

Layer Comps 패널	050
Layer 패널	048
Lens Correction 필터	266
Levels	212, 214
Libraries 패널	050
Lighten	097
Lighter Color	097
Lightness	028
Linear Burn	097
Linear Dodge	097
Linear Light	098
Load Brushes	130
Luminosity	099

M

Make Selection	155
Match Color	218
Measurement Log 패널	051
Modify	086
Motion Blur	158
Multiply	097

N

Navigator 패널	050
Normal	096
Notes 패널	050

O

Outer Glow	177
Overlay	098

P

Paint Daubs	280
Paragraph Styles 패널	050
Paragraph 패널	050
Path Blur	287
Paths 패널	051

Pattern Overlay	177
Perspective	190
Photo Filter	218, 220
Pin Light	098
Posterize	226
Properties 패널	050
Puppet Warp	200

R

Rasterize Type	370
Replace Color	218
RGB	029
Rotate	189
Rulers	191

S

Sample All Layers	079
Satin	177
Saturation	028, 099
Save Path	155
Scale	189
Screen	097
Select and Mask	090
Select Group or Layer	082
Selective Color	218, 221
Shadow / Highlights	218, 222
Show Transform Controls	082
Sketch 필터	290
Skew	189
Smooth	087
Soft Light	098
Straighten	187
Stroke	176
Stroke Path	160
Style	073
Styles 패널	051
Subtrac	099
Swatches	051

T

Threshold	227
Timeline 패널	051
Tolerance	079
Tool Preset 패널	051
Transform	189
Typekit 글꼴 추가	349
Type Path	342

V

Vanishing Point 필터	269
Vibrance	218
View보기 메뉴	057

Vivid Light	098

W

Warp	190
Warp Text 대화상자	344
Width	076
Work Path	155

ㄱ

가로선 선택 툴	043, 072
각형 그레이디언트	113
객체 속성 변환	371
계속 반복	386
구도 바로잡기	203
구도 변형	204
균일한 명도 보정	231
그러데이션 종류	107
그레이디언트	106
그레이디언트 채색	228
그레이디언트 툴	045, 106
글꼴	337
글꼴 경계선	338
글꼴 크기	337
기준선 이동	338
기준점 변환 툴	046, 150
기준점 삭제 툴	046, 150
기준점 추가 툴	046, 150

ㄴ

내용 인식 기능	120
눈금자 툴	044
눈동자 이미지 합성	302

ㄷ

다각형 올가미 툴	043, 076
다각형 툴	047, 172
다른 이름으로 저장	078
다중 초점 표현	285
단순한 색상으로 보정	226
닷지 툴	046, 246
대지 툴	043, 082
도형 선택 툴	043, 072
돋보기 툴	047
돋보기 효과	316
동작 변형	201
둥근 사각형 툴	047, 172
듀오톤 보정	215
똑바로 회전	188

ㄹ

레이어 마스크	296
레이어 스타일	176

레이어 스타일 복사	179
레이어 스타일 붙여넣기	179
렌즈 교정	262
렌즈 왜곡 교정	266

ㅁ

망점 효과	292
메뉴	052
메뉴 표시줄	042
메모 툴	044
명도	028
명도 단계	028
명도 보정	212
문자 속성 변환	370
문자 툴	336
문자 패널	336

ㅂ

반대색으로 보정	225
반사광 만들기	306
배경 지우개 툴	045
번 툴	046, 246, 250
벡터	026
별색 인쇄	433
복구 브러시 툴	044, 243
복제 도장 툴	045, 241
분할 영역 선택 툴	044, 186
분할 영역 툴	044, 186
브러시 목록	128
브러시 설정 미리 보기	132
브러시 설정 버튼	128
브러시 옵션 영역	132
브러시 제작	135
브러시 종류	102
브러시 툴	045, 102
브러시 패널	132
블러 툴	045
블렌딩 모드	096
비네팅 효과	266
비디오 타임라인	391
비디오 만들기	392
비트맵	026
빛 브러시	129
빛의 노출 보정	222
빠른 선택 툴	043, 079

ㅅ

사각형 선택 툴	043, 072
사각형 툴	047, 172
사용자 셰이프 툴	047
사용자 정의 모양 툴	172
상태 표시줄	042
새 파일	060

색상 028, 338
색상 균형 보정 216
색상 대체 툴 045, 102
색상 모드 029
색상 보정 212
색상 샘플러 툴 044
색상 선택 툴 043
색상 필터 보정 220
색상환 028
색의 3요소 028
샤픈 툴 046
선명도 보정 214
선택 모드 072
선택 영역 지정 072
선택한 색상만 보정 221
선 툴 047, 172
선형 그레이디언트 108
세로 문자 마스크 툴 046, 336
세로 문자 툴 046, 336
세로선 선택 툴 043, 072
세 번 386
셰이프 툴 172
손가락 툴 046
손 툴 047
수평 문자 마스크 툴 046, 336
수평 문자 툴 046, 336
스타일 338
스팟 복구 브러시 툴 044
스팟 채널 433
스펀지 툴 046
스포이드 툴 044
스폰지 툴 246
시작 화면 실행 065

ㅇ
아트 히스토리 브러시 툴 045
알파 채널 414
액션 374
액션 패널 374
언어 338
연필 툴 045, 102
올가미 툴 043, 076
옵션 042
외부 브러시 128
움직임 표현 287
원근감 교정 269
원근 늘리기 270
원근 뒤틀기 203
원근 왜곡 조절 262
원근 자르기 툴 044, 186
원형 그레이디언트 110
원형 선택 툴 043, 072
원형 툴 047, 172
웹 이미지 빠르게 저장 234
이동 툴 043, 082

이미지 문자 만들기 362
이미지 변형 194
이미지 보정 024
이미지 복제 241
이미지 불러오기 061
이미지 속성 변환 370
이미지 원근 맵핑 274
이미지 음영 표현 258
이미지 초점 조절 255
이미지 크기 027
이미지 크기 조절 084
이미지 편집 024
이미지 편집 모드 139
이미지 표현 방식 026
이미지 합성 298
인물의 머리카락 추출 425
인물 피부 보정 243
인쇄용 이미지 232
인쇄 이미지 저장하기 237
인터페이스 색상 테마 064
입체 문자 만들기 250

ㅈ
자간 조절 337
자동 선택 툴 043, 079
자동 저장 065
자동 지우개 툴 045
자르기 모드 186
자르기 툴 044, 186
자석 올가미 툴 043, 076
자유 형태 펜 툴 046
작업 내역 기록 067
작업 종료 063
작업 창 비율 062
작업 창 크기 207
작업 화면 042
잘라낸 영역 설정 186
장평 조절 338
저장 063
적목 현상 툴 044
지우개 툴 045
직접 선택 툴 046

ㅊ
채도 028
채도 단계 028

ㅋ
캔버스 042
커닝 조절 337
퀵 마스크 139
퀵 마스크 모드 139
클리핑 마스크 312

키프레임 391, 399

ㅌ
타임라인 패널 386
텍스트 뒤틀기 344
툴 043
툴 패널 042

ㅍ
파일 이름 탭 042
판화 보정 227
패널 042
패스 150
패스 변환 150
패스 선택 툴 046
패스 속성 변환 371
패스 획 기능 159
패치 툴 044
패턴 도장 툴 045
패턴 등록 121
패턴 문자 353
패턴 제작 121
퍼펫 뒤틀기 201
페이드인 392
페인트 통 툴 045, 106
펜 툴 046, 150
폰트 이름 067
프레임 386
프레임 애니메이션 386
픽셀 027

ㅎ
해상도 027
핸들 제거 153
행간 조절 337
혼합 브러시 툴 045, 102
화면 모드 047
화면 확대 062
환경 설정 064
회전 보기 툴 047
흐림 효과 254
흐림 효과 조절 284
흑백 보정 219
히스토리 브러시 툴 045

파일 단축키	▶ 파일 새로 만들기	`Ctrl` + `N`
	▶ 이미지 열기	`Ctrl` + `O`
	▶ 파일 닫기	`Ctrl` + `W`
	▶ 파일 저장하기	`Ctrl` + `N`
	▶ 파일 다른 이름으로 저장하기	`Ctrl` + `Shift` + `S`
	▶ 파일 인쇄하기	`Ctrl` + `P`
	▶ 포토샵 종료하기	`Ctrl` + `Q`
편집 단축키	▶ 적용한 기능 실행 취소	`Ctrl` + `Z`
	▶ 이전 작업 단계로 되돌리기	`Ctrl` + `Alt` + `Z`
	▶ 다음 작업 단계로 되돌리기	`Ctrl` + `Shift` + `Z`
	▶ 이미지 잘라내기	`Ctrl` + `X`
	▶ 이미지 복사하기	`Ctrl` + `C`
	▶ 이미지 붙여넣기	`Ctrl` + `V`
	▶ 이미지 칠하기	`Shift` + `F5`
	▶ 이미지 변형하기	`Ctrl` + `T`
	▶ 환경 설정하기	`Ctrl` + `K`
	▶ 이미지 파일 크기 조절하기	`Ctrl` + `Alt` + `I`
	▶ 캔버스 파일 크기 조절하기	`Ctrl` + `Alt` + `C`
	▶ 이 전에 적용한 필터 효과 주기	`Ctrl` + `Alt` + `F`
보정 단축키	▶ 레벨로 선명도 조정하기	`Ctrl` + `L`
	▶ 커브로 선명도 조정하기	`Ctrl` + `M`
	▶ 색조와 채도로 조정하기	`Ctrl` + `U`
	▶ 색상 균형으로 조정하기	`Ctrl` + `B`
	▶ 흑백으로 조정하기	`Ctrl` + `Alt` + `Shift` + `B`
	▶ 색상 반전하기	`Ctrl` + `I`
	▶ 채도 감소하기	`Ctrl` + `Shift` + `U`
레이어 단축키	▶ 레이어 새로 만들기	`Ctrl` + `Shift` + `N`
	▶ 선택한 레이어 복사하기	`Ctrl` + `J`
	▶ 선택한 레이어 잘라내기	`Ctrl` + `Shift` + `J`
	▶ 클리핑 마스크 만들기	`Ctrl` + `Alt` + `G`
	▶ 그룹 레이어로 정리하기	`Ctrl` + `G`
	▶ 그룹 레이어 해지하기	`Ctrl` + `Shift` + `G`
	▶ 레이어 잠그기	`Ctrl` + `/`
	▶ 레이어 숨기기	`Ctrl` + `.`
	▶ 레이어 병합하기	`Ctrl` + `E`
	▶ 보이는 레이어만 병합하기	`Ctrl` + `Shift` + `E`

문자 단축키	▶ 문자 크기 조절하기	Ctrl + Shift + ⟨ , ⟩
	▶ 자간 조절하기	Alt + ← , →
	▶ 행간 조절하기	Alt + ↑ , ↓
	▶ 커닝 조절하기	Alt + Shift + ← , →
	▶ 기준선 이동하기	Alt + Shift + ↑ , ↓
선택 단축키	▶ 전체 선택하기	Ctrl + A
	▶ 선택 영역 해지하기	Ctrl + D
	▶ 다시 선택 영역 지정하기	Ctrl + Shift + D
	▶ 선택 영역 반전하기	Ctrl + Alt + I
	▶ 모든 레이어 선택하기	Ctrl + Alt + A
	▶ 레이어 이름으로 찾기	Ctrl + Alt + Shift + F
	▶ 선택 영역 가장자리 다듬기	Ctrl + Alt + R
보기 단축키	▶ 확대해서 보기	Ctrl + +
	▶ 축소해서 보기	Ctrl + −
	▶ 화면 크기에 맞게 보기	Ctrl + 0
	▶ 실제 크기로 보기	Ctrl + 1
	▶ 활성화된 요소 표시, 숨기기	Ctrl + H
	▶ 패스 표시, 숨기기	Ctrl + Shift + H
	▶ 스냅 표시, 숨기기	Ctrl + Shift + ;
	▶ 눈금자 표시, 숨기기	Ctrl + R
	▶ 격자 표시, 숨기기	Ctrl + '
	▶ 안내선 표시, 숨기기	Ctrl + ;
패널 표시 단축키	▶ 브러시 패널 표시, 숨기기	F5
	▶ 색상 패널 표시, 숨기기	F6
	▶ 레이어 패널 표시, 숨기기	F7
	▶ 액션 패널 표시, 숨기기	Alt + F9
	▶ 전체 패널 표시, 숨기기	Tab
툴 사용 단축키	▶ 전경색 채우기	Alt + Delete
	▶ 배경색 채우기	Ctrl + Delete
	▶ 돋보기 툴로 화면 확대하기	Ctrl + Space + 드래그
	▶ 돋보기 툴로 화면 축소하기	Ctrl + Alt + Space + 드래그
	▶ 손 툴로 화면 움직이기	Space + 드래그

부록 파일 다운로드 무작정 따라하기

이 책에 사용된 예제 파일과 완성 파일은 길벗출판사 홈페이지(www.gilbut.co.kr)에서 다운로드할 수 있습니다.

1단계　로그인 후 　도서명 ▼　　모두의 포토샵　　　검색　에 찾고자 하는 책 이름을 입력하세요.

2단계　검색한 도서로 이동하여 〈부록/학습자료〉를 클릭하세요.

3단계　예제 및 완성 파일 자료를 다운로드 하세요.